백년의 사람들

김동길 인물한국현대사

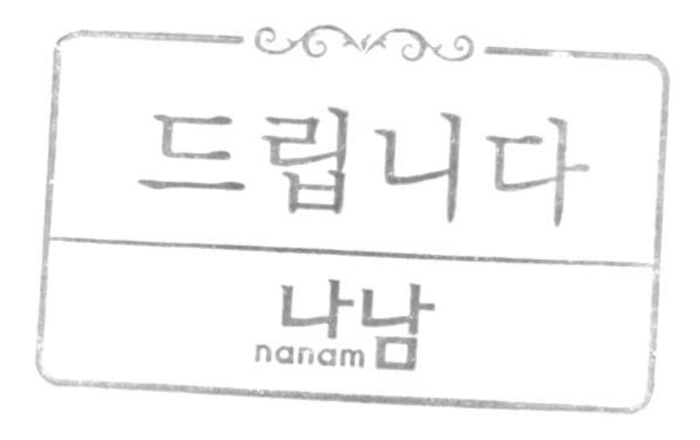

나남
nanam

김동길
인물한국현대사
백년의 사람들

2020년 2월 12일 초판 발행
2020년 2월 12일 초판 1쇄

지은이 김동길
발행자 趙相浩

발행처 (주) 나남
주소 10881 경기도 파주시 회동길 193
전화 (031) 955-4601(代)
팩스 (031) 955-4555
등록 제 1-71호(1979. 5. 12)
홈페이지 http://www.nanam.net
전자우편 post@nanam.net

ISBN 978-89-300-4030-3
ISBN 978-89-300-8655-4(세트)

나남신서 2030

백년의 사람들

김동길 인물한국현대사

나남
nanam

지은이 소개

김동길(金東吉, Kim Dong-Gill)

1928년에 평남 맹산군에서 태어났다. 광복 직전 평양고보를, 분단 후 월남하여 연희대 영문학과를 졸업했다. 미국으로 유학 가서 인디애나주립 에번스빌대학을 거쳐 보스턴대학에서 링컨 연구(*Abraham Lincoln: An Oriental Interpretation*)로 철학박사 학위를 받았다. 연세대 교수로 재직 중 1974년 민청학련 사건에 연루되어 15년 징역형을 선고받았다가 1년 만에 풀려났다. 이후 말과 글로 사회적으론 자유, 국민 개인적으론 사랑이 지닌 가치의 지고함 설파에 신명을 걸었다. 문학·역사·철학에 정통한 '문사철 삼절'이자 '언행일치 선비정신'의 화신이다. 우리 사회 독서계에서 진작 고전의 반열에 오른 《링컨의 일생》을 필두로 《하늘을 우러러》, 《대통령의 웃음》, 《영원히 남는 것》, 《길을 묻는 그대에게》, 《하느님, 나의 하느님》, 《내가 부르다 죽을 노래여》, 《내 마음의 노래》 등 100여 권의 저서를 펴냈다. 현재 연세대·단국대·명지대 석좌교수이다.

머리말

어느 신문사에서 2년쯤 전에 부탁을 받고 《백년의 사람들》을 집필하게 되었다. 일주일에 한 번 미리 계획을 세우고 글을 쓰기 시작한 것이 아니라 글을 쓰는 그날 생각나는 사람들을 이야기하였다. 연재가 순리대로 계속되었으면 그 신문사에서 출판하였을 텐데 한 1년쯤 쓰고 신문사에 사정이 있어서 중단할 수밖에 없는 형편이 되었다.

그래도 내 생각에 《백년의 사람들》이라고 했으니 100명은 써야 내 뜻을 독자들에게 전달할 수 있지 않을까 하여 내가 사용하는 인터넷 블로그에 매주 연재를 계속하여 이제 그 작업이 끝났다. 돌이켜보면 내가 꼭 써야 할 사람들이 100명은 더 있는데, 다 쓰지 못하고 붓을 놓은 것이 유감스럽기도 하다. 하지만 인생사가 다 그런 것 아닌가!

나는 《백년의 사람들》을 책으로 엮어서 출판할 생각은 전혀 없었다. 이 글에 등장하는 인물들 가운데 상당수가 이미 세상을 떠났다. 앞으로 30년만 흘러가면 나를 포함하여 내 글에 등장하는 인물 대부분이 잊히고 말 것이 분명하다. 나는 다만 내 뒤에 오는 사람들에게 이런 사람들과 한 시대를 같이 살았다는 한마디를 하고 싶었던 것뿐이다.

평소 가까이 지내는 김형국 교수가 내가 그동안 인터넷 블로그에 매일 실은 글 가운데서 시를 몇 수 골라 지난가을 책으로 펴냈다. 시를 모은 그 책의 제목은《내 마음의 노래》로 나남의 조상호 회장이 출판을 맡아 주었다. 김 교수를 통하여 조 회장을 알게 되었는데 내가 보는 관상대로 하자면 사귈 만한 좋은 사람이었다.

《백년의 사람들》의 출판도 김 교수의 부탁으로 조 회장이 맡았다고 들었다. 나는 젊어서부터 글을 쓰기 시작하여 이미 출판된 책만 해도 100권은 넘는다. 그러나 후세에 남길 만한 책은 단 한 권도 없다. 그 사실을 아는 내가 김 교수와 조 회장에게 고맙다고 말할 리는 없다.

영국 시인 알렉산더 포프는 어린 나이에 〈고독〉이라는 시 한 수를 남겼는데, 자기 자신은 하루빨리 모든 사람들의 기억에서 사라지기를 바란다고 하였다. 그리고 자기가 죽은 뒤에도 어디에 묻혀 있는지 아무도 모르기를 바란다고 하였다.

서울대의 김 교수와 나남의 조 회장을 가까이 알고 친하게 지낼 수 있는 것만도 나로서는 고마운 사실이다. 낙양에 종이 값을 올린 만큼 잘 팔리는 책이 출판되기를 바라지도 않는다. 출판사가 밑지지나 않으면 나로서는 고마운 일이다.

동짓날이 점점 가까워 온다. 나는 셸리와 함께 "겨울이 오면 봄이 어찌 멀었으리오"라는 말 한마디를 읊으며 내 머리말을 끝내기로 하겠다.

2019년 동짓날을 앞두고

김동길

김동길 인물한국현대사

백년의 사람들

차 례

일러두기

1. 이 책은 매주 토요일 〈조선일보〉에 54회(2017. 11. 18~2018. 12. 22), 김동길의 블로그 〈석양에 홀로서서〉에 46회(2019. 1. 5~2019. 11. 16) 연재되었던 기명칼럼 '백년의 사람들'을 다듬어 펴낸 것이다.
2. 이 책에 실린 인물 100인은 현대사 100년의 세월을 살았던 역사적 인물의 업적 내지 행적을 시대순으로 되새긴다는 뜻에서 출생연도순으로 배열하였다. 이렇게 배열하다 보니 우연인지 처음은 이승만 대통령이, 마지막은 문재인 대통령이 되었다.
3. 인물 100인의 이미지는 〈조선일보〉 연재 때는 이철원 화백의 일러스트(34회 조만식은 김성규 작품), 이후 블로그 연재분은 등장인물 또는 그 가족이 제공한 사진, 인터넷 검색 사진 등을 사용하였다.
4. 이 책의 내용은 저자의 기억과 자료를 근간으로 적은 것이어서 극히 일부일지 모르지만 사실과 다른 부분이 있을 수 있다.
5. 이 글은 저자의 이야기 스타일이어서 자연스럽게 표현하는 것이 좋다고 생각하여 굳이 문어체로 다듬지 않았다.

이야기를 시작하며

내가 만난 현대사의 거인들, 감히 그들을 말한다

한평생 만난 사람들 가운데 한마디씩 하고 싶은 이야기가 있는 이들을 골라 내 의견을 짧게 적어 달라는 부탁을 예전부터 받아왔다. 도대체 내가 살아온 길을 돌이켜볼 때 남기고 갈 만한 것이 아무것도 없는 것 같아 그런 부탁을 받아들이지 못했다.

'나의 이력서'니 '남기고 싶은 이야기들'이니 하는 제목의 글들이 쏟아져 나오는데, 내 생각에는 남길 필요 없는 이야기들이 태반인 것 같아 그런 요청도 받아들이기 어려웠다. 나에게는 누님이 한 분 계셨는데 대학 총장 자리를 18년이나 지켰다. 그가 아직 임기가 남아 있는 그 자리에서 물러날 때 동생인 나에게 들려준 이야기가 있다.

"총장 노릇을 한 학교에서 20년 가까이 하다 보니 어떤 교수가 총장실을 찾아와 무슨 얘기를 하건 내가 다 아는 이야기일 뿐, 별로 신통한 이야기로 들리지가 않는다. 이런 지경에 왔으니 이 자리에서 물러나는 것이 옳다고 믿는다."

나는 누님의 그 말을 들으면서 총장 자리를 자진하여 물러나는 모습에 찬사를 보냈었다.

누님은 자서전을 쓰라는 요청을 거절하면서 이런 말도 했다.

"과거를 돌이켜보니 잘못한 일은 하나도 생각나지 않고 잘했다고 여겨지는 일들만 생각나니, 그런 일들을 적어서 남긴다는 것이 무슨 가치가 있겠는가."

누님은 정말 아무것도 남기지 않고 홀연히 세상을 떠났다. 나도 남길 것이 아무것도 없는 인생을 살고 언젠가 그렇게 떠나갈 것이라고 믿는다.

내가 100년 가까이 살면서 만나 본 사람들은 많지만 그중에서 몇 사람을 골라 평한다는 것도 쉬운 일은 아니다. 내가 뭐라 해도 이미 세상 떠난 분들은 할 말이 없겠지만 아직 살아 있는 분 중에는 항의할 사람도 있을 수 있다. 그뿐 아니라 어떤 인물에 대한 평가가 나와 딴판인 사람도 있을 수 있다. 게다가 "가까이 지낸 아무개 이야기는 왜 안 쓰십니까?"라고 묻는 사람이 있다면 대답하기 곤란하지 않겠는가?

나의 무례한 모습을 본 사람도 더러 있을 수 있지만 나는 한평생 예의를 지키며 살고자 노력했다. 선배나 후배에게 될 수 있는 대로 무례한 언행은 삼가면서 살아왔다. 그러니 이 나이가 되어 가까이 알던 이들에게 실례되는 말을 할 리가 없다.

그러나 인물에 대한 평가는 다를 수 있지 않은가. 바보를 철학자로 잘못 볼 수도 있고, 한심한 졸장부를 영웅호걸로 잘못 알 수도 있다. 그런 의견 차이 때문에 나 자신을 궁지에 몰아넣고 싶지는 않다. 인물에 대한 궁극적 평가는 한 시대를 같이 산 사람들이 할 수 있는 일이 아니고 역사가들에게 맡겨야 한다고 믿는다. 그들은 보다 넓은 시야에서 보고 많은 사람의 의견을 듣고 판단하기 때문에 그들의 의견을 존중할 수 밖에 없다.

내가 하고자 하는 말은 무엇인가? 내가 만난 사람들에 대하여 느낀 바 또는 받은 인상을, 그들의 사람됨을 솔직하게 묘사해 보겠다는 말밖에는 할 수 없다. 제1차 세계대전에 대한 평가도 아직 제대로 하기 어렵다고 한다. 제2차 세계대전에 대해서는 더 말할 것도 없다. 그렇다면 이 시대를 함께 살아온 사람들에 대한 평이 매우 공정하다고 주장할 수는 없을 것이다.

나의 조상은 대대로 시골에서 농사를 지으면서 살아왔다. 나의 본관은 풍천(豊川) 인데 그 성을 가지고 조선조에 벼슬을 한 사람이 꼭 한 분 계셨다. 그렇게 보잘것없는 족보를 가지고 나는 이 세상에 태어났다. 영국 시인 토머스 그레이의 말을 빌린다면 "보잘것없이 단순한 이력밖에 없는 사람들의 후손"이라고 하면 족할 것이다. 내가 자부심을 가지는 것은 나의 부모님이 정직하게 살아온 선량한 분들이었다는 사실이다. 나는 매우 평범한 사람들의 후손일 뿐이다.

평범한 혈통에서 태어난 나는 특별한 재능을 타고나지 않았다. 90년을 살면서 역사에 남을 만한 일을 한 것이 아무것도 없다. 해방된 조국 땅에서 지적으로 성장한 셈인데 김일성이 주도하던 속칭 공산주의가 숙청이라는 미명하에 수많은 동족을 가둬 창으로 찌르고 몽둥이로 때리며 잔인하게 다루는 현실을 보고 평양을 탈출해 38선 이남으로 월남한 사람이다.

나는 자유와 민주주의의 가치를 배우고 익히며 살아왔다고 할 수 있다. 그러므로 나의 철학은 자유 아닌 것, 민주주의 아닌 것과 맞서 싸우는 것일 수밖에 없었다. 대한민국 정부가 서기 전에도 그러했고 정부가 수립된 뒤에도 그러했다. 6·25 전쟁 때도, 9·28 수복 때도, 자유당이 장기집권을 감행하던 때도, 군사쿠데타가 벌어지던 때도, 18년 군사독재가 지속되던 때도 나의 철학과 가치관은 한결같이 자유를 숭상하고 독재를 미워하는 입장이었다.

그 때문에 나는 대학교수라는 신분에 유신헌법을 반대했다는 이유로 군사재판을 받고 징역 15년에 자격정지 15년이라는 엄청난 형벌을 받기도 했다. 그런 정권을 상대할 이유가 없다고 믿고 항소를 포기하고 안양교도소에서 복역하다가 특별사면으로 출옥한 지식인 중 한 사람이기도 하다. 그러므로 내 가치판단의 기준은 예나 지금이나 한결같다. 즉, 나의 인물평은 한결같이 민주적 시대정신에 입각하고 있다고 주장할 수 있다.

대통령 선거에서 어느 후보가 당선되어 대통령 자리에 오른다 해도 내 가치판단의 기준으로 볼 때 대통령 자격이 없다고 판단되는 사람은 5년 동안 한 번도 그 이름 뒤에 대통령이라고 붙여서 불러 본 적이 없다. 상식에 벗어난 일이라고 탓할 사람도 있겠지만 나는 그렇게 살아온 사람이다. 그럴 수밖에 없는 것이다.

내가 평생 만난 사람들을 두고 무슨 소리를 어떻게 하게 될지 나 자신도 잘 모른다. 그러나 원칙 한 가지는 있다. 그가 살아 있건 이미 저세상에 갔건 편견 어린 비판은 하지 않겠다는 것이다. 내 마음대로 인물을 골라 평가하는 것이 아니고 여러 사람과 의논해서 결정하는 일이기 때문에 미리 무슨 말을 하기도 어렵다. 100년 가까운 세월을 살면서 아는 이가 많을 것이라는 신문사의 추측은 틀리지 않지만 깊이 있게 평가할 수 있을 만큼 친숙한 사람이 그리 많은 것도 아니다. 어찌 보면 노인이 기억을 더듬어 우리 사회에 조그마한 공헌을 할 수도 있지 않을까 하는 막연한 생각을 하면서 최선의 노력을 다했다.

거듭 강조하지만 인물에 대한 평가는 한결같기가 어렵다. 세종대왕이나 이순신 장군에 대해서는 엇갈린 의견이 있을 수 없지만, 태종이나 세조에 대하여는 상반된 견해가 나올 수도 있다. 일제하 역사를 놓고도 안중근이나 이봉창이나 윤봉길 같은 의사들에 대한 평가는 엇갈릴 수 없지만 이승만과 박정희에 대한 평가는 엉뚱하게 다를 수도 있기 때문에 평하기가 조심스러울 수밖에 없다.

전두환, 노태우, 김영삼, 김대중에 대해서도 무슨 말을 하기가 쉽지 않을 것이다. 예컨대 대통령을 지낸 전두환이나 노태우에 대해 좋게 생각하지 않는 사람이 내 주변에도 많다. 김대중에 대한 견해도 그렇다고 말할 수 있다. 그들이 잘못한 일을 난들 왜 모르고 지냈겠는가? 그러나 지구상 어떤 인물도 잘못한 일만 들추어내면 잘한 일은 단 한 가지도 밝혀내기 어렵다.

어떤 인물이 잘못한 일들을 지적해 달라고 하면 글 쓸 용기가 나지 않지만 내가 익히 아는 잘한 일들을 열거해 달라고 하면 응할 준비가 돼 있다. 고려 말 선비 이색이 어지러운 세태를 바라보며 "반가운 매화는 어느 곳에 피었는고 / 석양에 홀로 서서 갈 곳 몰라 하노라"하고 탄식한 바 있는데, 나의 심경이 바로 그런 것이라고 말할 수 있다. 그러므로 이런 생각 저런 생각 다 하노라면 한 줄의 글도 쓰기 어려울 것 같다. 그러나 그런 틈바구니에서라도 자기 의견을 털어놓고 하고 싶은 말을 해야 하는 것이 배운 사람의 책임이 아니겠는가?

이미 세상을 떠난 사람 중에 오늘도 매우 그리운 이들이 있고, 아직 살아 있어도 만나보고 싶지 않은 사람도 있다. 인간관계에도 '궁합'이 있어 맞는 사람이 있고 안 맞는 사람이 있는 것 같다. 내가 좋아하는 사람들을 남들도 다 좋아하리라고 생각할 수도 없고, 내가 싫어하는 사람들을 세상이 다 싫어할 것이라고 믿을 수도 없다. 그렇다면 내가 좋아하는 사람과 싫어하는 사람 사이에 어떤 넘지 못할 담이 있는 것도 아니라는 생각도 든다.

이런 말을 구구하게 늘어놓는 이유는, 90이 되기까지 살고 보니 인생사가 모두 그렇고 그런 것 아니겠는가 느껴지기 때문이다. 너그럽게 읽어 주시기를 감히 바란다.

— 2017. 11. 11.

이승만

李承晩, 1875~1965

황해도 평산 출생
배재학당, 미국 프린스턴대학 졸
임시정부 국무총리, 독립운동가, 대통령

1940년대 미 우표 '핍박받는 나라' …
그의 설득으로 태극기 실려

역사적 인물의 이름에는 직함이나 존칭을 붙이지 않는 것이 원칙이므로 오해 없길 바란다. 여러 해 전 배재학교 출신 졸업생들을 만나 한마디 격려사를 하게 됐다.

"배재 출신들은 큰일을 하려고 노력할 필요가 없다. 왜? 고조선은 단군이 세웠지만, 우리나라 역사에서 처음으로 공화국을 세운 인물은 배재학당을 1897년 졸업한 이승만이기 때문이다."

졸업생들은 모두 그 말을 듣고 박수갈채를 보냈다. 우남(雩南) 이승만이 없었으면 대한민국이 없었을 것이라고 덧붙이고 격려사를 끝냈다. 나는 지금도 그가 없었으면 오늘의 대한민국이 없었을 것이라고 믿는다.

이승만은 1875년 황해도 평산 출신으로 16대 조상이 양녕대군이란 것은 분명하지만, 가난하기 짝이 없는 몰락한 양반집 아들로 태어났다. 한말 어지러운 세태 속에서 과거에 장원급제해 가문을 빛내고 싶었지만, 매관매직이 횡행하던 시절이라 낙방했다. 실망을 딛고 선교사들이 세운 배재학당에 입학한 그는 졸업식에서 유창한 영어 연설로 선교사들의 총애를 받아 졸업과 동시에 그 학교에서 후배들에게 영어를 가르치기도 했다.

이승만은 독립협회에 가담해 1898년 고종의 퇴위를 부르짖다 체포돼 사형선고를 받았다. 이 일로 5년 7개월 동안 옥살이를 했고 특별사면됐다. 이후 민영환과 한규설의 주선으로 한국이 독립을 유지하게 하기 위해 미국으로 가 존 헤이 국무장관과 시어도어 루스벨트 대통령과 면담도 했지만, 대세는 기울어져 한국을 일본의 세력 범위 내에 밀어 넣는 루트-다카히라 협정이 맺어졌다.

그러나 이승만은 낙심하지 않고 미국 땅에 머물며 학업에 매진하기로 결심했다. 그는 조지워싱턴대학에 편입해 졸업했고, 뒤이어 하버드대학 대학원을 거쳐, 1910년 프린스턴대학에서 박사학위를 취득했다. 1919년 독립만세운동으로 탄생한 상하이 임시정부는 그를 초대 국무총리로 선임했고 그 이듬해 임시정부의 대통령으로 취임했지만, 임시정부 내 분열과 반목을 견디다 못해 그 자리를 물러났다.

그때부터 고국에 돌아가지 못하고 미주를 무대로 독립을 위한 활동을 이어갔다. 당시 다 떨어진 와이셔츠를 입고 하와이의 와이키키 해변을 거니는 그를 보고 조국의 초대 대통령이 되리라고 짐작한 이는 없었다.

1940년대 미국 우정국이 발행한 기념우표 시리즈 주제는 '핍박받는 나라들'이었다. 열 나라가 선정됐는데 폴란드, 헝가리 등의 국기가 실렸고 맨 마지막 10번째에 태극기가 있었다. 그 사실을 알고 나는 놀라서 필라델피아에 살던 건축가 겸 우표수집의 대가 이병두 씨를 만나 어떻게 태극기가 핍박받는 나라 시리즈에 낄 수 있었는가 물었다. 그는 이승만이 미국 우정 당국을 방문해 일본에 강제로 합방돼 독립을 위해 투쟁하는 한국을 반드시 넣어야 한다고 주장했기 때문이라고 답했다.

이승만의 그런 노력과 독립투사들의 끈질긴 투쟁이 열매를 맺어 카이로 회담에서 한국독립이 확정되고 포츠담 회담에서 그 결정이 재확인됐다. 그러나 해방의 그날이 노인이 된 김구나 이승만에게는 너무 뒤늦게 찾아온 기쁨이라는 생각이 든다. 여운형은 1947년 암살당했고, 김구는 1949년에 경교장에서 안두희에게 저격당해 쓰러짐으로써 정계가 어수선해진 가운데 당시 한국의 정치판은 이승만만이 인물로 남게 됐다.

그는 이미 1917년 러시아 혁명 당시 공산주의 이념을 가지고는 세계를 정복할 수 없다고 믿고 있었다. 한반도가 분단돼 소련이 지원하는 인민공화국이 북에 설립될 것을 미리 내다보고 38선 이남에 되도록 빨리 대한민국 정부를 세워야 한다고 그는 믿었던 것이다. 만일 그에게 그런 확고한 신념이 없었다면 1948년 대한민국은 출범하지 못했을 것이다. 6·25 전쟁이 터졌을 때 그의 투지와 결단이 없었다면 대한민국은 틀림없이 세계지도에서 지워지고 말았을 것이다.

그러나 이승만은 무리하게 3선개헌을 밀어붙여 정치판을 혼란하게 만들었고, 3·15 부정선거로 확고부동하던 정치적 바탕도 흔들리고 말았다. 물론 그가 나서서 3·15 부정선거를 꾸민 일은 없었고 단지 그에게 충성을 맹세하던 자들의 흉계였지만, 4·19 혁명으로 이승만은 일단 국민에게 사과하며 "국민이 원한다면 물러나겠다"는 말 한마디를 남기고 홀연히 또다시 망명길에 올랐다. 그리고 5년의 세월을 망명지 하와이에서 무료하게 지내다 91세에 노환으로 좁은 병실에서 영원히 눈을 감았다.

이승만에 대해 가장 큰 원한을 품고 있는 자는 김일성이었을 것이다. 북의 인민공화국은 핵으로 무장하고 아직도 적화통일을 꿈꾸고 있다.

이승만이 살아 있었다면 대한민국이 변함없이 한반도의 유일무이한 합법 정부였을 것이고 오늘과 같은 정치적 위기도 오지 않았을 것이다. 김일성의 눈으로 대한민국을 본다면 이승만을 역적으로 볼 수밖에 없다. 그러나 오늘 적화통일을 희망하는 사람은 몇 되지 않고 자유민주주의를 지키려는 국민이 절대다수라는 사실은 의심의 여지가 없다.

말년에 허술하고 좁다란 병실에서 죽음을 기다리던 이승만은 단 한 마디도 대한민국을 원망하지 않았다고 들었다. 에머슨의 말대로 위대한 것은 이해되기 어렵다.

— 2018. 4. 14.

조만식

曺晩植, 1883~1950

평남 강서 출생
숭실학교, 일본 메이지대학 졸
독립운동가, 정치인, 오산학교 교장

"이 땅 지키다 죽어야지" …
'조선의 간디'는 끝내 월남을 거부했다

일제강점기를 살던 우리는 조만식이란 이름을 어려서부터 듣고 자랐다. 그때 이미 그는 '조선의 간디'라 불렸다. 체구는 크지 않지만 두 눈은 초롱초롱했는데 우리는 그 어른이 양복을 입은 모습을 한 번도 본 적이 없다.

조선민주당을 조직한 조만식이 평안남도 인민위원회 위원장으로 선출되어 일본인이 쓰던 국민학교 자리에 새로 살림을 차렸다. 나는 길 건너 있던 일본인 중학교 자리에 옮겨온 상수인민학교에서 다시 가르치게 되어, 조회시간이면 운동장에서 일장 연설을 하는 고당(古堂) 조만식의 목소리를 확성기를 통해 들을 수 있었다.

지금도 생생하게 기억하는 고당의 훈화 중에 이런 이야기가 생각난다. 1946년 5월의 일이었다.

"여러분, 인간의 지식과 지혜는 날마다 발전하여 하늘을 나는 비행기를 만들었습니다. 앞으로 우리가 노력하면 개인이 어디나 가고 싶은 곳으로 날아갈 수 있게 될 것입니다."

고당의 자세한 동작은 볼 수 없었지만, 겨드랑이에 두 손을 가져가 주물럭거리는 시늉을 하면서 "그런 장치를 하면 손쉽게 날아다닐 수 있을 겁니다"라고 했다. 고당의 그 훈화를 들은 사람은 오늘 이 지구상에 나밖에 없을 것이다.

고당은 강서사람이다. 유복한 집안에서 태어났고 어려서는 서당에 다니며 한문을 익혀 그 실력이 상당한 수준이었다. 13세에 결혼하였고 열다섯 살부터는 사업에 종사하였다. 젊어서는 탈선한 일도 있었지만, 일찍 기독교에 귀의하여 한평생 술과 담배를 멀리하였다. 그는 23세가 되어서야 평양숭실학교에 입학하여 3년 뒤에 졸업하고, 도쿄에 있는 유명한 세이소쿠가쿠엔고등학교(正則영어학교)에 입학해 열심히 영어를 공부하여 영어 실력도 대단하였다.

그가 메이지대학에 입학한 것은 그의 나이 28세 때였고, 일본에서 유학하는 동안 그는 한인들을 위한 교회를 설립하였다. 31세에 뒤늦게 일본 메이지대학을 졸업한 조만식은 평안북도 정주에 있는 오산학교에 채용되었고 2년 뒤에는 그 학교 교장으로 추대되었다.

조만식이 교장직을 사임하게 된 동기는 모르겠지만 바로 그해에 3·1 운동이 일어났고, 그는 일경에게 체포되어 평양형무소에 수감되었다. 이듬해 출옥하여 조선물산장려회를 설립하였는데 남강 이승훈을 형무소로 찾아갔더니 다시 교장직을 맡아달라고 부탁해 수락했으나 조선총독부가 그의 취임을 허락하지 않았다. 같은 해 조선민립대학 기성회 집행위원에 선임되었고 그 뒤에 신간회와 YMCA 운동에도 참여하여 전국적 인물로 부각되었다.

나이 50이 되던 해에 〈조선일보〉 사장으로 초빙되어 취임하였으나 1년 만에 사임하였다. 그때 그가 뼈저리게 느낀 것은 이 겨레의 지역감정이라는 악습이었다. 조만식은 그래서 한평생 "고향을 묻지 마라"는 표어를 내걸고 지역감정 타파에 앞장섰다. 고당은 두 번 상처하고 55세에 전선애를 만나 결혼하여 딸 하나, 아들 둘을 얻었다.

일제 말기 학병에 나가라고 권하는 고당의 글이 당시 서울에서 발행되던 〈매일신보〉에 실렸던 것은 사실이다. 그 글에는 이런 사연이 있다. 내 평양고보 후배인 고명식은 두드러진 사람이었는데 그의 아버지가 〈매일신보〉 평양지국장이었다. 본사에서 평양지국장에게 명령을 내렸다. 학도병에 나가라는 글을 하나 조만식에게 받아 오라는 것이었다.

지국장으로서는 그런 부탁을 고당에게 할 수 없었다. 그러나 본사에서는 지국장을 계속 못살게 굴었다. 그는 하는 수 없이 그런 글을 제 손으로 한 편 써서 조만식 이름으로 본사에 보냈던 것이 사실이다. 그러나 얼마 뒤에 해방이 되었고 지국장은 부끄러워 자살하였다는 사실을 평양사람들은 다 알고 있다.

김일성과 조만식의 철학과 인생관은 하늘이 땅에서 멀듯 아득한 것이었으므로 그의 정치 생명은 풍전등화였다고 할 수도 있다. 많은 사람이 월남하면서 고당에게도 함께 떠나자고 왜 권하지 않았겠는가.

그러나 그는 자신의 신변이 위험하다는 것을 뻔히 알면서도 탈북을 거절하였다.

"이 사람아, 나라도 이 땅을 지키다 여기서 죽어야지 떠나서야 되겠나?"

고당은 이미 60이 넘은 노인 몸이었지만 가족들에게는 월남할 것을 권하고, 자신은 그대로 북에 남아 있다가 대동강변 모처에서 총살되었다고 전해진다. 그의 나이 68세였다. 인도의 간디가 그렇게 세상을 떠났듯이 한국의 간디도 총에 맞아 쓰러졌다. 그는 그토록 사랑했던 조국 땅을 하직하며 아무 말도 하지 않고 영원한 나라로 떠났다.

오산에서 고당의 정신을 배운 민족시인 김소월이 JMS(조만식)에게 제 잘못을 뉘우치는 시 한 수를 띄웠다.

평양서 나신 인격의 그 당신님, 제이 엠 에스
덕 없는 나를 미워하시고
재조 있던 나를 사랑하셨다
오산 계시던 제이 엠 에스,
10년 봄 만에 오늘 아침 생각난다
근년 처음 꿈 없이 자고 일어나며,

얽은 얼굴에 자그만 키와 여윈 몸매는
달은 쇠끝 같은 지조가 튀어날 듯
타듯 하는 눈동자만이 유난히 빛나셨다
민족을 위하여는 더도 모르시는 열정의 그 임.

—2018. 7. 14.

조소앙

趙素昻, 1887~1958

경기도 파주 출생

일본 메이지대학 법학부 졸

충칭임시정부 외교부장, 국회의원, 6·25 때 납북

'삼균주의' 주장 …
납북된 뒤 김일성 요구 거부하다 비극적 최후

내가 90 평생을 살면서 만난 한국인들 가운데 가장 정치가답다고 생각하는 한국사람이 다섯 사람쯤 된다. 월남 이상재는 내가 이 세상에 태어나기 1년 전에 운명하셨으므로 사진으로만 여러 번 뵈었을 뿐이지만 그 관상이 나에게 그런 인상을 강하게 심어 주었다.

도산 안창호는 1938년에 세상을 떠났으므로 그 얼굴을 대할 기회가 있을 수도 있었겠지만, 불행히도 만나 보지 못하였다. 도산의 용모에는 한 나라의 지도자다운 위엄이 있다고 나는 어려서부터 생각하였다.

그다음은 우남 이승만이다. 오늘날 초대 대통령 이승만의 묘를 파헤쳐야 한다는 망언을 하는 한국인도 있다고 들었지만, 그런 인간은 태어나지 않았어야 한다고 생각한다. 김일성의 직속부하라면 모를까 대한민국이 없었으면 존재할 가능성도 희박한 그런 인간이 어찌 그런 망령된 말을 할 수 있을까.

이승만은 4·19의 모든 책임을 혼자 걸머지고 고달픈 말년을 살아야 했지만 나는 그의 인품에 감동하였다. 미국 같은 나라의 장성들도 옛날 경무대(현 청와대)에서 이승만을 만날 때는 대기실에 앉아 자세를 가다듬고 복장을 어루만지며 어른을 만날 준비를 단단히 하고서야 그 앞으로 갔다고 들었다. 장도영 장군이 언젠가 그런 사실을 나에게 전해 주었다.

그다음은 야당의 지도자로 불행하게 생을 마친 해공 신익희가 진정 정치가다운 면모와 풍채를 가진 인물이었다고 생각한다. 사실 김구나 김규식도 정치판에 큰 몫을 담당할 수 있었지만, 한 분은 혁명가의 용맹스러운 표정의 소유자였고, 또 한 분은 연구소 소장이나 대학교수가 가장 적당한 재기 환발한 특색 있는 한국인이었다.

내가 이제 이야기하고자 하는 인물은 이름은 용은(鏞殷)이고, 아호가 소앙이었다. 조소앙은 대한민국 임시정부의 인물이다. 그는 일찍이 중국에 망명하여 끈질기게 독립운동을 전개하였는데, 그가 내세운 국가경영 원칙이 '삼균주의'였다.

삼균주의의 이념과 사상은 쑨원의 삼민주의와 비슷한 것으로, 두 주장 모두 미국의 16대 대통령 링컨이 게티즈버그 공동묘지 봉헌식에 즈음하여 그곳에서 행한 짧은 연설 내용에 있는 세 마디와 통한다. 즉, 삼균주의는 "'국민의 정부, 국민에 의한 정부, 국민을 위한 정부'를 바탕으로, 정치적·경제적·교육적 균등을 실현하여 세계 1등 나라를 건설할 수 있다"는 주장이었다.

조소앙은 1887년(고종 24년) 경기도 파주에서 태어나 1904년 성균관을 수료하고 황실 유학생으로 선발되어 도쿄부립 제1중에 입학하였다. 1905년 을사늑약이 일본과 체결되자 격분하여 우에노공원에서 애국충신들의 추모대회를 열고 매국노들을 성토하였다. 그 이듬해 도쿄 유학생의 친목단체인 '공수학회'를 조직하고 그 학보의 주필로 활약했다.

중학교를 졸업한 조소앙은 1908년 메이지대학 법학부에 입학하였는데, 1910년 한일합방이 강행되자 한일합방 성토문을 작성하고 비상대

책 회의를 소집하려던 계획이 발각되어 강제로 연금되었다. 그러나 가까스로 1912년에 메이지대학을 졸업하고 귀국하여 경신학교, 양정의숙 등에서 교편을 잡은 일도 있었다.

그는 3·1 운동이 터지기 6년 전에 베이징을 거쳐 상하이로 망명하였다. 거기서 신규식, 박은식, 신채호 등 동지들과 국권회복 운동단체인 '동제사'(同濟社)에 동참하였고, 청년들의 교육에 힘을 쏟았다. 1915년에는 국내의 동포들에게 대동단결을 호소하는 글을 작성하였다. 그뿐 아니라 만국평화회의와 스웨덴에서 개최된 국제사회당대회에서 한국 문제를 의제로 제출하여 통과시키기도 하였다.

3·1 운동 일어나기 1년 전 조소앙은 김좌진과 함께 대한독립 의용군을 조직하여 부주석에 선발되었다. 동지들과 지린에서 '대한 독립선언서'(무오 독립선언서)를 작성하여 독립운동가 39명과 공동으로 서명하여 발표하기도 하였다.

3·1 운동 후에는 임시정부 수립에 참여하여 헌장기초위원, 심사위원, 임시의정원법 기초의원, 초대국무원 비서장, 국무위원 등으로 활약하였다. 파리 강화회의가 열렸을 즈음에는 임시정부 대표로 참가하여 유럽을 시찰하였다. 1921년 베이징에 도착하여 공산주의에 대한 비판문인 〈만주리 선언〉을 발표하기도 하였다.

임시정부로 돌아온 조소앙은 외무총장에 선출되었다. 당시 김구, 여운형, 안창호, 원세훈 등 지도층의 의견 차이를 봉합할 수 없어 분열이 불가피했다. 그 후 그가 제창한 삼균주의를 토대로 분열이 끝나는 듯했지만 모든 정치세력들을 하나로 묶는 데는 실패하였다.

조소앙은 김구, 김규식과와 더불어 남북협상을 목적으로 평양에 다녀온 뒤에는 김일성과 손을 잡고 조국통일에 매진하기는 불가능하다는 판단을 내리고 이승만을 도와 우선 대한민국 정부를 세우는 일에 동참키로 결심하였다. 그는 1950년 5월 30일 제2회 총선거에서 서울 성북구에 출마하여 전국 최고득표(34,035표)로 당선되어 국정운영에 참여하였다.

그러나 6·25 전쟁이 벌어져 서울에서 강제 납북된 조소앙은 끝까지 김일성의 요구를 거부하다가, 1958년 9월 10일 비극적인 최후를 맞이했다고 전해진다. 1989년 대한민국 정부는 그에게 건국훈장 대한민국장을 추서하여 조소앙의 투철한 애국심에 경의를 표했다.

이 글을 쓰며 내가 다니던 대학 중강당에서 강연하던 정치가 조소앙의 모습을 떠올리면서 나는 혼자 중얼거린다.

"불행한 자여, 그대 이름은 대한민국이니라."

—2019. 4. 6.

최남선

崔南善, 1890~1957

서울 출생
경성학당 수학, 일본 와세다대학 중퇴
문인, 사학자, 만주 건국대 교수

천재였던 그가 친일로 …
역사의 방향을 착각한 건 아닐까

최남선은 어쩌면 구한말에 태어난 가장 뛰어난 선비였다고 할 수 있다. 그가 쓰던 아호만도 8가지가 된다지만 그는 앞으로도 오직 '육당(六堂) 최남선'으로 역사에 남을 것이다.

경성학당에서 수학한 육당은 천재라는 사실이 알려져 15세의 어린 나이에 대한제국 황실유학생으로 발탁되었다. 도쿄부립제일중학교에 입학하였으나 졸업하지 않고 중퇴하였다. 그 중학교에서는 별로 배울 것이 없다고 판단한 듯하다. 2년 뒤에는 와세다대학 역사지리학과에 입학하였다고 하니 사람들이 그를 '신동'이라고 한 것도 무리가 아니었다.

그러나 그는 와세다대학에도 오래 다니지 못했다. 그 학교 정치학과 주최로 모의국회가 열렸는데 한국 국왕을 모욕하는 내용이어서 육당은 한국인 학생들의 동맹휴학을 주도하다 결국 제적당했다. 귀국한 그는 신문관을 설립하고 1907년 겨우 18세 때 잡지 〈소년〉을 창간하였다. 이 잡지에서 그는 우리나라 문학사에 한 획을 그은 새로운 형식의 자유시 〈해에게서 소년에게〉를 발표하였다. 그와 이광수가 〈소년〉을 창간한 11월 1일이 '잡지의 날'로 지정됐다는 사실도 기억할 만하다.

그는 민족정기를 되살리기 위해 조선의 귀중한 고서들을 간행하였으며 그런 취지로 조선광문회를 창설하고 고서를 한글로 번역, 발간하였다. 그는 조선어사전 편찬을 계획했고 그 과정에서 《동국통감》, 《열하일기》 등을 비롯하여 20여 종의 고전을 출판하기에 이르렀다. 그러나 한일합방 후에는 일본의 자세가 강경해져서 〈소년〉은 폐간당하였다. 뿐만 아니라 그 이듬해인 1912년 이광수와 손잡고 만든 〈붉은 저고리〉, 〈새별〉 등 잡지가 조선총독부의 '신문지 법'을 위반했다 하여 모두 폐간 처분당했다.

육당은 30세이던 1919년 기미독립선언문을 기초한 죄로 체포, 재판에 회부되어 2년 8개월 실형을 선고받았다. 풀려난 뒤에는 조선의 문화와 역사를 더 깊이 연구하기 위해 '계명구락부'를 조직하고 활동을 개시하였는데 《신춘순례》와 창작시조집 《백팔번뇌》가 출간되었다. 그는 '단군론'에서 동방문화의 근원지를 단군의 백두산이라고 주장하기도 했다.

또한 그는 자신이 조선사편수회의 촉탁 일을 맡게 된 것은 조선총독부가 집과 연구비용을 지원하겠다고 회유했기 때문이 아니고, 다만 한국민족의 '얼'을 찾기 위해서였다고 주장하였다. 한용운 같은 이는 그가 총독부가 시키는 일을 맡았다고 맹비난한 것이 사실이지만, 그의 뜻은 따로 있었던 것이다.

총독부가 식민사관 유포를 위하여 만든 어용단체가 조선사편수회라고 할 수도 있다. 그러나 그가 그 위원직을 맡은 것도 그의 생각이 따로 있었기 때문이었다. 총독부가 중추원 참의가 될 것을 요청하였을 때 그가 끝까지 거절하지 못한 사실을 탓하는 사람들도 있으나, 그 시대를 알지도 못하면서 그 결정을 비난할 수만은 없는 일이다.

한반도를 거쳐 중국으로 치고 들어간 일본은 동남아로까지 진출하여 싱가포르에서 퍼시벌 영국군 사령관을 붙잡았다. 일본군 야마시타 장군은 항복하라고 소리를 지르면서 '예스냐, 노냐'며 책상을 쳤다고 한다. 그런 광경을 지켜보면서 그가 혹시 역사의 방향을 착각한 것은 아닐까.

젊은 시절부터 나라를 사랑하는 마음이 간절했던 최남선, 기미독립선언문을 작성할 만큼 우국충정에 가득했던 최남선, 조국의 문화와 전통을 살리기 위해 그 연구에 몰두했던 최남선, 그런 그가 변절하여 민족반역자가 된 것은 있을 수 없는 일이다. 그는 한때 조선 역사를 이야기하면서 그 특성을 이렇게 요약한 바 있다.

"조선은 동양 역사의 장터에 앉은 늠름한 여장부요, 서리 맞고도 웃는 국화요, 눈 속에서도 피는 매화요, 바람 부는 가운데 우뚝 선 대나무요, 진흙에서 피어나는 연꽃으로 계속 역경 가운데 지냈지만 한 번도 몸을 더럽히지 않은 절세의 현모양처라고 할 수 있습니다."

육당의 강의를 한 번 들은 적이 있다. 매우 작은 모임이었는데 그의 강의를 들으면서 '이렇게 많은 사실을 그렇게 정확하게 알고 있는 학자가 이 지구상에 또 있을까?'라고 생각하였다. 노트도 없이 그의 머릿속에 정리된 사실만을 가지고 그는 정말 박학다식한 지식인이라고 느끼게 했다. 어느 한 분야에 국한된 지식을 자랑하는 것이 아니라 다방면에 걸친 여러 가지 사실들을 거침없이 털어놓았다.

이 시대의 애국지사이며 동시에 민주화 투사였던 장준하는 최남선에 대하여 나와 비슷한 의견을 가지고 있었다. 육당이 세상을 떠나자 장준하는 〈사상계〉에 그를 애도하는 글을 실었다.

"한때 선생의 지조에 대한 세간의 오해도 없지 않았다. 그러나 그것이 선생의 본의가 아니었고 어디까지나 이 민족의 운명을 바로잡고 이 나라의 문화를 보존함에 있었음은 오늘날 사실로 밝혀진 바요."

이렇게 못 박으면서 사람의 잘못을 용서할 줄 모르는 이 겨레의 옹졸함을 비판한 바 있다. 이광수, 김성수, 김활란, 모윤숙 등의 공로는 전혀 생각하지 않고 그들의 과오만을 들추어내는 것은 우리 민족성의 하나의 결함이라고 생각한다. 그 사람을 잘 알지도 못하면서 죄인으로 낙인 찍는 일은 삼가야 할 일이라고 믿는다.

'조선 상식'을 강의하던 육당의 의젓한 모습과 낭랑한 목소리가 오늘도 그리울 뿐이다.

—2018. 5. 26.

원한경

元漢慶, 1890~1951

서울 출생
미국 뉴욕대학 졸
연희전문학교 교장, 미군정청 고문, 연세대 교수

한국을 그토록 사랑한 선교사 언더우드 아들 …
부인과 함께 양화진 묘지에

대학 3학년 때 원한경으로부터 1학기 미국문학사 강의를 들은 적이 있다. 원한경은 연세대 교정에 우뚝 서 있는 원두우(元杜尤, Underwood) 박사의 아들로 투박한 사투리가 섞인 우리말이긴 했지만 유창하게 강의를 하였다. 내가 느끼기에 원한경은 미국문학에 관해서는 모르는 게 없는 것만 같았다. 미국 문인들에 관련된 숨겨진 이야기들도 낱낱이 들추어내어 알려 주기 때문에 그의 강의는 시종여일 흥미진진하였다.

그의 아들 원일한에게는 영어작문을 배웠는데 그는 한국말이 지나쳐 "유치하다"라고 하지 않고 "유치적이다"라고 하여 학생들은 웃음을 참지 못하였다. 언젠가 캠퍼스 어느 곳에 자리 잡고 있었던 원한경의 저택에 초대받아 간 적이 있었다. 나는 거기서 원한경이 '이순신광'(狂) 이라는 것을 처음 알았다. 그의 서재에는 이순신의 거북선 모형이 눈에 띄었고 엄청난 양의 관련서적들이 수집, 소장되어 있었다.

그러나 한 가지 가슴 아픈 기억은 그의 부인이 해방 후 그 저택에서 괴한의 총탄을 맞고 쓰러져 세상을 떠난 것이다. 화창한 어느 여름날 원한경의 부인이 주최하는 한국부인들의 모임이 그 저택에서 있었는데 거기에 그 시대의 여걸 모윤숙이 초대되었다. 그런데 그 정보를 듣고 모윤숙을 저격하고자 잠입한 자객의 총에 엉뚱하게 원한경의 부인이 맞아 그 자리에서 쓰러진 것이다. 그는 병원으로 옮겨졌으나 마침내 세상을 떠나고 말았다.

더욱 잊히지 않는 것은 영어를 가르치던 인물도 잘생기고 사람됨도 좋았던 그 부인이 학생들에게 내준 숙제인데, 3·1 독립선언문을 영어로 번역해서 내라는 것이었다. 힘든 숙제였지만 최선을 다하여 마무리 짓고 제출하였는데 그로부터 며칠 안 되어 안타까운 일이 터지는 바람에 그 번역문은 평가도 못 받고 사라졌다.

원한경 부인의 추모예배는 얼마 뒤 연희대학의 노천강당에서 개최되었다. 학생 전원이 참석하였고 각계각층에서 모여든 상당수의 손님들도 무대 위에 마련된 내빈석에 앉아 있었다. 그때 나는 학생들을 대표하여 마련한 추모의 글을 읽었다. 그 추모사 내용은 3·1 독립선언서를 영어로 번역해 제출했지만, 그것을 읽고 채점하여 돌려주어야 할 사모님은 이제 더 이상 세상에 계시지 않는다는 것이었다.

김태환이라는 친구가 줄곧 무대를 지켜보다가 백낙준 총장이 눈물을 흘리는 것을 보았다고 내게 전해 주었다. 매우 우연한 일이지만 그날 추모예배를 통해 나는 연희대학의 명물로 떠올랐다. 그 사실로 인해 내가 연대 총학생회장으로 선출된 것이 아닐까 싶기도 하다.

원한경은 1890년 9월 서울에서 태어나 미국에서 학업을 마치고 아버지 뜻을 받들어 한국에 선교사로 다시 부임하였다. 뉴욕대학 철학 박사학위를 받은 그는 연희전문에서 최초로 사회학을 강의했고, 1934년 연희전문의 제3대 교장으로 취임했다. 영국 왕립 아시아학회 조선지부 부회장을 맡으며 그 학회지를 통해 한국에 관한 논문을 여러 편 발표하기도 했다.

태평양전쟁이 일어나고 선교사와 그의 가족들이 모두 본국으로 추방

될 때 원한경 일가도 한국을 떠날 수밖에 없었다. 그러나 원한경은 해방이 되던 그해 다시 돌아와 당시 미 군정청에서 고문으로 일하였다. 그는 군용 지프차를 타고 자택에서부터 군정청이 있던 중앙청 건물까지 15분이면 간다고 하여 모두를 놀라게 하였다.

원한경은 키가 작은 편이었지만 당돌하게 생겼고 누구를 대하나 늘 쾌활하였다. 그가 만든 《영한사전》은 한국 최초의 영한사전은 아니었지만 당시 학생들에게 많은 도움을 주었다. 또한 외국인들에게 쉬운 한국말을 가르치기 위해 편찬한 《일용 조선어》(*Every-Day Korean*)는 많은 미국 선교사들이 한국말을 배우는 데 유용한 길잡이가 되었다.

그는 제자사랑도 극진해 경남 진영에 학교를 세우고 아이들을 가르치던 옛날 제자 강성갑 목사가 악한들의 음모로 강변에서 총살됐다는 소식을 듣고 눈물을 감추지 못했다. 그러면서 "연희전문이 낳은 가장 훌륭한 졸업생 한 사람이 무참히 목숨을 잃은 것이 통탄스럽다"고 했다고 한다.

원한경은 6·25 전쟁 중에 부산에서 병을 얻었지만 본국으로 이송될 생각도 하지 않고 조용히 눈을 감았다. 6·25 전쟁 초기에 그가 한국을 위하여 쏟은 정열은 엄청난 것이었으나, 전후 복구는 전혀 보지도 못하고 한창 일할 나이인 61세에 본향인 하늘나라로 돌아간 것이다.

선교사들 중의 선교사요, 학식이 남달리 풍부했던 원두우의 아들 원한경을 가까이 알고 스승으로 모실 수 있었다는 사실에 나는 감격한다. 그는 총에 맞아 세상을 떠난 부인과 함께 양화진의 선교사 묘지에 고이 잠들었다. 그를 그리며 이 말을 전한다.

"며칠 후, 며칠 후 요단강 건너가 만나리."

—2019. 5. 25.

김성수

金性洙, 1891~1955

전북 고창 출생
일본 와세다대학 정경학부 졸
동아일보 사장, 보성전문학교 교장, 부통령

자신에겐 인색했던 인촌…
농지개혁법 지지하며 900만 평 헌납

내가 역사를 공부하는 사람으로 한국 현대사의 길목을 지키고 서 있다가 한평생 존경하던 인촌(仁村) 김성수에 대해 한마디 할 수 있는 기회를 갖게 된 것을 다행스럽게 생각한다. 인촌은 일제하 35년과 해방 후 10년을 오로지 나라사랑 정신으로 일관한 겨레의 큰 스승이었다.

인촌 김성수는 1891년 전라북도 고창에서 조선조의 저명한 성리학자이던 김인후의 13대손으로 태어났고, 그 할아버지도 군수를 지낸 바 있다. 아들이 없던 백부의 양자로 들어가 김연수와는 친형제이지만 사촌이 되었다. 그러므로 인촌은 가히 호남의 명문 태생이라 할 수 있다. 그는 13세 때 5살이나 연상인 고광석과 결혼하였고, 전라남도 담양군에 있는 창흥의숙에서 신학문을 접할 기회를 가지게 되었다.

이 의숙에서 인촌은 한평생 친구요 동지인 송진우를 만나게 된다. 일본 유학의 필요성을 절감한 인촌은 송진우와 함께 도쿄 유학길에 올랐다. 그들은 세이소쿠가쿠엔고등학교에 다니며 영어와 수학을 공부하였고 와세다대학에 입학했다. 한일합방의 비보도 거기서 접하였다. 인촌이 와세다대학에서 사귄 친구들은 장덕수, 신익희, 안재홍, 김병로, 김준연 등이었다.

1914년 와세다대학 정경학부를 졸업한 뒤 곧 귀국한 그는 조국을 위해 해야 할 일의 청사진을 마련하였다. 나이는 24세밖에 안 되는 젊은이였지만 그의 꿈은 2천만 동포의 살길을 마련하는 것이었다. 중국의 혁명가 쑨원이 삼민주의를 제창한 것처럼 그의 머릿속에도 '민족, 민권, 민생'을 살리는 것이 절실한 과제였다.

나는 중앙고보에 다닌 적도 없고 보성전문에 입학한 적도 없지만, 인촌 김성수를 마음속 스승으로 모시게 된 데는 그만한 이유가 있다. 1947년인가 1948년의 일로 기억되는데 3·1절 기념행사가 서울운동장에서 개최되어 나는 대학생의 한 사람으로 그 기념식에 참석하였다. 그때 인촌이 단상에 올라가서 던진 한마디가 족히 70년이 지난 오늘도 내 가슴속에 메아리치고 있다. 요약하면 이런 말이었다.

"여러분, 전체주의나 독재 체제에서는 모든 일이 즉시에 해결되지만, 자유민주주의 체제하에서는 일이 되기는 하는데 시간이 오래 걸린다는 사실을 명심하시오."

이 한마디였던 것이다. 어찌 생각하면 평범한 말이지만 김일성이 하는 일을 내 눈으로 보고 월남한 나로서는 남조선의 모든 일이 느리게만 느껴지고 답답하게만 생각되던 터에 그 해답을 얻은 것이나 다름이 없었으므로, 인촌을 나의 스승 중 한 사람으로 여기게 된 것이다.

인촌은 비록 부잣집 아들로 태어났지만 자기를 위해서는 동전 한 푼도 아껴 쓰고 남몰래 독립운동 자금도 마련해 전달하였고, 가난한 학생을 돕는 일에 가진 것을 아낌없이 주었다. 특히 대한민국 헌법 기초위원 중 한 사람이던 유진오 고려대 교수가 들고 온 농지개혁법에 동의함으로써 그는 자진하여 3천 정보(町步)가 넘는 막대한 농토를 국가에 헌납한 셈이다. 그러고도 인촌은 단 한 번도 공치사를 한 일이 없었다.

1940년을 전후하여 인촌 김성수가 항일에서 친일로 방향을 전환한 것처럼 비방하는 몰지각한 사람들이 있는 건 사실이다. 강요에 못 이겨 라디오를 통하여 한국의 젊은이들에게 학병에 나가라고, 징병에 응하라고 권고한 일이 있다고 비난하는 자들이 있지만, 오죽 탄압과 협박이 심했으면 그런 방송을 하였겠는가 짐작해 볼 만한 아량은 없는가.

그가 당시의 신문과 잡지에 학병에 나가라고 권하는 글을 쓴 것이 있다고, 또는 징병제도를 찬양한 적이 있다고 인촌을 매도하는 자들도 있지만 생각해 보라. 학생들을 이끌고 조선신궁을 찾아가 참배 아닌 참배를 한 일제하 기독교 학교의 교장들이 그 일을 원해서 했겠는가. 유명한 친일파 박춘금이 시내 식도원에서 인촌을 청해 놓고 권총을 휘두르며 일본 제국주의에 협조하라고 공갈 협박을 하였다는 사실을 아는가!

인촌 김성수의 64년의 삶은 우리 모두에게 무슨 특별한 뜻을 지니고 있지 않은가. 인촌은 일제하 35년을 이 나라 지식인 선각자의 한 사람으로 고통스럽게 살았다. 뿐만 아니라 그가 그토록 갈망하던 해방 뒤 혼란한 정국 속에서 그래도 대한민국의 제2대 부통령으로 선출되는 영광을 누리기도 했지만, 당시의 자유당 정권이 그의 사상과 이념과는 거리가 먼 것이어서 임기가 차기도 전에 그 자리를 물러났다. 혼란에 혼란을 거듭하는 정국의 소용돌이 속에서 앙앙불락 지칠 대로 지친 인촌은 병을 얻어 20년을 더 살아야 할 나이에 세상을 떠나고 말았다.

그는 쑨원의 삼민주의를 실천에 옮겨 보려고 온갖 시련을 다 겪었다. 그러나 뜻을 이루지 못하고 스스로 실패했다고 자인하였다. 본디 정치인이 아니었던 인촌은 정치인으로는 실패했지만, 중앙학교와 고려대는 아직도 민족의 역군들을 길러내고 있고 그가 나이 30에 일궈 놓은 〈동아일보〉는 오늘도 이 나라 굴지의 언론기관 중 하나로 국민의 존경 대상이라고 생각한다. 경제성장이 눈부신 시대를 맞이했지만, 경성방직은 국민의 경제생활을 윤택하게 하기 위해 악전고투하고 있으니 누가 감히 인촌의 일생을 실패라고 말할 수 있겠는가.

인촌 김성수를 생각하며 나는 내가 한국인으로 태어난 사실을 자랑스럽게 생각한다.

— 2018. 7. 21.

이광수

李光洙, 1892~1950

평북 정주 출생

일본 와세다대학 중퇴

소설가, 언론인, 6·25 때 납북

대표작 《사랑》, 《무정》, 《흙》

2·8 독립선언서 기초한 춘원…
무슨 까닭에 친일의 길을 갔을까

우리나라 근대문학계에 세 천재가 태어났다. 《임꺽정》의 저자 벽초 홍명희와 조선사 연구 권위자 육당 최남선, 《사랑》의 저자 춘원 이광수가 그들이다.

충북 괴산 출신인 벽초는 일찍이 고향을 버리고 평양으로 가 김일성을 돕는 일에 한평생을 바치고 비교적 편안하게 눈을 감았다고 전해진다. 육당은 일제강점기에 만주국을 위해 일본이 세운 건국대 교수로 취임했는데 친일파라는 누명을 쓰고 즐겁지 않은 말년을 보냈다. 대한민국의 국무총리를 지낸 강영훈은 육당이 교수일 때 만주 건국대 학생이었는데 그에게 역사를 배우다 학병으로 끌려갔다. 그는 내게 이런 말을 했다.

"내가 육당 밑에서 국사 공부를 했는데 그를 친일파로 모는 사람들을 보고 어이가 없어서 말이 안 나옵니다. 내가 아는 육당은 진정한 의미의 애국자였습니다."

나처럼 일제 때 젊은 날을 보낸 사람치고 그 시절 춘원의 《무정》, 《흙》, 《사랑》을 읽어 보지 않은 사람이 누가 있었겠는가. 얼마나 많은 이 나라 젊은이가 《흙》을 읽고 농촌운동을 꿈꾸고, 《사랑》을 읽고 안빈과 석순옥의 순결한 사랑에 감동하였겠는가.

나의 아버지 친구 중에 손두성이라는 사람이 있었다. 그는 젊었을 때

혈기 왕성해 싸움도 잘하는 청년이었다. 그 사람 말을 내가 직접 들은 적이 있다. 손 씨는 이광수가 1922년에 발표한 "민족 개조론"을 읽고 격분하여 춘원이 살던 집을 찾아간 일이 있었다고 한다. 손 씨는 그 글이 한국민족을 깎아내리는 잘못된 글이라고 여겼기 때문에 분풀이할 마음이었다. 그러나 막상 그의 집을 찾아가 춘원 앞에 앉았더니 이 겨레의 어제와 오늘을 얘기하는 그의 애국심에 감동해 아무 말도 못 하고 물러났다는 것이다. 춘원의 애국심에 비하면 자신의 조국애는 비교도 안 된다는 사실을 깨달았다는 것이다.

일제 때 창씨개명한 이광수의 성은 가야마〔香山〕였는데 이는 향기로운 산이라는 뜻이었다. 재주가 비상하던 그가 그런 멋있는 이름으로 바뀌었다고 하여 진정 사람도 바뀌었던 것일까. 해방되고 1948년 정부가 수립된 후 민족반역자 특별조사위원회가 구성돼 이광수, 최남선도 구속됐다. 두 천재는 결국 불기소 처분으로 옥살이를 오래 하지 않았다.

일제강점기를 살아 본 사람과 살아 보지 않은 사람의 친일파 개념은 판이한 것 같다. 나는 20년 가까이 그 시대를 살았기 때문에 오늘 살아 있는 누구보다도 이를 잘 안다고 자부한다. 근년에 만든 친일파 명단에 무려 3천여 명의 이름이 게재돼 있다고 하는데, 현재 살아 있는 사람은 한 사람도 없을 것이다. 한마디 변명도 못하고 그 많은 한국인이 친일파나 민족반역자로 전락한 사실이 못내 아쉽다.

그 당시에는 김 씨, 이 씨, 박 씨는 다 사라지고 가네카와, 미즈하라, 오카모토라는 성을 가진 한국인이 많이 있었던 것은 사실인데, 조상이 물려준 성을 바꾸고 싶은 사람이 어디 있었겠는가. 자유 대한에 태어난 사람들 눈에는 창씨개명이 부당하게 여겨질지 모르지만 그 시대를 살아 본 나로서는 창씨개명이 반민족행위로는 여겨지지 않는다고 덧붙이고 싶다.

성을 바꾸지 않으면 상급학교에 진학하기 어려울 것이 뻔한데 일본식 성을 거부할 수 있는 한국인은 매우 드물었을 것이다. 외국에 있던 김구, 이승만은 창씨개명할 필요가 없었을 것이고, 국내에서 총독부와 잘 통하던 박흥식이나 김대우도 성을 바꿀 필요가 없었겠지만, 우리 집을 포함해 서민 대중은 창씨개명하라는 총독부 명령을 어길 수 없었다.

춘원은 도쿄에서 유학생으로 있을 때 3·1 독립선언이 발표되기 전에 이미 2·28 독립선언서를 기초했다. 그리고 "민족 개조론"을 발표함과 동시에 그 나름대로 채찍을 들고 이 겨레를 훈계했다. 그런데 무슨 까닭으로 일본 편을 들게 되었을까.

그가 적극적으로 일본을 찬양하기 시작한 시기는 1940년도다. 그해에는 〈조선일보〉와 〈동아일보〉가 폐간되었고 우리말로 신문에 글을 쓸 기회도 사라졌다. 만일 그에게 역사를 보는 눈이 있었다면 적극적으로 '내선일체'를 주장하지는 않았을 것이다. 5년쯤 뒤에는 일본이 몰락했으니 말이다. 그러나 그는 일본을 도와서라도 장차 한국인이 편하게 살 수 있는 길을 찾으려는 한 가닥 희망을 품고서 잘못된 그 길을 걸어간 것이 아닐까.

춘원은 반민특위(反民特委)의 신문에서 이렇게 답했다.

"나는 민족을 위해 친일했습니다. 내가 걸어온 길은 정도는 아니지만 그런 길을 가서라도 민족을 섬기고자 하는 마음이 있었다는 것을 알아주시길 바랍니다."

그러나 반민특위가 그의 그런 고백을 전적으로 받아들였을 리 없다.

춘원 연구의 권위자라고 할 수 있는 일본 니가타대학의 하타노 세츠코 교수는 《이광수, 일본을 만나다》라는 책에서 한국의 나쓰메 소세키로 볼 수 있는 춘원이 민족반역자, 매국노로 낙인찍힌 사실을 매우 유감스럽게 생각했다. 한국 근대문학의 원조라는 이광수는 결코 매국노가 아니라는 사실을 알리기 위해 많은 연구가 아직도 진행되고 있다.

또한 그의 아들(이영근)과 딸(이정화)의 눈물겨운 노력으로 많은 조사와 재평가가 이루어지고 있다. 6·25 때 몸에 열이 있어서 피란을 가지 못한 춘원은 납북돼 강계에서 강제노동을 하다가 쓰러졌다고 하는데 아무도 그가 어디서 마지막 숨을 거두었는지 분명히 아는 사람은 없는 것 같다.

나는 우리 역사에서 어느 때라도 춘원 이광수에게 가장 타당한 자리매김이 이뤄지기를 바란다.

—2018. 4. 7.

정인보

鄭寅普, 1892~?

서울 출생
한문 수학
국학자, 연희전문 교수, 국학대학 설립

국학진흥을 위한 헌신에 …
우리는 위당을 '조선의 국보'라 하였다

위당(爲堂) 혹은 담원(薝園)이라는 아호로 널리 알려진 대학자 정인보는 1892년 5월 6일(음력) 서울 회동에서 명문가의 아들로 태어났다. 경술국치의 해인 1910년 중국 유학길에 올라 상하이에서 동양학을 전공하는 한편 동제사(同濟社)를 조직하여 박은식, 신규식과 함께 조국 광복운동에 힘을 모았다. 1918년 귀국 후에는 연희전문과 이화여전 그리고 세브란스의학전문과 불교전문에서도 국학과 동양학을 강의하는 한편 〈동아일보〉 논설위원으로도 활약하였다.

내가 위당에 관하여 아는 사실들은 대부분 나의 은사 백낙준으로부터 들은 이야기다. 그러나 가장 감명 깊었던 것은 1948년 여름 연희대학의 노천극장에 전교생이 다 모인 자리에서 위당으로부터 국학에 대한 강의를 들은 때였다. 위당의 국사관이 가장 특이한 것은 그가 '얼'이라는 독특한 낱말을 가지고 우리 역사를 풀이하는 점이었다. 그는 그런 강의 중에서도 웃기는 말도 가끔 섞어 모든 학생을 폭소하게도 하였다. 강의는 조금도 지루하지 않았다.

그때 들은 퇴계(退溪) 이황(李滉)에 관한 이야기가 지금도 생각난다. 젊은 선비 퇴계가 종로에서 길을 가다가 발을 멈추고 기생들이 여럿 지나가는 것을 유심히 보게 되었다는 것이다. 그 관기(官妓)들이 하도 예뻐서 근엄한 유생 퇴계도 넋을 잃고 기생들을 한참 보고 있었다는 것이다. 그러다 정신이 들어 퇴계는 고개를 푹 숙이고 이렇게 한마디 하였다.

"이 마음이 나를 죽이는구나."

용재 백낙준은《담원 국학산고》의 서문을 쓰면서 "우리는 그를 국보라고 하였다"고 칭송했으니 알 만하지 않은가! 국학의 진흥을 위해 그는 국학대학을 설립하고 1948년 초대 학장을 맡았으나, 정부가 수립되고 이승만의 간청을 거절하지 못하고 초대 감찰위원회 위원장에 취임했다. 그런데 상공부 장관으로 발탁된 임영신이 부적절하다고 대통령에게 직고했으나 대통령이 듣지 않자 사표를 던지고 그날부터 출근하지 않았다.

일제 때 그의 친구들은 유길준의 아들 유억겸, 연희전문 교수 백낙준 그리고 서울 YMCA의 총무 구자옥이었다. 위당은 해학(諧謔)의 명인이기도 해서 친구들과 어울릴 때 말로 옮기기 거북한 농담도 오갔다고 한다.

그들이 만나면 위당을 '당나귀'라고 부르며 놀렸다는데 하루는 그가 그 친구들에게 이런 말을 했다고 들었다.

"나는 길에 가다가 당나귀를 보면 남 같지가 않아."

선비로서는 하기 어려운 농담이지만 위당은 서슴지 않고 그런 우스갯소리도 잘하였다.

언젠가 집의 마당 한구석에 조그마한 정자를 하나 짓고 그 현판에 '위락당'(爲樂堂)이라고 썼다고 한다. 사람들이 그 옥호를 보고 역시 유식한 어른은 다르다고 감탄하였다지만, 그 글을 거꾸로 읽으면 '당낙위'(당나귀)가 되는 것이 아닌가. 그래서 그의 아호가 위당이 된 것도 같다.

청빈낙도로 일관한 위당은 아들딸을 잘 키워 아들 정상모는 광복이 되고 나와 같은 대학 같은 반에서 공부했다. 하지만 그는 단 한 번도 자기가 위당의 아들이라는 말을 한 적이 없어서 전혀 모르고 지냈다가 졸업한 후에야 그 사실을 알았다. 또 다른 아들은 국립박물관 관장을 지낸 정양모이다. 국문학을 전공한 딸 정양완은 국문학자 강신항의 아내가 되었는데 그 두 사람 사이에 태어난 아들 하나가 수학의 천재라는 소문이 자자하였다.

역사학자 용재는 조상이 쓰다가 전혀 쓰지 않게 된 낱말들을 되살린 위당을 높이 평가하였다. '얼'이란 낱말뿐 아니라 '가람'이니 '누리'니 하는 옛말들을 우리 생활의 일상용어로 만들어 주었다고 위당을 자랑하였다. 국학을 그토록 중시하던 위당의 정신을 받들어 해방이 되고 연희대학에 국학연구소가 설립되었다.

일제 말기에 접어들어 창씨개명이니 신사참배니 하는 꼴사나운 일들이 강요되었을 때 위당은 훨훨 털고 산에 들어가 나오지 않았다. 그런 형편이 되었으니 그의 집안 식구들이 겪은 고생은 말로 다하기 어려웠을 것이다. 벽초 홍명희가 월북할 때 그의 둘째아들 홍기무를 데리고 떠났는데 홍기무는 위당의 둘째 사위였다. 그는 간첩으로 남파되었다가 체포되어 형무소에 갇혀 있었다.

6·25가 터지자 출옥하여 장인을 찾아와 큰절하고 협조를 요청했으나, 위당은 단호하게 그에게 일러주었다.

"너는 유물론자이고 나는 유신론자다. 어떻게 같이 일을 하겠느냐."

그리고 6·25 전쟁 와중에 위당은 납북되어 어느 날 어디서 어떻게 운명했는지를 자세히 아는 사람이 없다. 추측만 무성할 뿐이다.

〈광복절의 노래〉는 위당의 작사이다.

흙 다시 만져 보자
바닷물도 춤을 춘다
기어이 보시려던
어른님 벗님 어찌하리

이화여대의 교가 또한 그의 작사다.

한가람 봄바람에
피어난 우리
성인이 이를 불러
이화라셨다
거룩한 노래 곱게도 나니
황화방 안에
천국이예라

위당이 세상을 떠난 지 40년 만에 그에게 '건국훈장 독립장'이 수여되었다. 연세대는 2001년에야 위당 정인보 선생 기념관을 마련하여 국학 진흥에 헌신한 위당의 노고를 치하하였다. 중국 학자들이 위당의 글을 읽고 모두 감탄하여 "이렇게 훌륭한 학자가 해동(한국)에 있음은 진실로 놀랍다"고 칭찬을 아끼지 않았다고 한다.

그는 이 땅 어디엔가 잠들어 있을 것이다. 아니다. 그는 오늘도 잠들지 않고 조국의 앞날을 지켜보고 있을 것이다. 그는 탁월한 선비이기에 앞서 이순신과 안중근, 윤봉길을 흠모하던 위대한 애국자였다.

— 2018. 12. 1.

조병옥

趙炳玉, 1894~1960

충남 천안 출생
배재학당 대학부, 미국 컬럼비아대학 졸
정치인, 국회의원, 대통령 후보

"너, 나 죽으면 문상 올 거지"… 조의금 미리 받아 쓴 천하의 걸물

해마다 12월 2일이 되면 동대문구 제기동에 있던 경기여고 교장 박은혜의 자택에서 그의 남편 장덕수의 추모예배가 있었다. 장덕수는 1947년 바로 그날 그 현관에서 괴한의 총에 맞아 쓰러져 목숨을 잃었고, 박은혜는 그 집에 눌러 살면서 두 딸과 두 아들을 키우며 공부시키고 있었다. 나는 그 추모예배에 참석할 때마다 유석(維石) 조병옥을 가까이 대하게 되었다.

조병옥은 내 옆자리에 눈을 감고 침통한 표정으로 묵묵히 앉아 있었다. 그의 얼굴은 우리에게 매우 익숙한 얼굴이었는데 관상학에서는 그런 얼굴을 두고 '위맹지상'(威猛之相)이라고 한다. 한 번 보면 평생 잊을 수 없는 특이한 얼굴이다. 정치인으로 활약하던 때 그를 미워하는 사람도 많았지만 그를 좋아하는 사람이 더 많았다. 국회에서 당시 의장이던 이기붕을 향해 '기붕 의장'이라고 부르니 분개한 자유당 의원들이 의장을 무시하는 것 아니냐고 조병옥에게 항의하였다.

그러나 그는 태연하게 대답하였다.

"날 보고 병옥 의장이라고 불러도 나는 아무렇지도 않은데."

조병옥은 영웅호걸의 기질을 타고난 사람이었다.

조병옥은 충청도 천안에서 1894년에 태어나 1960년 2월에 세상을 떠났으니 67세까지 살았다. 그의 일생은 파란만장하였다. 그는 뼈대 있는 집안의 후손이었다. 그의 조상은 고려조에서 큰 벼슬을 하였고, 조선조 개국공신 조인옥도 그의 선조다. 3·1 운동이 일어났을 때에도 부친 조인원은 독립만세 운동의 주동세력으로 일본군의 총격을 받아 관통상을 입어 여러 달 병원에 입원하였고, 징역 4년형을 살게 되어 형무소에 끌려가기도 했다. 그의 동생도 그때 3년형을 받고 복역하였다고 전해진다.

살림이 넉넉하던 그의 아버지는 자기 집에 서당을 차리고 괴산에서 훈장을 모셔다 아들들에게 한학을 가르쳤는데 맏아들 조병옥은 총명하여 어린 나이에 사서삼경 중에서 《주역》 하나만 빼고는 다 통달했다고 스스로 회고한 적이 있다. 그러나 선교사 케이블을 만나면서 교육의 방법이 180도 바뀌어 공주에 있는 영명학교에 가서 교육받게 되었고, 선교사들의 주선으로 평양에 있는 숭실학교에 전입하여, 1912년 봄에 졸업하고 곧 서울로 돌아왔다.

당시 프린스턴대학에서 박사학위를 받고 돌아온 이승만을 만나 조병옥도 미국 유학의 꿈을 키우게 되었다. 그는 배재학당 대학부에 입학하여 영어가 유창하던 김규식에게 많은 감화를 받았지만, 해방이 되고 정치판에서는 김규식의 중도노선을 마땅치 않게 여기고 그에게 등을 돌린 것이 사실이다. 배재학당 대학부를 마친 조병옥은 미국 와이오밍대학으로 가서 학사·석사학위를 받고, 뉴욕 컬럼비아대학에 가서 경제학을 전공하여 박사학위를 땄다.

1919년 3·1 운동 소식을 거기서 들은 조병옥은 서재필과 함께 그해 4월에 필라델피아에서 제1차 한인연합회의를 개최하였다. 그의 독립운동은 그때부터 본격적으로 시작된 것이다. 미국에 체류하는 동안 그는 안창호와 면담할 기회도 가졌고, 귀국한 후 윤치호를 찾아가 만나기도 했으며, 1925년에는 신간회의 창립멤버로 활약하기도 하였다. 그는 5년 동안 연희전문에서 교편을 잡기도 하였는데 광주학생 사건이 터지니 한용운 등과 함께 배후조종자로 몰려 체포되었고, 3년형을 언도받고 복역, 만기 출소하였다.

그 후 도산 안창호가 이끌던 흥사단에서도 맹활약하였다. 한때 조만식과 더불어 〈조선일보〉 살리기에 진력하였으며 그 신문사의 전무 겸 영업국장 일을 맡은 적도 있었지만, 1937년 수양동지회 사건으로 다시 체포되어 2년간 복역하였다. 1939년 석방은 되었지만, 일자리는 없었고 그가 장차 대통령이 되어야 할 지도자로 지목했던 안창호도 세상을 떠났으므로 이승만밖에는 남은 민족적 지도자가 없었다.

일제 말기는 조병옥에게 문자 그대로 암흑시대였다. 그는 3남 2녀를 먹여 살리기도 어려운 형편이었다. 이런 일화가 하나 있다. 어느 날 밥술이나 먹는 친구를 찾아가 그가 다짜고짜 물었다.

"너 나 죽으면 문상 오겠느냐?"

"네가 죽으면 당연히 문상 가야지."

그 친구가 웃으면서 대답했다.

"너 빈손으로는 안 오겠지. 봉투 하나 들고 오겠지?"

"네가 죽었는데 어떻게 빈손으로 가냐."

조병옥이 그 친구에게 부탁하였다.

"나 정말 지금 살기 어렵다. 네가 문상 올 때 가져오겠다는 그 봉투 지금 다오."

조병옥은 그런 배짱을 가지고 그 시대를 살았다. 죽기 전에 미리 조의금 봉투를 받아서 쓸 수 있었던 천하의 걸물이 조병옥이었다. 그런 그는 자유당의 횡포를 목격하고 이승만의 반대세력이 될 수밖에 없었을 것이다. 대통령이 되려던 그의 꿈은 번번이 좌절되었다. 그는 술고래였기 때문에 골병이 들어 유명한 미국의 월터리드 병원에 가서 수술을 받았지만 살아나지 못했다.

꿈은 하나도 이루지 못하고 낯선 하늘 밑에서 그는 외롭게 숨을 거두었다. 만일 이승만이 3선개헌을 포기하고 조병옥을 경무대로 불러 "내가 물러나면 자네가 맡아야 하네"라고 한마디 하고 그에게 정권을 이양할 준비를 하였더라면 아마도 4·19와 5·16은 안 터지지 않았을까.

대한민국이 넘어야 할 험산 준령을 앞에 놓고 유석 조병옥을 그리워하는 사람이 어찌 이 노인 한 사람뿐이랴. 고려 말에 길재가 탄식하였다.

"산천은 의구하되 인걸은 간데없다."

—2018. 6. 16.

신익희

申翼熙, 1894~1956

경기도 광주 출생
일본 와세다대학 정경학부 졸
상하이임시정부 외교부장, 국회의장, 대통령 후보

대선후보로 유세 가다 호남선 안에서 급사 …
나라의 운이 이것밖에

해공(海公) 신익희는 1894년(고종 31년) 경기도 광주에서 판서를 지낸 신단의 막내아들로 태어났다. 그는 고향에서 사서삼경을 비롯해 한학을 폭넓게 습득하고 상경하여 관립 한성외국어학교를 졸업한 후 일본으로 건너가 와세다대학 정경학부에서 수학하였다. 일본에서 대학을 마치고 돌아온 해공은 중동학교에서 교편을 잡았고, 1917년부터는 보성전문의 전신인 보성법률고등학교에서 가르치기도 하였다.

비교적 순탄한 인생길을 걷던 신익희가 조국의 앞날에 대하여 남다른 관심을 갖게 된 데는 1918년 미국 대통령 윌슨이 제1차 세계대전을 마무리할 때 항구적 세계 평화를 위해 발표한 '14개조'가 큰 영향을 끼쳤다. 그중에서도 특히 '민족자결주의 원칙'은 국권을 상실한 약소국 청년에게 큰 감동을 주었다. 그때부터 신익희는 일본에 의해 강제로 합방당한 대한제국이 독립을 되찾을 희망이 있다고 믿게 된 것이었다.

그는 서슴지 않고 독립운동에 투신하였다. 3·1 운동의 불길이 솟아오르기 전에 만주, 베이징, 상하이 등지에 드나들면서 해외에서 이미 벌어진 독립운동과 국내 민족지도자들을 연결시키는 일에 적지 않은 공을 세웠다. '독립만세'를 부르짖는 민중의 함성이 하늘을 찌르던 바로 그때, 그는 상하이로 떠나 그로부터 26년간 망명생활을 이어갔다. 상하이에 체류하면서 대한민국 임시헌법을 기초했고, 임시정부의 내무총장, 법무총장, 문교부장, 외무부장 등을 두루 맡아 맹활약했다. 한편 평화적 방법만으로는 국권회복이 어렵다고 판단하고 독립을 위한 군대조직에 열을 올렸다.

신익희가 대한민국 임시정부 요인들과 함께 갈망하던 8·15 해방을 맞았을 때 그는 이미 50이 넘는 나이였다. 20여 년간 임시정부 요인들과 같이 생활하면서 그들의 성격과 수준을 익히 알고 있던 신익희로서는 그들과 손잡고 신생 공화국을 만들고 꾸려가긴 어렵다고 판단했을 것이다.

그는 한국독립당에 몸을 맡기지 않고 대한독립촉성국민회의 결성에 크게 이바지함으로써 자신의 정치적 노선을 분명히 하였다. 그는 남북협상이 한반도의 앞날을 더욱 암담하게 만들 것을 우려하여 우선 자유민주주의를 표방하는 대한민국 수립이 시급하다고 판단했다. 그것이 그의 정치적 혜안이었다고 나는 생각한다. 그리하여 그는 김구가 아닌 이승만과 손을 잡고 대한민국 수립에 전력투구를 한 것이다.

신익희는 제헌국회에 진출하였고, 국회의장 이승만의 뒤를 이어 국회의장 자리에 오르기도 하였다. 그러나 이승만의 독주를 막을 길이 없다고 판단하자 1955년 장면, 조병옥 등과 합심하여 민주당을 창당했고, 드디어 1956년에는 이 야당의 대통령 후보로서 전 국민 앞에 우뚝 서게 되었다. 그 시대를 살아 보지 않은 사람들은 당시 그에 대한 국민적 지지가 얼마나 컸는지 짐작도 못할 것이다.

그해 5월 2일 한강 모래사장에서 벌어졌던 대통령 후보 신익희의 유세에 모여든 민중들의 뜨거운 열기는 새로운 시대가 열리고 있음을 명약관화하게 예고했다. 1956년 대한민국 대통령선거가 시작될 때, 이승만의 뒤를 이을 사람은 이미 정해진 것이나 다름없다고 생각하는 이들이 많았다. 나도 그런 사람들 중 하나였다.

그러나 뜻밖의 불상사가 벌어졌다. 5월 5일 호남지방 유세를 위해 전주로 가던 그가 돌연 기차 안에서 심장마비로 급사하고 만 것이다. 공자가 제자 안회가 세상을 떠났을 때 가장 슬퍼하며 "하늘이 나를 망하게 하였다"라고 하였듯이, 신익희의 급사라는 비보는 민주주의를 갈망하던 모든 유권자들이 땅을 치며 통곡할 만큼 슬픈 일이었다. 하도 슬퍼서 학교에 출근할 마음이 없다던 교사도 있었다. 어쩌면 국운이 이다지도 막힌 나라인가 하고 내가 알던 사람들은 다 통탄하였다.

결국 신익희 없이 선거는 치러졌고, 185만의 유권자들이 그가 세상에 없는 줄 알면서도 그에게 투표했다. 그가 살아 당선이 확정됐다면 윌슨에게 민주주의 교육을 받았다는 이승만은 틀림없이 그의 대통령 당선을 반기며 그 자리에서 물러났을 것이고, 4·19 같은 비극은 벌어지지 않았을 것이다. 그뿐인가. 군사쿠데타가 터질 상황에 이르지도 않았을 것이다.

나라의 운명을 국운이라고 하는데 대한민국의 국운은 왜 이렇게 험난하기만 한가! 국민의 존경과 지지를 받고 잘 준비된 인물이 민주 대한을 이끌어가는 그런 날은 언제 올 것인가. 무엇이 잘못되어 우리는 오늘도 이 꼴로 살아야 하는가. 한탄만 한다고 바로잡을 수 없는 이 나라의 운명. 그러나 국민들이여! 분발하자! 정몽주를 생각하며, 성삼문을 생각하며, 이순신을 생각하며, 안중근을 생각하며, 윤봉길을 생각하며, 동포여! 다시 한 번 분발하자! 대한민국의 후손들을 위하여 뭉쳐 하나가 되어 위대한 대한민국을 이 땅에 세워 보자.

–2019. 2. 2.

최현배

崔鉉培, 1894~1970

경남 울산
일본 교토대학 철학과 졸
한글학자, 연세대 교수, 한글학회 이사장

한글학자 외솔, 정작 사투리 심해 해방을 '해뱅'이라 발음해 웃겨

겨레의 스승 최현배는 표정이나 태도가 항상 근엄하여 그를 최현배라고 부르기도 송구스럽다. 그래서 나는 한글로 지어진 그의 아름다운 아호 '외솔'이라고 부르고자 한다.

울산의 부유한 가정에서 태어난 외솔은 어려서 동래로 가 일신학교에 다녔다. 워낙 공부를 잘하는 학생이어서 시골에서도 오늘의 경기고인 경성고등보통학교에 입학했고 졸업과 동시에 일본 히로시마 고등사범학교에 들어갔다. 그 학교를 마치고 교토대학 철학과에서 학사학위를 받고 다시 교육학을 전공해 석사학위를 받았다.

연희전문에 다닐 때 학생으로 외솔에게 가르침을 받은 박병호라고 하는 이가 부총장 일을 보던 외솔 밑에서 학교농장을 돌본 일이 있었다. 박병호가 언젠가 나를 보고 외솔에게 야단맞았던 이야기를 전해주었다.

하루는 외솔이 농장경영에 필요한 예산을 세워 오라고 하시기에 큰마음 먹고 잘 계획하여 예산을 세워서 그를 찾아갔더니 "일본에서는 고학하여 성공한 사람은 대신(장관)으로 쓰지 않는다는 말이 있던데 이 계획서를 보면 자네 너무 스케일이 작아"라고 책망하시더라는 것이다. 박병호는 고학하면서 연희전문을 졸업했는데 외솔은 그런 사실을 아는 터라 자기를 향해 좀더 큰사람이 되라는 격려를 한 것이라고 그는 풀이하고 있었다.

외솔의 삶에 크나큰 전기를 마련해 준 만남이 하나 있었다. 그것은 그가 고등보통학교 재학중 3년 동안 겨레의 존경을 받던 한글학자 주시경의 조선어강습원에 등록하고 한글을 배우고 연구했던 사실이었다. 그가 일본에서 철학을 공부하고 교육학을 배운 것도 그 배후에는 한글의 연구와 보급에 뜻이 있었던 것이 사실이다.

1926년에 일본서 돌아온 외솔은 연희전문 교수로 취임했지만 2년 뒤에 신흥우가 창립한 흥업구락부 사건으로 파면되기도 하였는데 1941년에야 복직이 가능하였다. 외솔은 이미 조선어학회를 창설하고 조선어사전편찬위원회의 준비위원이 되기도 했는데 1933년에는 한글맞춤법통일안 제정에 참여하였다.

그러나 조선총독부는 뜻밖에 조선어학회사건을 허위 날조해 1942년 10월 어학회원들을 검거, 투옥하기 시작하였다. 일본은 1939년 4월부터 각급학교 국어과목을 철폐하였고, 한글로 된 신문과 잡지도 탄압하기 시작하였다. 이 황당한 사건으로 조선어학회의 주요 회원들이 줄줄이 연행, 검거되었는데 이윤재, 최현배, 이희승, 정인승 등이 함경남도 홍원경찰서에 수감되었다.

이들은 홍원경찰서 유치장에서 야만적 고문을 당하였을 뿐만 아니라 독립운동에 가담했다는 이유로 함흥검찰국에 송치되었다. 1943년 12월에는 이윤재가 옥사하고 그 이듬해 2월에는 한징 또한 옥중에서 목숨을 잃었다. 나머지 11명은 함흥에서 재판을 받고 각각 징역 2년에서 6년까지 선고받아 외솔도 8·15 해방을 맞는 날까지 옥살이를 해야만 했다.

그는 으레 연희전문으로 돌아와야 할 것인데 뜻밖에도 미 군정청 문교부 편수국장으로 취임하였다. 왜 그런 자리를 자진하여 택한 것일까? 우리는 그의 아호 '외솔'이 무슨 뜻인지 생각해 볼 필요가 있다. 신라의 대학자 최치원의 호는 '고운'(孤雲, 외로운 구름), 조선조의 대선비이던 윤선도의 아호는 '고산'(孤山, 외로운 산)이었다. 외솔은 스스로의 외로움을 달래기 위하여 아마도 '외로운 소나무'〔孤松〕가 되었을 것이다.

성삼문도 그렇게 읊었지 않았던가.

이 몸이 죽어 가서 무엇이 될꼬 하니
봉래산 제일봉에 낙락장송 되었다가
백설이 만건곤할 때 독야청청하리라.

성삼문의 그런 심정이 한글을 위해 악전고투하던 외톨이 외솔의 심정이 아니었을까 한다.

미 군정청에 그가 편수국장으로 들어간 뜻은 하나밖에 없었다. 한글 전용이었다. 초·중·고의 교과서를 모두 한글로만 편성되게 최선을 다한 한글학자 외솔. 그는 6·25 피란시절에 자신이 깎고 다듬던 한글 원고를 독 속에 넣어 땅에 묻어 놓고 피란길에 올랐다고 한다.

외솔은 우리를 감동하게도 하였고 웃기게도 하였고 놀라게도 하였다. 표준어를 제정하고 한글학자로 그 일선을 담당했던 그가 강의하면서 경상도 사투리를 버리지 못하고 '해방'이라고 발음하지 못하여 '해뱅'이라고 발음하여 모든 학생을 웃기기도 하였다. 자유당의 횡포가 심하였을 때 외솔은 학생들 앞에서 당당하게 자유당 정권을 혹독하게 비판하였다. '저렇게 말씀하셔도 되는가'라며 걱정하던 이들도 없지 않았다. 우리를 즐겁게 한 일도 있다. 1970년 외솔이 세상을 떠났을 적에 나는 외유 중이어서 장례식에 참석하지 못하였지만, 외솔이 패티 김의 노래를 무척 좋아했다고 하여 그의 장례식장에서 유명가수 패티 김이 추모의 노래를 불렀다는 사실은 우리의 마음에 큰 위로가 되었다.

외솔은 한글사랑이 나라사랑임을 가르쳐 주었다. 겨레의 통일을 앞두고 북의 인민공화국이 우리와 같은 것이 하나 있다. 주의도 사상도 체제도 다르지만 한글을 전용하는 사실 하나만은 남과 북이 한결같다. 대한민국이 오늘 이렇게 발전한 원인 중 하나가 한글전용이고 남과 북을 머지않아 하나 되게 하는 힘도 한글전용에 있다.

이 글을 끝맺으면서 한글을 위해 한평생을 바친 외솔 최현배에게 고개를 숙인다.

— 2018. 5. 12.

백낙준

白樂濬, 1895~1985

평북 정주 출생

중국 신학서원, 미국 파크대학, 예일대학 졸

연희전문 교수, 참의원 의장, 연세대 총장

"백 박사는 어떻게 백 개나 가졌소"
일제 치하에서도 농담 주고받아 …

용재(庸齋) 백낙준은 1895년 평안북도 정주에서 태어났다. 가난한 농부의 넷째아들이던 그는 어려서 한학을 공부하다가 선천에 있는 신성중학교에 입학했다. 어려서부터 신동이라는 평판이 자자하던 그는 중학교를 마친 뒤 중국 톈진에 있는 신학서원에서 수학했다.

그는 신성중 교장이던 선교사 맥큔의 후원을 받아 미국으로 유학을 갔다. 막노동으로 학비를 벌며 고등학교 과정을 마쳤고, 파크대에 입학해 역사를 전공했다. 이후 프린스턴신학교를 다녔고 졸업 뒤 목사자격을 얻었다. 그는 프린스턴대 대학원에서 수학하고 곧이어 예일대학에 입학, 교회사를 전공했고 1927년 "조선 개신교사"를 써 철학 박사학위를 받았다.

귀국 후 유억겸의 주선으로 연희전문학교 문과 교수로 취임했는데 그때부터 그가 사귄 인물들은 당대 명문가 자제들이었다. 유억겸을 필두로 정인보·윤치호·김성수 등 명사들과 교분이 두터웠다. 해방이 되자 그는 연희전문학교 교장으로 추대됐고 곧 대학으로 승격한 연희대학의 초대 총장으로 취임했다. 1957년 그의 노력으로 연희와 세브란스가 통합돼 연세대가 탄생했을 때도 그는 초대 총장이 됐다.

그는 안호상의 뒤를 이어 이승만 정부의 문교부 장관을 역임하기도 했다. 6·25 전쟁이 터졌을 당시 고려대 총장이던 현상윤에게 함께 피란 가

자고 전화로 권했지만, 현상윤은 "나는 공산당에게 잘못한 일이 하나도 없으니 피란 갈 이유가 없다"면서 피란을 거부했다. 현상윤은 납북되어 소식을 알 수 없게 됐다.

용재는 부산 피란시절에도 교육만은 계속 진행돼야 한다는 신념을 가지고 문교 행정을 총괄했다. 'UN 한국 재건단'의 원조를 받아 종이를 마련해 교과서를 찍었고, 남한 곳곳에서 천막을 치고 교육을 계속해 당시 영국의 〈타임〉 지도 한국의 교육현상을 크게 다룬 적이 있다. 그렇게 한 것은 교육자 백낙준의 투철한 신념이었다.

내가 해방된 이듬해 연희대학에 입학했을 때 용재는 51세의 장년이었다. 일주일에 한 번 있던 '총장 시간'에 그가 학생들을 향해 던진 교훈은 나의 일생을 지배했다.

그는 이렇게 가르쳤다. 미국의 어떤 학자가 인체의 성분을 다 분석해 돈으로 환산했더니 다 합쳐도 1달러 몇 전밖에 안 되더라고 하면서 인간의 가치를 어찌 돈으로 환산할 수 있겠는가라고 했다. 한 번 말문을 열면 그의 입에서는 청산유수처럼 시원한 말이 쏟아져 나왔다. 그 시간에 신문을 보거나 잡지를 읽고 있던 자들은 너무나 큰 가르침을 놓치고 있다고 나는 생각했다.

4·19 혁명 뒤에 민주당의 장면이 집권하였을 때 연세대에서도 적지 않은 소동이 일어나 극소수가 "총장 나가라", "이사장 물러나라"고 떠들면서 그를 독재자로 몰았다. 그때 그는 웃으면서 "나는 독재할 능력이 없는 사람인데"라고 말한 것이 지금도 생각난다.

참의원이 창설되던 해, 그는 선거에 출마해 서울시 유권자의 압도적

다수표를 받고 당선돼 초대 의장에 취임했지만 5·16 군사정변이 터졌다. 미국의 대통령 우드로 윌슨처럼 학자 겸 정치가가 되고 싶었던 그의 꿈은 무산되고 말았다.

90이 되기까지 놀라울 만한 기억력을 간직하고 있었던 용재는 내게 이런 말을 했다.

"내가 어려서 서당에서 천자문을 배웠는데 훈장이 내가 천자문을 하도 잘 외우는 것을 보고 놀라서 위에서 아래로만 외우지 말고 오른쪽에서 왼쪽으로도 암송하라고 해 암기한 것이 80년이 더 됐다. 그런데 요새 갑작스레 다 생각이 나. 그동안 영어는 많이 잊어버렸어."

용재가 잔혹한 일제의 탄압 속에서 일하던 때 그와 친분이 있는 당시의 명사들 사이에 말 못할 농담들이 오갔다. 수주 변영로가 용재 백낙준에게 전화를 했는데 비서가 그 전화를 받고 무심코 대화 내용을 듣게 됐다. 수주가 용재를 향해 말했다.

"백 박사는 영어 이름이 'George Paik'이라니, 나는 그게 하나밖에 없는데 당신은 어떻게 백 개나 가졌소?"

그렇게 농담을 하니 용재는 껄껄거리고만 있더라는 것이다. 그 시절에 그런 농담들을 하면서 일제 치하의 억울함을 달랜 것이 아닐까 나는 짐작해 본다.

그가 50을 갓 넘었던 나이에 그의 제자가 돼 40년을 모셨는데 그에게 교육을 받지 않았다면 오늘의 나는 무엇이 됐을까. 평범하고 무능한 노인으로 살았을지도 모른다. 그는 나를 연세대 총장을 만들어 보려고 유학도 시켰고 기회도 마련해 줬지만 나는 군사정권에 반대하는 유별난 노선을 택했기 때문에 스승의 뜻을 이루지 못하고 연세대에서 물러나게 됐다.

용재 교육의 골자는 미국의 독립선언서에 명기돼 있다.

"생명, 자유 그리고 행복의 추구."

그는 한국이 그런 나라가 되기를 바랐고, 평범한 평안도 산골 농부의 아들로 태어난 사람답게 "사람 위에 사람 없고 사람 밑에 사람 없다"는 철저한 평등사상을 가지고 교육에 임하고 정치에도 참여했다.

그 스승이 세상을 떠난 지도 어언 33년이 됐다. 용재 백낙준이 살아 있었을 때에는 언제나 마음이 든든했다. 그가 떠난 뒤에 나는 누구를 의지하고 누구의 지도를 받아야 하는가. 막연하기 짝이 없는 30여 년의 세월이었다. 그 스승의 능력과 업적에 10분의 1도 감당하기 어려운 이 제자는 가슴을 스스로 어루만지면서 붓을 놓아야 할 것 같다.

—2018. 3. 24.

이기붕

李起鵬, 1896~1960

충북 괴산 출생
연희전문 중퇴
서울시장, 국방부 장관, 부통령

이승만 정권의 제2인자 …
4·19 직후 일가족 집단자살로 생을 마감

해마다 4월이 되고 라일락이 필 때면 나는 4 · 19를 떠올리고 그때 목숨을 잃은 185명을 생각하며 수유리에 묻힌 최정규와 고순자를 그리워한다. 최정규는 경기고를 졸업하고 연세대 의예과에 재학중이었고, 고순자는 진명여고를 졸업하고 서울대 미대에 재학하고 있었다. 많은 학생들을 가르쳤지만 왜 그런지 두 학생의 얼굴은 잊히지 않는다.

그리고 이때가 되면 만송(晩松) 이기붕과 그의 가족들의 참혹한 죽음이 기억나 내 마음은 무척 괴롭다. 그 집안 식구들과 가까이 지낸 적은 없지만, 이기붕은 물론 그의 부인 박마리아, 아들 강석과 강욱, 그리고 이화여중에 다니다 심장병으로 일찍 세상을 떠난 딸 강희의 얼굴이 떠오른다. 강석은 육사 학생이라 내가 가르칠 기회가 없었지만, 강욱은 연세대에 다녔고, 강희는 대학교회 주일학교에서 내가 가르쳤기 때문에 더욱 잊을 수 없는 것이다.

이기붕은 조선조의 명문가에서 태어났다. 그는 효령대군의 후손으로 그의 증조할아버지는 예조판서이던 이회정이었다. 그는 1896년에 태어나 보성학교를 졸업하고 연희전문에 입학했으나 가정형편이 어려워 중퇴했고, 그 뒤에 선교사 무스의 주선으로 아이오와주의 어느 호텔에서 일하면서 1923년 주립대학인 데이버대학 문과를 졸업하였다. 대학 졸업

후에는 뉴욕에 가서 허정 등과 함께 〈삼일신보〉 간행에 참여하다 1934년에야 고국에 돌아왔다. 귀국 후 사업에 손댔지만 성공하지 못했다.

이기붕이 빛을 보는 날은 광복 후 찾아왔다. 미 군정청에 들어가 통역으로 활약하던 그는 해방과 더불어 이승만에게 발탁되어 그의 비서로 취직하게 된 것이다. 이미 기독교청년회와 적십자사 이사로 사회적 발판을 마련한 그는 정부가 수립된 1948년부터 대통령 비서가 되어 이승만의 신임을 가장 많이 받는 측근으로서 정치적 기반을 탄탄하게 다져갔다. 누가 봐도 그는 이승만 정권 2인자였다.

이듬해엔 서울시장에 임명되었고, 전쟁 중이던 1951년 국방부 장관에 취임, 속칭 '방위군 사건'을 잘 수습하였다. 그 뒤로 이기붕은 대통령 이승만의 손발이 되어 그를 보필하였고, 이승만은 이기붕 없이는 정치를 할 수 없는 사람이 되었다. 또한 이기붕은 이승만의 사랑과 신뢰를 받으며 이승만 없는 그의 인생을 상상할 수 없게 되었다.

이승만이 아들이 없음을 한탄하면서 이기붕의 맏아들 이강석을 양자로 원한다는 뜻을 비쳤을 때 박마리아는 무척 망설였지만 어쩔 수 없는 일이라고 판단했을 것이다. 그토록 헌신적인 보필자는 박정희도 가져 본 적이 없을 것이다. 이 나라에 어떤 대통령도 자신이 모시는 분을 위해 늘 목숨을 버릴 용의가 있는 그런 충신을 가까이 거느리지 못했을 것이다.

1960년 3·15 부정선거에서 자유당 공천으로 부통령에 당선되었던 이기붕은 부통령직을 사임하였다. 그해 3월의 어느 날 나는 이승만이 가지고 있던 한강변의 낚시터에 간 적이 있다. 그때 이기붕은 건강이 아주 나빠 비서 등에 업혀서야 화장실에 가는 처지였다.

그런 그의 모습을 보고 나는 속으로 생각하였다.

'왜 저런 건강상태에서 부통령이 되려고 선거에 입후보하였을까?'

나로서는 이해할 수 없는 일이었다.

1960년, 자유당 정권은 무너지고 이기붕은 그에게 굽실거리던 군부대 장성들을 찾아갔으나 푸대접을 받을 수밖에 없었다. 아마도 그때 일가 집단자살 결심을 굳혔으리라 짐작한다. 그는 4월 28일 새벽 5시 경무대 관사 36호실에 네 식구를 모두 모이게 하였다. 그리고 맏아들 강석에게 "나부터 먼저 쏴라"라고 당부하였다.

그다음은 두 아들의 어머니인 박마리아와 동생 강욱, 그리고 마지막으로 맏아들은 자기 머리에 권총을 대고 방아쇠를 당겼을 것이다. 이기붕은 이승만을 위해 할 수 있는 일을 다 하고 깨끗하게 이 세상을 하직하였다. 그 일가의 무덤이 망우리에 마련되었다. 그리고 강석이를 사랑했다고 알려진 한 젊은 여성이 그 무덤가에서 우는 것을 누군가가 목격하였다고 한다.

한편 3·15 부정선거에 관련된 자유당의 모든 인사들은 재판을 받고 상당수가 옥중생활을 해야 했다. 그 부정선거의 원흉으로 판단된 내무부 장관 최인규는 서대문감옥에서 사형당했다. 최인규는 부정선거의 책임이 이승만이 아니라 자신에게 있다고 주장하면서 평온한 마음으로 서대문형무소 미루나무 가까이에 마련된 교수대에서 미련 없이 세상을 떠났다는 이야기를 한 교도관에게 전해 들었다.

그 교도관의 말에 따르면 최인규는 감방에서 매일 성서만 읽었고 단 한 번도 교도관들에게 험한 표정을 보이거나 나쁜 말을 던진 적이 없었다고 한다. 최인규의 마지막은 다른 어떤 사형수보다 존경할 만했다는

을 빌미로 전국에 미국 선교사들을 본국으로 돌려보내기 시작해 부득불 김활란은 이화여전의 교장 자리에 앉을 수밖에 없었다. 그 당시 이화는 조선총독부의 탄압에 직면했다. 전시체제를 구축해가던 총독부 입장에서는 이화여전도, 김활란도 안중에 없었다.

김활란은 이화의 생존을 유지하기 위해 학생들을 인솔하고 조선 신궁에 참배해야 했고, 시키는 대로 강연도 다녀야 했고, 글도 써야 했다. 1941년 진주만을 폭격함으로써 미국에 대한 선전포고를 한 군국주의 일본은 미국 선교사들이 창설한 이화여전을 폐교하려 했지만 김활란이 이화를 지키기 위해 자기 한 몸을 불사른 것이다.

그에게 있어 그 시기야말로 암울하기 짝이 없는 세월이었다. 내 한 몸을 살리기 위해 이화를 희생의 제물로 삼을 것인가, 아니면 내 한 몸이 어떤 부끄러움을 당하더라도 이화를 끝까지 지킬 것인가. 그는 기로에 서 있었고 이화의 책임자로서 이화를 끝까지 지키기 위해 눈물로 기도하면서 그 어두운 세월을 이겨낸 것이다.

김활란과 그 시대를 함께 살았던 교직원들과 학생들은 알고 있었다. 그 시대를 살았던 한국의 일반인도 알고 있었다. 김활란의 심중이 어떠했겠는가. 그는 그 시대 우리 모두의 존경 대상이었다. 드디어 해방이 됐고 해외에서 활약하던 독립투사들이 다 함께 조국에 돌아왔다. 그들은 이 모든 시련을 극복한 5척 단신의 여걸을 향해 "일본인들 때문에 얼마나 고생이 많으셨나요"라며 악수를 청했다.

그는 죽음을 앞두고 이렇게 말했다.

"나를 위해 장례식은 하지 말고 나를 하늘나라에 보내는 환송예배를 해다오."

역사가의 임무는 과거에 일어난 일들과 이미 살고 간 사람들을 보다 합리적으로 평가하는 것이다. 이화여대 캠퍼스에 서 있는 김활란의 동상이 그가 누구인지 알지도 못하는 젊은이들에 의해 페인트로 더렵혀지고 모욕으로 매도될 수는 없다. 역사의 미래에 어느 날, 김활란의 신앙과 애국심은 공정한 평가를 받게 될 것이다.

–2018. 3. 10.

박태준

朴泰俊, 1900~1986

대구 출생
숭실전문학교, 미국 웨스트민스터대학 졸
작곡가, 합창단 창단, 연세대 교수
대표작 〈기러기〉, 〈동무생각〉, 〈오빠생각〉

“우리 오빠 말 타고 … ”, 한국인 정서를 아름답게 어루만져 준 동요와 가곡 150여 곡 작곡

울 밑에 귀뚜라미 우는 달밤에
길을 잃은 기러기 날아갑니다
가도 가도 끝없는 넓은 하늘로
엄마 엄마 부르며 날아갑니다

1920년대에 윤복진의 동시 〈기러기〉에 작곡가 박태준이 곡을 붙였다. 나도 이 노래를 부르면서 자랐다. 이 노래 가사가 지닌 심오한 뜻과 아름다운 멜로디는 오늘도 나에게 큰 감동을 준다.

울 밑에 귀뚜라미 우는 달밤에 생각하면 길을 잃은 기러기가 애절하고 가엾게 느껴진다. 그리고 그 기러기가 엄마를 찾아 울며 날아가는 광경은 나의 가슴을 적신다. 차차 나이가 들면서 “가도 가도 끝없는 넓은 하늘로”를 읊으며 무한한 우주를 생각하며 두려움과 함께 잔잔한 감동을 경험하였다. 오늘도 내 마음은 그렇다. 때로는 박태준의 구슬픈 멜로디를 되새기며 혼자 경건한 마음에 사로잡히기도 한다.

박태준은 백낙준 총장의 뜻을 받들어 연세대 신학대학에 처음 종교음악과를 개설하는 데 큰 공을 세웠다. 그 후 마침내 연세대에 음악대학이 발족했을 때 누구를 초대 학장으로 모실 것인가 하는 문제가 심각하게 논의된 적이 있다. 당시 명성이 자자했던 테너 이인범을 추천하는 이들이 많았고, 그 인선이 마땅하다고 생각하는 이들도 많았다.

하지만 졸업생 중에 유명하던 독고선이 자기 입장을 교무처장이던 나에게 밝히면서 반대하였다.

"이인범이 유명한 성악가인 것은 사실이지만 뜻하지 않은 화상 때문에 남들 앞에 나서기 꺼려하는 사람을 학장으로 내세우는 것은 무리한 일이라고 생각합니다."

그리하여 오랜 토론 끝에 박태준이 연세대 음악대학 초대 학장에 취임한 것이었다.

내가 박태준을 처음 만난 것은 그가 60 고개를 넘은 지 얼마 안 되던 때였다. 대구에서 태어난 그는 계성학교를 마치고 평양 숭실전문학교에 입학하였는데 이때 선교사들로부터 배워 서양음악에 대한 모든 소양을 다 갖추게 되었다. 그는 그 뒤에 도미하여 웨스트민스터대학에서 작곡과 지휘법을 공부하여 그 학교 대학원에서 한국인으로서는 처음 석사학위를 받고 돌아왔다.

내가 평생에 만나 본 선배들 중에 박태준만큼 단정하고 겸손하고 정다운 사람은 없었다. 그는 누구를 만나도 웃는 낯으로 대하였고, 누구도 비난하거나 폄하한 적이 한 번도 없었다. 정말 모두가 본받아야 할 기독교적인 신사였고 선비였다.

우리 시대의 박태준은 합창 지휘의 선구자였다. 그의 지휘법은 너무 단순하다는 비판을 받을 만큼 꾸밈이 없고 과장이 없었다. 그러나 그는 많은 청취자들을 감동케 하였다.

오늘날 온 국민이 다 아는 〈오빠생각〉을 한번 되새겨 보라.

뜸뿍 뜸뿍 뜸뿍새 논에서 울고
뻐꾹 뻐꾹 뻐꾹새 숲에서 울 제
우리 오빠 말 타고 서울 가시며
비단구두 사 가지고 오신다더니

기럭기럭 기러기 북에서 오고
귀뚤귀뚤 귀뚜라미 슬피 울건만
서울 가신 오빠는 소식도 없고
나뭇잎만 우수수 떨어집니다

말 타고 서울 간 오빠가 없는 여자아이들도 이 노래를 부르며 비단구두를 기다렸을 것이다. 어느 누가 동심의 세계를 그토록 아름답게 그려낼 수 있을 것인가. 박태준이 작곡한 그 멜로디를 읊조리는 사람들이 지금도 많이 있을 것이다.

그가 곡을 붙인 〈기러기〉는 멜로디는 그대로이지만 가사는 바뀌어 내가 오늘도 읊조리는 가사 1절만 살아 있다. 윤복진이 월북하였기 때문에 1950년대 이후에는 다른 사람들의 이름으로 가사가 만들어졌다고 들었다.

박태준은 150곡이 넘는 많은 노랫가락을 창작하여 학교에서 교회에서 어린이들의 정서를 고상하고 아름답게 어루만져 주었다. 그가 작곡한 노래들 중 한 곡도 부를 줄 모르는 사람이 있다면 그는 한국인이라고 하기 어려울 것이다.

그런 그가 일제 때 학병 나가라는 또는 징병에 응하라는 가사에 곡을 붙여 준 사실 때문에 친일파로 몰리게 되었다는 말을 듣고 나는 분개하였다. 대표적 애국애족 작곡가 박태준이 아직 판정 나지 않았지만 친일 논란의 대상이라니, 무언가 잘못된 것 아닌가. 친일파 색출운동은 김대중 대통령 시절인 1999년에 시작되어 오늘날까지 계속되고 있다. 친일파로 낙인찍힌 인물 수는 2009년 발간된 《친일인명사전》 기준으로 무려 4,389명이나 된다고 한다. 어쩌다 우리는 이렇게 부끄러운 국민으로 전락하였는가!

친일파로 낙인찍힌 사람들은 다 하늘나라로 갔다. 고등계 형사를 하던 고약한 몇몇 사람들은 지옥으로 갔는지 천국으로 갔는지 모른다. 그런데 선량한 한국인들을 민족반역자로 만드는 사람들은 어느 한 사람도 천국에 들어갈 기회가 없을 것이라고 생각한다. 천국 문을 지키는 베드로가 멀쩡한 사람을 친일파로 낙인찍은 이 나쁜 사람들이 그의 앞에 다가오면 천국 열쇠를 든 그 손을 흔들면서 큰 소리로 "너는 안 돼"라고 한마디 할 것만 같다.

내가 아는 박태준은 한국과 한국 국민을 가장 사랑하는 사람들 중 한 명이었다. 이미 저세상으로 간 이들을 제멋대로 매도하고 정죄하는 것은 선량한 인간이 할 일은 아니다. 1986년에 조용히 세상을 떠난 박태준이 몹시 그리워지는 애달픈 밤이다.

—2019. 9. 7.

신봉조

辛鳳祚, 1900~1992

강원도 정선 출생
연희전문 문과, 일본 도후쿠제대 졸
교육자, 이화여고 교장·이사장

이화를 사랑하고 지켜낸 그 …
보랏빛 반딧불 풀꽃으로 피어나다

해마다 정초가 되면 서울 신교동으로 가는 길목에 있는 맹아학교를 지나 좁디좁은 골목길로 들어서게 된다. 그 동네에는 허술한 한옥이 몇 채 있었는데 그중에서도 매우 초라한 한옥에 이화여고 신봉조 교장이 살고 있었다. 새해를 맞으면 나는 누님을 모시고 교장 댁을 찾아가 세배를 드렸다.

우리 남매는 그 많은 선배 중에서도 신 교장을 특별한 어른으로 모셨다. 서울에서는 경기여고의 박은혜, 진명여고의 이세정, 중앙여고의 황신덕, 이화여고의 신봉조가 전국적으로 널리 알려진 유명한 교장이었다. 그러나 그 누구도 이화여고 신봉조보다 더 뛰어날 수는 없다고 나는 생각한다.

그는 1900년 강원도 정선에서 태어나 배재고보를 마치고 일제하의 연희전문 문과에 입학하였다. 졸업하자마자 배재 교사가 되었으나 얼마 뒤에 뜻하는 바가 있어 일본 센다이에 있는 도호쿠제국대학 법문학부에 입학하여 우수한 성적으로 졸업하고 모교인 배재로 돌아갔다. 그런데 1938년 새 교장을 물색하던 이화여고 재단은 나이가 40도 되지 않는 젊은 그를 교장으로 모셔갔다.

그날부터 만 7년 일제의 혹독한 식민지 정책에 시달리면서 그는 그 학교를 지켰다. 해방이 되고 신봉조만 한 학력을 못 가진 교사들도 대학으로 가서 교무처장이나 학장을 하는 것이 관례였다. 그러나 신봉조는 이화여고만을 지키면서 여성교육에 대한 포부를 펴나갔다. 그리고 61세에 교장직에서 물러나 이사장에 취임, 젊은 후배들에게 교장 자리를 물려주었다. 서명학, 정희경, 심치선 등이 그의 뒤를 이은 유명한 교장이다.

신봉조는 여학생들에게 "현모양처가 되라"고 가르치지 않고 "세상을 바로잡는 유능한 여성이 되어야 한다"고 가르쳤다. 신 교장은 학교 문을 활짝 열어 놓고 재능을 타고난 것이 확실한 학생들은 다 받아주었다.

정경화, 정명화를 비롯하여 수많은 천재가 이화를 거쳐 세계로 뻗어나갔다. 포환던지기 선수 최명숙을 길러 올림픽에 출전시켰다. 피아노에 김혜선, 이경숙, 신수정, 전영혜, 차병원의 차광은, 신세계의 이명희, 성악에 이규도, 윤현주, 외교부 장관에 강경화, 복지부 장관에 김모임, 문교부 장관에 김숙희, 배우 윤여정 등 다양한 직종에서 선두를 달리는 여성들을 길러냈다. 그의 제자인 유명한 언론인 장명수는 〈한국일보〉 사장을 지냈고 지금은 이화여대 재단 이사장이다.

신봉조는 태평양전쟁이 절정에 다다랐을 때 강요에 못 이겨 몇몇 친일 단체에 참여한 일이 있다고 하여 반민특위에 연행된 적이 있지만 무혐의로 풀려났다. 일제하에 이화를 운영하기 위해 그가 최선을 다한 공로를 치하하진 못할망정 그를 민족반역자로 본 것은 매우 잘못된 일이었다.

그는 이화의 정신적 상징으로 3·1 운동 때 선두에 나서서 활약하다가 옥사한 유관순을 열사로 모시고, 그를 기념하기 위한 사업으로 동분서주하였다. 그 결과로 당시 철도국 소유의 땅을 헐값에 구입하여 유관순 기념관을 세울 수 있었다. 그는 이화의 옛 모습을 간직하기 위하여 최선을 다

오천석

吳天錫, 1901~1987

평남 강서 출생
미국 코넬대학 졸
교육학자, 이화여대 대학원장, 문교부 장관

시대를 앞서간 위대한 교육자 …
그가 쓴 《스승》 15만 부나 매진됐다

해방이 되고 마침내 대한민국 정부가 수립되었을 때 우리나라에는 민주교육을 위한 삼총사가 건재하였다. 이 박사 세 분은 국민에게 민주주의를 가르치는 큰 스승이었다. 바로 백낙준, 김활란, 오천석인데 나는 그분들을 '민주교육을 위한 삼총사'라고 부르고 싶다.

이번에 내가 이야기하고자 하는 천원(天園) 오천석은 평안남도 강서 사람이다. 그는 일찍이 아버지를 따라 도쿄에 가서 아오야마학원 중등부에 입학하였다. 그는 거기서 장차 이 나라의 유명인사가 될 문인을 여럿 만났다. 문학에 대해 남다른 관심을 갖고 있었기에 이광수, 김동인, 주요한, 전영택 등을 사귀게 되었다.

그는 학교 공부보다는 도쿄 간다에 있는 헌책방을 뒤지며 닥치는 대로 문학작품을 읽는 데 열중했다. 그래서 학교 성적은 그리 좋은 편이 아니었지만 무난히 졸업은 하였다. 바로 그해 3·1 운동이 터졌고 그의 삶에는 큰 변화가 생겼다. 그는 자기를 위해 살지 않고 남을 위해 사는 교사가 되기로 결심하였다.

오천석은 인생의 황혼기라는 70대에 접어들어 《외로운 성주》라는 책을 한 권 썼다. 자서전이다. 그런데 이 자서전에는 제 자랑은 한마디도 없고 그저 자기가 못난 사람이라는 넋두리뿐이다. 그래서 이 회고록은 재미있다. 흥미진진하다. 하도 재미있어서 읽다가 도중에 접을 수가 없다. 그는 자기 자신을 지극히 평범한 사람이라고 하면서 세상에 남길 만한 아무런 일도 하지 못하고 황혼을 맞이했다고 뉘우치지만, 이 나라에 오천석만큼 성공한 교육자가 누가 있는가.

그의 부친은 강서에서 서울로 올라와 감리교신학교를 졸업하였고 목사안수를 받았으며 전도를 위해 일본에 파송되었다. 그래서 아들을 일본에 데리고 가서 공부시킬 수 있었다. 그 뒤 지방 감리사로 발탁된 그의 아버지는 한국을 대표하여 미국 감리교 총회에 참석하게 되었고, 그때 오천석의 유학을 도와주겠다는 미국 목사 한 사람을 우연히 만났다. 그것이 계기가 되어 오천석은 미국 유학을 떠날 수 있었다.

아이오와의 시골 마운트버넌에 자리 잡은 코넬대학의 캠퍼스는 꿈의 나라처럼 아름다웠다. 이 학교에서 그는 졸업을 앞두고 '파이 베타 카파'(Phi Beta Kappa)라는 전 미국 우등생 모임의 회원으로 뽑혔다. 우리 동포 중에서는 남가주대학을 졸업한 신흥우, 오하이오 웨슬리언대학에 다닌 김활란, 하버드대학에서 수학한 하경덕 등 수재들만이 회원으로 뽑힌 모임이다.

그래도 오천석은 자신을 '평범한 사람'이었다고 우길 수 있을까. 그는 미국에 가서 10년간 고생했는데 2년은 학비를 마련하기 위해 학업을 중단하고 중노동을 하였다. 그런데도 노스웨스턴대학에서 1년 만에 석사학위를, 컬럼비아대학에서 3년 만에 박사학위를 받았다고 한다. 우리는 이러한 재사를 결코 평범한 학생이라고 부를 수 없을 것이다.

그는 미군정 문교부장을 지냈고, 제2공화국에서는 문교부 장관이 되었다. 대한교육협회 회장, UN 총회 한국대표 등을 역임한 오천석을 그 누구도 평범한 사람이라고 할 수는 없다.

미국의 사상가 에머슨은 일찍이 "위대한 것은 이해되기 어렵다"는 말을 남겼거니와 나는 그가 자기 자서전 제목을 《외로운 성주》라고 붙인 까닭을 이제야 이해할 수 있을 것 같다. 오천석은 시대를 앞서가는 선각자였다. 그가 컬럼비아를 찾았을 때 민주교육의 태두 존 듀이는 이미 은퇴하고 없었지만, 기라성 같은 그의 제자들이 컬럼비아를 지키며 미국의 교육계를 휘어잡고 있었다.

오천석이 공부를 마치고 조국 땅을 다시 밟았을 때가 1932년이었다. 오랜 세월 해외에 나가 있던 그를 아는 사람도 몇 없었고 그가 발붙일 직장도 찾기 어려웠으나 다행히도 보성전문의 김성수가 불러서 기회를 주어 몇 년간 그 학교에서 교편을 잡았다. 그러나 점차 일제가 심하게 교육을 규제하였기에 그의 학문적 이상을 구현하지는 못하고 한동안은 영어밖에 가르칠 과목이 없었다는 것이다.

오천석이 1972년 발간한 《스승》이라는 책자는 출판되자 15만 부가 팔렸다는데, 나는 그 책을 읽으면서 교사로 살아온 나의 한평생을 크게 반성하였다. 그는 그 책의 서문을 기도로 시작하였다. 교사라는 천직은 십자가를 질 각오가 있어야만 할 수 있는 일이라는 사실을 그는 강조하였다. 그 책은 모든 교사가 마땅히 읽어야 할 책이다. 나도 읽었지만, 전교조 조합원들도 빠짐없이 이 책을 읽었으면 한다. 개정판을 내면서 문교부 장관을 지낸 제자 정원식이 그 스승을 흠모하는 간절한 심정을 간행사에 털어놓았다.

민주교육의 삼총사 백낙준은 민주주의를 위해 젊은이들에게 역사를 가르쳤고, 김활란은 민주정신으로 여성교육에 전념하여 세계최대 여자대학을 하나 만들었으며, 오천석은 그 모든 민주교육의 확실한 이론적 근거를 제시하였다. 그 삼총사의 활약이 없었던들 대한민국의 교육이 오늘과 같은 틀을 마련할 수 있었을까?

그의 이름 '천석'(天錫)은 하늘의 뜻을 받들어 백성을 가르치고 인도하는 주석 지팡이가 되라는 뜻으로 그의 아버지가 지어 준 이름이다. 아호 '천원'(天園)은 하늘나라의 꽃동산을 가꾸는 아름다운 일꾼이 되라는 뜻이다.

87년 동안 그는 흔들림 없이 그 외길을 걸었다. 돈과 명예를 멀리하고! 스승의 십자가를 혼자 지고! 오늘도 하늘나라의 꽃밭을 가꾸고 있을 '천원'의 그 부드러운 미소가 무척 그리운 초가을 아침이다. 다시 한 번 그 웃는 얼굴을 보고 싶고야.

— 2018. 9. 15.

함석헌

咸錫憲, 1901~1989

평북 용천 출생
일본 도쿄사범대학 졸
종교인, 문필가, 〈씨알의 소리〉 발행인

평생을 하루 한 끼…
말과 글 '양면도' 휘두른 시대의 사상가

나라를 위해 큰일을 했다고 믿어지는 인물이 여럿 있다. 공화국을 세웠거나, 경제를 크게 일으킨 대통령은 한국 현대사에 그 이름이 남을 것이다. 자본주의 사회로 접어들면서 기업을 통해 동족의 삶을 풍요하게 만든 인물들도 우리는 기억한다.

그러나 누가 뭐라 해도 사상적으로 우리 시대의 커다란 영향을 미친 거인이 있다면 그가 함석헌이란 사실은 의심할 여지가 없다. 그는 일찍이 〈사상계〉에 "생각하는 국민이라야 산다"는 글을 썼다. 철학을 전공해 유럽과 미국 유수한 대학에서 박사학위를 받고 돌아온 철학자는 여럿 있지만, 한국 국민의 생각에 함석헌만큼 큰 영향을 미친 사상가는 우리 현대사에 없을 것이다.

그는 평안북도 용천 출신으로 평양고보와 오산학교를 거쳐 일본 도쿄고등사범학교 역사학과를 졸업했다. 그 이상 학벌은 없지만 함석헌만큼 많이 읽고 많이 아는 사람 없었고, 함석헌처럼 말 잘하고 글 잘 쓰는 사람도 없었다. 그는 말과 글이라는 예리한 양면도를 종횡무진 휘둘렀다. 민중이라고 여겨지는 '씨알'들에게는 위로와 희망을 주었고, 경무대나 청와대를 치고 들어가 앉아 있는 권력자들 간담을 서늘케 하는 무서운 말만 토해냈다.

그의 저항정신은 일제강점기를 사는 동안 한결같았고 해방 후 북에 살았던 2년 동안도 그러했고 월남한 1947년부터 세상을 떠난 1989년까지도 변함이 없었다. 김일성 집권에 반대하고 일어난 이른바 '신의주 학생사건'의 배후에 그가 있었다고 공산당은 믿었다. 월남한 뒤 박정희나 전두환에게는 불온한 사상을 가진 사람으로 여겨졌다. 일제강점기에는 두 번이나 투옥됐고 오산학교 교사 자리도 유지할 수 없었다.

함석헌은 한 번도 일제에 저항한 사실을 자랑한 적이 없지만 세상을 떠난 지 13년 뒤 대한민국 정부는 건국포장을 수여하였다. 경기도 연천 가족 묘지에 있던 그의 유해는 대전 현충원으로 옮겨져 독립유공자 묘역에 안장되었다.

그는 평범한 기독교 가정에 태어나 한평생 기독교인으로 살았다. 세상을 떠날 때도 예수가 그리스도인 것을 믿고 "예수의 이름으로 구원을 받았다"고 확신하면서 세상을 떠났다. 그러나 기성교회 신자들과 신앙의 입장이 매우 달랐다. 그는 도쿄 유학시절에 일본 제일의 기독교 사상가였던 우치무라 간조의 영향을 받고 구원이 기성교회에만 있는 것이 아니라는 확신을 가지게 됐다. 그리고 도쿄 가시와기에서 열리던 성서연구회를 통해 성경을 철저하게 공부했다. 그 시절 그의 동지들이 김교신, 송두용 그리고 유석동 등이다.

그는 무교회주의자로 낙인찍혀 기성교회는 그를 강단에 세우지 않았다. 그러나 그에게 엄청난 사상적 영향을 받은 사람들은 거의 기독교 청년이었고 그를 최초로 미국에 초청한 단체도 기독교 집단이었다. 기성교회가 하도 한심하게 굴었기 때문에 그는 교회와 인연을 끊는다고 선언했다.

사서삼경은 물론 노자, 장자에도 능통했을 뿐 아니라 《바가바드기타》라는 힌두 경전에도 조예가 깊었다. 한국의 성자라고 많은 사람이 존경하던 전통적 기독교 신자 장기려 박사와도 절친한 사이였다. 그는 기독교적 진리를 더욱 밝히기 위해 진리가 숨어 있음직한 모든 고전을 쉼 없이 뒤지고 연구했다.

그가 한평생 간디를 흠모한 것은 사실이지만 간디처럼 살려고 노력한 적은 한 번도 없었다. 1일 1식으로 일관한 그의 식생활은 누구 영향인지 잘 모르겠으나 그는 하루 한 끼만 먹고 90년 가까운 기나긴 인생을 건강하게 살 수 있었다.

함석헌은 "나도 미국이나 영국 같은 나라에 태어났다면 좀 달리 살 수 있었겠지"라고 스스로 말한 적이 있다. 그러나 함석헌이 우리와 함께 이 땅에 태어난 사실을 나는 감사하게 생각한다.

어려서 서당에 다닐 때부터 익힌 그의 한학 지식은 이 시대 누구도 따르기 어려운 수준이었다. 그가 매주 열린 일요강좌에서 가르쳐 줬던 그 많은 한시를 나는 아직도 암송한다. 그는 영국 시인 셸리의 〈서풍의 노래〉 전문을 우리말로 아름답게 옮겨 누구도 따를 수 없는 명번역을 남겼다. 그 시의 마지막 구절 "겨울이 오면 봄이 어찌 멀었으리오"라는 한마디는 나의 한평생 큰 버팀목이 됐다.

나이가 60, 70이 되어서도 함석헌은 "사랑만은 어떻게 할 수가 없어"라고 고백했다. 그가 17세에 결혼했던 사모님은 오랜 세월 병상에 누워 있다 돌아가셨다. 누구보다도 감정이 풍부했던 함석헌이 이성을 사랑한 사실이 놀랄 일은 아니었으나, 그가 어느 여성을 사랑하는 것 같은 눈치만 보이면 주변 '속물'들이 모두 들고일어나 스승인 그를 비난했다.

함석헌은 이런 탄식 아닌 탄식을 한 적도 있다.

"독일 문호 괴테는 70, 80이 될 때까지 젊은 여성들을 사랑했는데, 왜 한국 사람인 나는 그러면 안 되나?"

내가 보기에는 괴테가 천재였던 것처럼 함석헌도 천재였다.

뛰어난 언변과 글솜씨를 가지고 이 땅에 태어났던 함석헌. 그 넓고 깊은 생각을 바탕으로 그가 엮은 사상은 전집 20권에 담겨 있고, 그가 남긴 아름다운 인생의 노래들은 그의 시집《수평선 너머》에 실려 있다. 그런 특이한 인물이 앞으로 100년 이내에 또 태어나긴 어려울 것 같다.

– 2018. 1. 6.

한경직

韓景職, 1902~2000

평남 평원 출생
숭실전문학교, 미국 프린스턴신학교 졸
목사, 영락교회 설립, 숭실대재단 이사장

99년 기적 같은 여정 …
집 한 채, 땅 한 평, 통장 하나 가진 적 없어

한국에 개신교가 전파된 것은 미국의 선교사 언더우드와 아펜젤러, 두 젊은 전도자가 1885년 부활절 아침에 배를 타고 인천에 와 복음을 전하면서부터였다. 언더우드는 미국 북장로교, 아펜젤러는 미국 감리교에서 파송한 선교사였다. 두 선교사는 서울에 머물며 교회를 세우고 학교를 만들었다. 언더우드는 경신학교와 연희전문 그리고 새문안교회를 설립했고 아펜젤러는 배재와 이화, 정동교회를 설립했다.

그러나 개신교의 전파는 뜻밖에도 서북 일대에서 활발하게 전개됐다. 새뮤얼 모펫(마포삼열) 같은 거물 선교사가 등장해 평양에 숭실학교와 장대현교회 등을 설립했고 3·1 운동에 가담한 길선주, 이승훈, 조만식 같은 교계의 거인들을 배출했다. 서울에는 감리교신학교가 설립됐고 평양에는 평양신학교가 설립됐으니 양반이 많이 살던 서울보다는 상민이 많이 살던 평양과 신의주 등지에서 개신교, 특히 장로교가 판을 치게 된 것이다.

한경직은 이러한 시대에 평안남도 평원군에서 태어나 장로교에 입교했다. 어려서부터 신앙생활을 시작해 99세로 세상을 떠날 때까지 매일 성경을 읽고 기도와 설교를 하는 단순한 생활을 되풀이했다. 그가 관련한 사회사업 단체나 교육기관은 수십 군데였지만 어느 하나도 한경직의 기도하는 삶을 방해하지는 못했다. 그는 오산학교에 입학해 남강 이승훈의 훈육을 받았고, 숭실전문에 진학해 학업을 마친 뒤 미국으로 유학을 가 캔자스 소재 엠포리아대학을 거쳐 프린스턴신학교를 졸업하고 귀국했다. 이후 신의주에서 목사안수를 받고 신의주 제2교회에서 시무하기 시작했는데 그것이 1933년 일이었다.

젊은 교역자 한경직이 심혈을 기울인 그 교회는 날로 성장해 서북에서 유명한 교회 중 하나가 됐다. 거기서 그는 해방을 맞았고 공산당에 시달리며 교회를 지키려 했지만, 역부족임을 깨닫고 1945년에 월남했다. 오늘의 영락교회가 자리 잡은 중구 저동 땅을 사들여 그 땅에 세운 영락교회는 몇 년 사이에 교세가 일취월장해 정동감리교회와 견줄 만한 장로교회가 됐다. 먼저 설립한 새문안교회를 따돌린 셈이다.

신의주에서 목회할 때부터 고아들에 대한 관심이 지대했던 그는 서울에 와 영락보린원을 만들었다. 국군의 힘이 막강해지자 그는 군복음화 운동을 시작했고 대광고등학교를 신설해 오랜 전통을 지닌 배재 못지않은 기독교 사학으로 키워냈다. 그는 기독교 교육 이론가는 아니었지만, 기회만 있으면 학교를 세워 집안형편 때문에 교육받지 못하는 아이들에게 기독교적 교육을 하려고 노력했다.

한경직에 관한 짧은 글을 한 편 쓰며 그가 1902년에 태어나 2000년까지 장장 99년의 긴 생애를 살았다는 사실을 알고 크게 감동했다. 미국 유학시절 영양실조로 폐결핵을 앓게 돼 한평생 병약한 몸으로 살았다는 말을 들었기 때문에 그의 장수가 기적으로 여겨지는 것이다. 그가 젊어서 과학을 전공하려 했다는 사실을 아는 사람은 드물다. 고려합섬

회장이던 장치혁은 한경직의 관심이 영락교회나 그가 관련된 교육기관에만 있었던 것이 아니고, 4차원 세계를 꿈꾸는 데 있었다고 말한 적이 있다.

한경직의 꿈은 영락교회 하나를 큰 교회가 되도록 키우는 일이 아니고 전국 교회, 더 나아가 전 세계 교회가 그리스도의 영광을 위해 하나 되기를 바라는 큰마음이었다. 그는 신앙생활이 감성에만 치우치면 잘못될 가능성이 많다며 신앙이 이성을 포기하면 안 된다고 교인들에게 당부했다. 그는 성경에만 몰두하지 않고 미국의 〈타임〉과 〈내셔널지오그래픽〉을 정기 구독하면서 시국의 변화나 자연과 과학의 세계에 대해 마지막까지 큰 관심을 가졌다.

한경직은 말년에 한 측근에게 정의와 자유에 입각한 평화적 남북통일이 가장 큰 소망이라고 했다. 이를 위해 한국의 모든 교회가 하나 돼야 한다고 주장했지만, 교회 지도자들은 그의 말을 들으려 하지 않았다. 미국의 목사 빌리 그레이엄이 받은 템플턴상을 한국의 한경직도 받았다. 빌리 그레이엄과 견줄 만한 한국의 교역자가 한경직이다.

그는 남한산성 안 조그만 방에서 조그만 침대에 누워 노년을 보냈다. 주변사람들은 몇 년 더 살 수 있었다고 믿었건만 그는 자다가 그 좁은 침대에서 방바닥에 떨어져 입은 상처 때문에 일찍 세상을 떠났다고 주변사람들은 애석해한다.

영락교회는 이 나라 대형교회의 효시였다. 그러나 그 뒤에 생긴 대형교회들과는 본질적으로 다르다. 그가 그 교회를 시무하는 동안은 교회에 분쟁이 없었다. 자기 이름으로 된 집 한 채를 가진 적이 없고 땅 한 평을 가진 적이 없고 은행 통장도 가진 적이 없었다고 들었다. 그는 추문에 휘말릴 필요가 없는 깨끗한 성직자였다. 아프리카를 탐험한 선교사 데이비드 리빙스턴에게 "당신은 하나님이 존재한다는 것을 어떻게 아십니까?"라고 묻자, 리빙스턴이 답하기를 "나는 오늘 아침 그분과 대화를 나누었습니다"라고 한마디 하더라는 것이다.

한경직은 매일 그 하나님과 대화를 나누면서 이웃을 사랑하려고 몸과 마음과 뜻을 다했다. 나는 한경직을 오늘도 생각하며 예수가 인류 역사에 나타났던 사실을 감사하게 생각할 따름이다.

—2018. 3. 31.

양주동

梁柱東, 1903~1977

경기도 개성 출생
일본 와세다대학 영문과 졸
영문학자, 연세대 교수, 동국대 교수

"내 주둥이가 둘이니 말 잘하는 게 당연"… 자칭 국보라 칭했던 기인

양주동은 개성에서 태어났다. 당시 개성은 경기도 관할이었다. 이후 가족이 모두 황해도로 이주해 그곳에서 어린 시절을 보내고 함석헌, 홍종인과 같은 시절 평양고등보통학교에 다녔다. 이들은 3·1 운동이 벌어졌을 때 퇴학당해 함석헌은 평안북도 오산학교(현 오산중·고교)로 갔고, 양주동은 서울 중동학교(현 중동중·고교)로 적을 옮겼다. 양주동은 일본 와세다대학 영문과에 진학했다.

말과 행동으로 미루어 볼 때 그는 틀림없는 기인이었으나, 사실은 속인으로 잘 포장된 천재였고, 어떤 면에서는 속인 이하로 행세하기도 했다. 그가 평양고보에 다닐 때 함석헌 등과 함께 일제에 항거했기 때문에 제적당한 것인지는 잘 모르겠다. 이렇게 말할 수 있는 것은 그가 한 번도 사납거나 거친 일에 가담한 적이 없었기 때문이다. 그의 관상이 특이했다. 필요 이상으로 크고 잘생긴 귀를 가지고 있었다. 음성은 좀 거칠었고 아름답게 들리진 않았지만 박력 있었다.

그가 젊어서 번역한 영어 시집의 종이는 형편없는 저질이었지만, 번역은 모두 주옥같다는 평을 받았다. 그와 같이 와세다대학 영문과를 졸업한 연세대 고병려(2006년 작고) 교수는 가끔 양주동에 관해 웃으며 얘기했다. 양주동은 와세다대학을 마치고 얼마 뒤 평양에 있는 숭실전문학교 영어 교수로 취임했다. 불행히도 일제 말기에 숭실전문학교뿐 아니라 숭의여학교도 폐교되는 바람에 거기서 가르치던 미국 선교사가 모두 짐을 꾸려 본국으로 돌아갔다. 양주동도 면직되어 서울에 올라와 경신학교(현 경신중·고교)에서 영어를 가르치며 입에 풀칠했다고 한다.

그는 어느 때부터인가 영문학보다 우리나라 옛시와 노래에 심취했고 특히 신라 향가 해독에 몰두했다. 이미 1930년 《조선의 맥박》이라는 시집을 발간했듯이 그 시대에 나타난 그의 문학적 경향은 한마디로 민족주의적이었다.

일제하 경신학교에서 같이 영어를 가르치기도 했던 고병려 교수에 따르면 양주동은 큰 책을 넣는 딱딱한 종이 케이스에 점심 도시락을 넣어 한여름 방학 내내 학교 도서실에 드나들더니 《조선고가연구》라는 이름의 책을 한 권 출판했다고 한다. 놀라운 능력을 발휘한 것이었다. 그가 대학에서 전공한 것은 영문학인데, 읽어도 뜻을 알 수 없는 향가를 연구해 우리 학계에 남긴 공적은 실로 엄청난 것이었다.

그는 해방되고 나서 동국대에서 가르쳤다. 그러다가 1958년 돌연 연세대 영문과 교수로 부임했는데, 짐작하건대 총장 백낙준이 그에게 명예문학 박사학위를 주면서 "이젠 그 대학에서 그만 가르치고 연세대로 오라"고 한 것이 아닌가 생각한다.

4·19 혁명이 터지고 연세대도 엄청난 시련을 겪었다. 얌전하던 교수들도 들고일어나 강의실에서 "총장 나가라", "이사장 물러나라"며 농성을 벌이는 추태가 벌어졌다. 그런 파동이 있은 뒤 나는 원두우 설립자 동상이 있는 교정 어느 그늘에서 그와 단둘이 이야기할 기회가 있었다.

그는 교수들이 벌인 추태에 불만을 품고 있던 것이 분명했다. 그가 "백낙준 총장이 안 계시니 학교에 있고 싶지 않아요"라고 한마디 한 것을 생각할 때, 동국대로 돌아갈 결심을 하고 있었던 것 같다.

그때 양주동이 나에게 "연세대 교표 도안을 내가 만들었어요"라고 하기에 나는 좀 의아스러운 느낌을 가질 수밖에 없었다. 아마도 백 총장이 부탁했던 것 같다. 그가 방패 모양의 연대 교표를 그렸다는 사실을 아는 사람은 많지 않을 것이다. 다재다능했던 양주동!

그는 1961년 동국대로 돌아가기까지 3년 동안 연세대 학생들 사이에 가장 인기 있는 교수였다. 기억력이 뛰어나 영시와 한시를 줄줄 외우고, 말을 하도 잘해서 듣는 사람들이 매료될 수밖에 없었다. 누군가가 그에게 물었다.

"선생님은 어떻게 그렇게 말씀을 잘하십니까?"

양주동이 대답했다.

"내 이름이 양주동 아니냐. 주둥이가 둘이란 뜻이야. 주둥이가 하나인 사람보다 말을 잘해야지!"

그는 언제 어디서나 자신만만했다. 자기 자신을 '국보 1호'라고 불렀다는 말도 들었다. 그 시절 자동차라곤 지프차밖에 없었는데, 타고 가던 지프차 운전기사가 잠깐 실수해 급정거하게 됐다. 차가 덜컥하고 멎었을 때 양주동이 정색하고 기사를 꾸짖었다.

"이놈아, 국보가 다칠 뻔하지 않았어!"

방송에 나가면 여러 사람이 같이 출연해도 PD나 아나운서를 불러 다그쳤다 한다.

"나는 다른 사람보다 출연료를 좀더 줘야 해."

그게 가능한 일인가? 이후 한 아나운서가 부탁했다고 한다.

"선생님, 다른 분들과 출연료 차이를 좀 두었습니다. 선생님만 따로 가서 받으셔야 합니다. 다른 출연자들이 모르도록 하십시오."

사실 출연료는 다 같은 액수였지만 그 말에 속아 신이 나서 싱글벙글 하던 그는 얼마나 순진한 기인이었던가!

양주동은 천재였다. 그는 영국 시인 랜더와 함께 이렇게 노래했을 것이다.

나 아무와도 다투지 않았소
다툴 만한 상대를 만나지 못했기에

그렇게 초연한 처지에서 진정 아무와도 다투지 않고 한평생을 살았다. 나는 그의 잘생긴 귀를 보고 100세까지 장수하리라고 믿었는데, 그만 75세를 일기로 단순하고 솔직하고 멋진 생을 마감했다. 그를 아는 많은 사람에게 양주동은 언제나 그리운 사람이다.

— 2017. 12. 16.

박흥식

朴興植, 1903~1994

평남 용강 출생
진남포 상공학교 중퇴
기업가, 화신백화점 사장, 광신학원 이사장

일제에 비행기 헌납한 박흥식 …
일본경찰은 왜 그를 감시했을까

기업가이던 박흥식은 가끔 만나면 웃으며 농담을 건네곤 했다.

"김 교수, 언제쯤 우리에게 국수 한 그릇 먹게 해줄 거요?"

노총각인 내가 장가 안 가는 것을 놀리고자 하는 말이었고, 나도 그의 농담을 웃음으로 받아들였다. 여러 번 그 질문을 받았지만 그에게 국수 한 그릇을 대접할 기회는 없었다.

내가 평생에 만난 수많은 사람 가운데 관상학적으로나 인상으로나 박흥식처럼 잘생긴 사람을 본 적이 없다. 헌칠한 체구에 균형 잡힌 흰 얼굴, 두 눈은 맑고 밝았으며 코는 '복코'였다. 부처님을 닮아 보통사람과 비교할 수 없이 크고 잘생긴 귀도 갖고 있었다. 평안도 사투리를 숨길 수 없었던 그의 목소리는 언제나 낭랑했다.

박흥식이라는 이름을 어려서부터 듣고 자랐다. 그가 조선총독을 만날 생각이 있어 총독부를 찾아갔을 때 들고 갔다는 명함 이야기는 순진하던 어린 마음에 큰 자극을 주었다. 전해지는 말에 따르면 명함 한 장만 한 크기의 금판때기를 만들어 거기에 자기 이름 석 자를 새겨 총독 비서실에 내밀었다고 한다.

명함이란 받는 사람이 소장하게 돼 있는 것인데 금딱지 명함을 한 장 받고 총독은 그 이름을 유심히 들여다볼 수밖에 없었다.

'별난 조선인이 있구나.'

총독은 호기심에 못 이겨 그 명함 주인을 방에 들어오라 했다는 것이다. 나는 이 일화를 본인에게 확인해 보지 못했다. 그 이야기가 사실인지 아닌지 의심스럽기는 했지만, 만일 "그런 일은 없어요"라고 하면 내가 가졌던 꿈이 깨어질까 두려웠던 것도 사실이다.

박흥식은 자기의 출생이나 소년시절에 대해 언급하지 않았다. 그런 면에서 그는 정주영과 다르다. 지금도 그의 출생과 소년시절은 베일에 감춰져 있다. 다만 그가 뒤에 크게 성공해 전쟁을 시작한 일본 정부에 비행기 한 대를 헌납한 사실만이 당시 한국인들에게 강한 인상을 줬을 뿐이다.

그런 그가 해방되고 반민특위의 조사대상 1호가 된 것은 너무나 당연한 일이었으나, 반민특위는 종로경찰서를 뒤지는 가운데 예기치 못한 서류 하나를 발견했다. 그것은 박흥식을 일본경찰이 요시찰인으로 결정했다는 서류였다.

왜 그가 일본관헌의 요시찰인이 되었을까. 거기에는 까닭이 있다. 도산 안창호가 1937년 대전 감옥에서 병보석으로 풀려나게 됐는데 그 보석금을 박흥식이 제공했다는 사실 때문이었다. 일본경찰은 밖으로는 친일을 가장했지만, 안으로는 독립운동을 지원하는 그런 인물이라고 판단한 것이다. 도산은 보석 이후 가회동에 있는 박흥식의 저택에서 여러 날을 보냈다고 한다.

박흥식은 나에게 이렇게 말한 적이 있다.

"일본경찰에 요시찰인으로 돼 있는 사람을 반민특위가 옥살이하게 할 수는 없는 일이 아니겠습니까."

그래서 그는 일단 구속됐지만 무죄선고를 받았다고 한다.

대한민국 출범 뒤 기업천재가 여러 명 등장했다. 정주영, 이병철, 김우중 등이 이에 속하는 사람이지만 일제 때 대단한 기업인은 오직 한 사람 박흥식이 있었을 뿐이다.

그는 용강에서 소학교를 마치고 어린 나이에 진남포에서 미곡상을 시작하여 20대에는 서울로 올라와서 신일지물주식회사를 설립한 뒤, 1931년에는 종로에 화신백화점을 개설했다. 그는 화신백화점을 평양 등 몇몇 도시에도 설립하는 일에 성공했다. 명실공히 조선의 최고 갑부가 된 것이다.

금판때기 명함 때문인지 그 사유는 잘 모르겠지만, 조선총독부는 박흥식을 적극적으로 밀어 총독부에 납품하는 종이는 전부 그의 지물주식회사를 거쳤다고 한다. 그는 사업을 위해 정치권력을 최대한 동원할 수 있었던 그 시대의 가장 유능한 기업인이었다.

일제 때 지방도시의 국민학교 6학년 아동들은 수학여행으로 서울을 방문했고 일행이 모두 화신상회에 들르는 것이 관례였다. 어린 내게 호화찬란한 화신백화점 구경은 오래 잊히지 않는 감동이었다. 해방 후 일본의 유명한 기업 소니가 박흥식과 손을 잡고 화신소니를 발족시킨 것도 그만한 이유가 있었을 것이다.

그러나 그는 작은 꿈에 매달리지 않고 엄청난 생각을 하고 있었다. 그는 브라질에 새로 조성된 브라질리아를 몇 번 방문한 적이 있는데, 그의 큰 꿈은 판교 가까이에 브라질리아처럼 새로운 수도 하나를 조성하는 일이었다. 그는 끝까지 그 꿈을 버리지 않았지만 화신소니가 경영부진으로 몰락함에 따라 그 꿈도 자취를 감추고 불행한 말년을 보냈다. 일제 강점기부터 재벌로 알려진 박흥식을 대한민국 정부는 도울 뜻이 전혀 없었다. 그는 60년 넘게 살던 가회동 저택도 처분하고 전셋집에서 생을 마감하였다. 인생이란 그런 것이다.

박홍식에게 여자가 많았다는 것으로 착각하기 쉬운데 그의 자세는 늘 깔끔했고 결혼 세 번도 질서정연해 흠잡을 데가 없었다. 일제 때도 집안사람들의 결혼식은 토요일 오후 2시 각자 일이 없을 때여야 하고, 점심은 집에서 먹고 오라고 했다. 그는 근검절약하며 사는 갑부였다.

그가 타고난 귀에 어울리는 장수를 누린 것은 사실이지만, 마지막이 너무나도 비참했기 때문에 그를 생각하면 괴로운 마음이 앞선다.

"김 교수, 언제쯤 우리에게 국수 한 그릇 먹게 해줄 거요?"

그가 미소 지으며 건넨 한마디가 지금도 내 귀에 쟁쟁하다.

—2018. 4. 21.

이은상

李殷相, 1903~1982

경남 마산 출생

연희전문 문과 중퇴

시조작가, 사학자, 이화여전 교수

대표작 〈고향생각〉, 〈가고파〉, 〈성불사의 밤〉

당대의 뛰어난 천재문인…
〈가고파〉 등 주옥같은 작품들 한국인의 애창곡으로

이은상의 아호는 노산(鷺山)이다. 이 글에서 그에 대해 거론할까 말까 망설이다가 내가 아주 좋아하는 선배 문인이라 쓰기로 결심하였다. 그에 대해 쓰기를 주저한 까닭은 내가 존경하는 선배 교수인 김성식의 한마디 때문이다. 김성식은 고려대와 경희대 교수를 지낸 우리 시대의 존경할 만한 서양사학자였다. 그는 본관이 풍천인 현존하는 인물 가운데 가장 두드러진 명사였고, 나는 그를 큰형님처럼 모시고 살았다.

하루는 그가 나에게 이런 말을 했다.

"이은상은 사람도 아니야. 가장 절친한 친구의 아내를 뺏어서 만주로 도망을 갔다는데, 내 눈에는 사람처럼 보이지가 않아."

영국의 올리버 크롬웰 못지않은 청교도이던 선비 김성식의 눈에는 이은상이 한심한 인간으로 보였을지 모른다.

하지만 나는 노산 이은상이 이 시대의 매우 뛰어난 천재문인임을 알고 있다. 그의 한 가지 과오는 나도 용서할 수 없지만, 그런 그 한 가지 사실 때문에 천하의 천재를 매장할 수는 없다고 본다.

이은상은 1903년 10월 경상남도 마산에서 태어났다. 그가 "내 고향 남쪽 바다 그 파란 물 눈에 보이네"라고 노래했을 때, 어렸을 적에 자신을 키워 준 마산 앞바다를 떠올렸을 것이다. 그는 아버지가 설립한 창신학교를 졸업하고 연희전문에 입학하여 큰 꿈을 키웠지만 졸업은 하지 않은 것으로 알고 있다.

옛날에 남대문교회를 담임했던 김치선 목사가 그와 같은 반이었다면서 그가 피를 토하면서 시를 줄줄 암송했던 사실을 나에게 일러주었다.

"그 사람은 천재였습니다. 말도 잘하고 아는 것도 많고 암송하는 한시가 부지기수였습니다."

같은 반의 친구였지만 도저히 따라갈 수 없는 우수한 두뇌를 가진 사람이라는 뜻이었다.

큰 키도 아니었던 그는 자그마한 체구에 나이가 들었는데도 동안의 얼굴을 갖고 있었다. 우리 집에 저녁식사를 하러 왔을 때도 〈적벽가〉를 비롯한 한시를 유창하게 외워서 함께 둘러앉은 무식한 우리들은 어리둥절할 수밖에 없었다.

이은상은 잠시 창신학교에서 가르치다가 일본으로 건너가 와세다대학 사학과에서 공부하였으나 졸업하지 않았을 가능성이 높다. 그는 졸업장이 필요하다고 생각하지 않는 사람이었다. 1943년 조선어학회사건에 연루되었다가 이듬해 석방되었고, 그 후 또다시 평양경찰서에 구금되었지만 해방으로 풀려나왔다.

그는 일찍이 호남신문사 사장직을 맡은 적이 있지만, 경영보다 글 쓰는 일에 몰두하였다. 1950년 이후에는 여러 대학 교수로 활약하였고, 1954년 대한민국예술원 회원이 되었다. 1959년부터는 충무공 이순신 기념사업의 책임을 맡았고, 안중근 의사 숭모회의 책임자이기도 하였다. 1974년 연세대에서 명예 문학박사 학위를 수여받았고, 1978년에는 대한민국예술원 종신회원으로 추대되기도 했다.

박은혜

朴恩惠, 1904~1963

평안남도 평원 출생
이화여전 영문과, 미국 듀브케대학 졸
이화여전 교수, 경기여고 교장, 은석초등학교 이사장

경기여고 학생들에게 "가장 필요한 것은 자존심"이라고 가르친 미인 교장

평생 동안 가까이 지낸 여성들 중에 가장 훌륭한 세 사람을 택하라면, 나는 서슴지 않고 김활란, 박은혜, 김순애의 이름을 꼽을 것이다. 오늘 내가 거론하는 박은혜는 설산 장덕수의 아내이자 경기여중고의 교장으로 우리 시대에 널리 알려졌던 여성이다.

박은혜는 1904년 평안남도 평원군에서 목사 박예헌의 딸로 태어났다. 평원군은 자연환경이 아름답고 과수원도 여러 개 있어 평원군 군사무소가 있는 영유라는 곳은 사람 살기 좋은 고장으로 유명했다. 내가 일제 때 그곳에 있는 국민학교 교사 노릇을 한 적이 있기 때문에 영유읍에 특별한 향수를 느끼는 것도 사실이다.

박은혜의 목사 아버지는 그의 제기동 자택에서 본 적이 있는데 인물이 출중하게 잘생긴 분이었다. 이미 노경에 접어들어 그 잘생긴 얼굴에 흰 수염이 가득했던 것이 지금도 기억난다.

김활란은 한 번 만난 사람은 첫인상을 잊을 수 없을 만큼 두 눈에서는 뿜어져 나오는 총명한 빛이 그의 얼굴을 밝혀 주지만 5척 단신의 자그마한 여성이었다. 김순애는 여러 면에서 천재적이었지만 성격이 불같아 사람들과 잘 사귀고 원만하게 지낼 수 있는 인물은 아니었다. 그러나 박은혜는 그 용모로 보나 태도로 보나 미스코리아 경연대회에 나가도 당선될 만큼 뛰어난 미모와 교양을 갖춘 여성이었다.

박은혜는 서울에 와서 미션스쿨인 정신학교에 입학하였다. 그 시대에는 목사나 장로의 딸들은 대부분 정신학교에 들어가는 것이 관례였다. 정신학교를 졸업한 박은혜는 일본으로 건너가 후쿠오카여학교에 다녔고 귀국하여 이화여전 영문과를 마쳤다. 그 뒤에 곧 도미, 유학길에 올라 아이오와주에 있는 듀브케대학에서 석사과정을 이수하고 뉴욕에 있는 비블리컬 칼리지에서 종교학 석사학위를 취득했다.

그때 컬럼비아대학에서 박사학위 과정을 밟고 있던 김활란은 같은 대학에서 공부하던 장덕수를 박은혜에게 소개하였다. 나는 장덕수를 직접 만난 적은 없지만, 그는 일본 와세다대학에 다닐 적에 유학생들을 모아 학생운동을 한 중심인물이었고 뉴욕에 와서도 미국에서 공부하는 한인 유학생들의 명실상부한 지도자 역할을 했다고 한다. 나도 해방 후 그가 KBS 라디오에서 우리나라의 정치적 현실에 대해 강연하는 것을 듣고 감탄한 적이 있었다.

장덕수는 1936년에 컬럼비아대학에서 "영국의 산업화 정책"이라는 논문으로 박사학위를 받고 귀국해 김성수, 송진우와 더불어 〈동아일보〉를 중심으로 나라사랑에 헌신했다. 하지만 워낙 웅장한 나무 한 그루라 일본인들의 박해가 이만저만하지 않았다. 장덕수는 살아남기 위해 일본 정부에 협력하는 듯한 자세를 여러 번 보였지만 그것이 본심은 아니었다.

그런 그를 최근에 젊은 사람들이 친일파로 매도하는 것은 매우 부당한 일이라고 나는 생각한다. 당시 반민특위가 장덕수를 반민족행위자로 규정하고 재판한 사실은 없다. 아무것도 모르면서 노무현 정권하에서 가상의 재판을 하고 그를 민족반역자로 몰아낸 것은 큰 잘못이 아닌가!

장덕수와 박은혜는 1937년 결혼식을 올리고 그 슬하에 딸 둘, 아들 둘을 두었는데 큰딸 숙원과 작은딸 혜원, 큰아들 지원과 둘째아들 사원은 다 미국에 살고 있어서 만나 보기는 어렵다. 그러나 그 아이들이 모두 어려서 나를 '동길 아저씨'라고 부르며 많이 따랐다. 아직도 그 정이 그대로 있어 숙원과 사원은 나에게 연락도 하고 찾아오기도 한다.

그들의 어머니는 내가 그 아이들을 예뻐한다 하여 나를 특별하게 생각해 주었던 것도 사실이다. 장덕수와의 결혼생활은 10년 뒤에 설산이 제기동 자택 현관에서 괴한들에게 총격을 받아 끝났지만, 고한경의 뒤를 이어 취임한 경기여고 교장자리는 15년간 계속 지켰다. 박은혜가 교장으로 있으면서 어린 학생들에게 심어 준 정신은 하나였다.

"경기여고 학생들은 뒤에서 보아도 경기여고 학생인 것을 알게 해야 한다. 너희들에게 가장 필요한 것은 자존심이다."

그때 경기에 다녀 오늘 80이 넘은 졸업생들은 학생시절을 가장 아름답게 기억한다.

김활란은 박은혜가 자신의 뒤를 이어 이화여대 총장이 되기를 바랐다. 하지만 박은혜는 완강히 거절하였고 1963년 회갑도 지나지 않은 이른 나이에 세상을 떠났다. 만일 그가 이화여대 총장이 되었다면 김옥길은 정성을 다하여 그 총장을 섬겼을 것이고, 이화여대는 오늘날보다 몇 배 더 훌륭한 대학이 되었을 것이다.

이 일 저 일을 생각하면 박은혜의 아들딸이 "동길 아저씨, 동길 아저씨" 하며 나를 쫓아다니던 그날들이 그립다.

—2019. 7. 20.

문창모

文昌模, 1907~2002

평북 선천 출생
세브란스의전 졸
세브란스병원장, 대한결핵협회 사무총장, 국회의원

85세 고령에 국회의원에 당선되어 기네스북에 오른 의사

내가 야성(野聲) 문창모라는 이 시대의 특이한 인물을 처음으로 직접 보게 된 것은 1948년의 일이었다. 어느 날 동대문 가까이 자리 잡은 이화여대병원 옆에 있는 대한감리교회 소속 동대문교회에서 나의 가장 절친한 친구 이근섭과 함께 예배를 드린 적이 있다. 그때 대표기도를 하기 위해 단상에 오른 문창모를 보게 된 것이다.

자그마한 키에 까무잡잡한 얼굴을 가진 그는 별로 뛰어난 것 없는 평범한 사람 같았다. 하지만 일단 입을 열어 기도를 시작하니 기도가 나이아가라 폭포처럼 쏟아져 나오는 것이었다. 거침없이 흘러나오는 그 기도 소리는 신앙의 힘이 넘쳤고, 하나님이 가까이 계심을 느끼게 하는 엄청난 것이었다.

예배가 끝나고 나오면서 대표기도를 한 저 어른이 누구인지 친구에게 물었더니, 그는 기도한 이를 잘 알고 있었다.

"저 사람은 세브란스 출신 의사인데, 감리교회에서는 모르는 이가 없는 거물이다."

문창모는 평안북도 선천사람이다. 1907년생이니 나보다 21년 위인데 나와 동갑인 딸이 있어 나에게는 아버님 같은 존재이기도 했다. 부산 피란시절에도 여러 차례 만나면서 그가 한때는 세브란스병원 원장이었다는 사실도 알게 되었다. 그는 감리교회에서뿐만 아니라 전국적으로도 두드러진 인물이었다.

배재고보를 졸업한 그는 세브란스의학전문학교에 입학하여 의사면허를 받았다. 일제 때 해주 구세병원 의사, 평양 기독병원 이비인후과 의사를 거쳐 감리교총회 대의원으로 활동하면서 한국 감리교회를 일본교회에 예속시키려는 조선총독부 의견에 전적으로 반대하는 항일투사의 모습을 보이기도 했다. 그는 그런 독립정신 때문에 배재학교 학생시절에 6·10 만세운동의 주모자로 몰려 투옥되었지만, 기소유예 처분을 받고 풀려나 배재학교를 졸업하고 세브란스에 진학할 수 있었다.

1956년 뜻밖에 내가 유학하던 미국 인디애나의 에반스빌대학에서 우연히 그를 다시 만난 적이 있다. 감리교신학교의 홍현설 목사와 문창모가 하이드 총장의 안내를 받아 내가 다니던 학교를 방문한 것이다. 당시 총장이 나도 초대하여 총장공관에서 점심식사를 함께하였다. 그 사건 아닌 사건을 문창모는 늘 자랑스럽게 이야기하였다.

우리 두 사람의 특별한 인연은 현대 정주영이 통일국민당이란 정당을 하나 만들어 문창모를 전국구 1번으로 추대하면서 시작되었다. 14대 국회는 1992년에 시작되었는데 당시 그는 85세의 고령으로 당선되어 기네스북에 오르기도 했다. 국회가 개원되는 날 최고령자가 의장이 되는 것이 관례여서, 문창모는 짧은 시간이지만 한국의 국회의장이 되어 의사봉을 잡았다. 그 후 눈가에 언제나 장난기가 감돌던 그는 "내가 이래 봬도 우리나라 국회의장을 지낸 사람이야"라고 큰소리치기도 하였다.

나는 정주영 덕에 그 당의 최고위원이 되었다. 하지만 정주영은 나와의 약속을 어기고 자신이 대통령 후보로 출마했다가 참패하는 바람에 정계를 떠났다. 그 후 나는 당대표가 되어 재미없는 의원생활을 하며 4년을 보냈다. 그때 아버지뻘인 문창모 의원은 국회에서 나를 만나면 부동자세를 취하며 '대표님!'이라고 인사하여 주변을 웃음바다로 만들기도 했다.

문창모는 대한결핵협회를 조직해 맹활약하였고, 크리스마스 씰을 국내에서 처음 발행하여 결핵환자 돕기에 앞장섰던 참으로 유능한 의료사업가였다. 또한 그는 원주 병원에서 새벽에 환자들을 진료하고 여의도 국회의사당으로 출근할 정도로 부지런한 사람이었다. 하루도 쉬지 않고 환자들을 보았고, 그를 명의로 알고 원근 각처에서 모여든 환자들을 물리치지 않고 돌보던 인술(仁術)의 의사였다. 원주 기독병원도 그가 없었으면 설립되지 못하였을 것이다.

그는 무슨 일을 하든 자기를 내세우지 않았고 명예는 주변사람들에게 다 나누어 주고 겸허한 '그리스도의 종'으로 살기를 원했다. 나도 이젠 90이 넘은 노인이 되었지만, 문창모가 85세에 국회의장이 되어 의사봉을 두드렸을 때 우리 주변에 그렇게 오래 사는 인물이 흔치 않았던 것이 사실이다. 그가 95세로 마침내 세상을 떠나 하나님의 품으로 돌아갔을 때, 믿음이란 매우 위대한 힘을 가진 것이라고 감탄한 이들이 많았고, 나도 그렇게 느낀 사람 가운데 하나다.

그런 위대한 인물을 가까이 모실 수 있었다는 사실만으로도 큰 영광이 아닌가. 이제 그가 경영하던 병원은 다른 사람 손에 넘어갔고, 오직 원주 기독병원에 그의 동상이 하나 세워져 있다. 그를 흠모하던 사람들도 하나둘씩 떠나 얼마 남지 않았다.

그러나 지금도 그를 사모하는 몇 사람의 가슴속에서 야성 문창모는 위대한 인간이고 훌륭한 하나님의 종이다. 날로 가을이 깊어만 가는 요즘, 나는 문창모를 그리워하며 "인생은 괴로우나 아름다운 것"이라고 읊은 한하운의 시 한 구절을 되새겨 본다.

—2019. 10. 19.

이병철

李秉喆, 1910~1987

경남 의령 출생
일본 와세다대학 중퇴
삼성상회 설립, 전국경제인연합회 초대회장, 삼성그룹 회장

삼성보다 나라를 더 걱정했다는 창업주, 그가 살아 돌아온다면 …

이병철은 경술국치 6개월쯤 전 경상남도 의령에서 출생했다. 대대로 벼슬하던 조상을 가진 명문가에서 태어났는데, 그의 아버지는 벼슬을 안 했지만 넓은 농토를 가진 지주였다. 고향에서 교육을 받다가 서울에 있는 수송소학교로 진학했는데 그가 쓴 자서전에 의하면 성적이 반에서 '중하'였다고 한다. 그러나 성적이 안 좋은 원인은 분명히 있었다. 이병철이 어려서 경상도 사투리를 하도 심하게 써 서울 아이들에게 구박을 많이 받았기 때문이었다고 한다.

그가 일본 와세다대학 정치경제학과에 입학한 것은 1929년의 일이다. 공부를 열심히 한 것도 사실이지만 틈이 생기는 대로 여러 곳의 공장들을 시찰하였다니 어쩌면 기업인의 꿈을 그때 이미 품고 있었던 것으로 짐작된다. 이병철은 건강이 매우 악화돼 학업을 계속할 수 없어서 3년차에 자퇴한 뒤 고향으로 돌아왔다.

건강을 되찾고 그는 장사할 만한 곳을 물색했다. 서울, 부산, 대구 등지를 두루 다녀 봤지만 고향에서 멀지 않은 마산이 가장 적합할 것 같다고 생각하고 친구 둘과 함께 그곳에 도정 공장과 합동 정미소를 차렸다. 그것이 1936년이었는데 중일전쟁이 터진 여파로 사업이 부진해 정미소 문을 닫을 수밖에 없었고 빚을 다 갚고 나니 빈털터리가 되고 말았다.

그러나 한 번 실패로 기업가의 꿈을 접을 이병철은 아니었다. 그는 1938년 대구에서 3만 원의 자본금을 마련해 삼성상회를 시작했다. 3년 뒤에는 주식회사로 개편하고 청과류와 어물 등을 도·소매하는 한편 중국으로 수출하는 일도 했다. 그가 삼성물산을 창립한 것은 해방 뒤 2년이 지난 1947년의 일이었다. 제일제당, 제일모직부터 점차 사업을 확장해나간 사실은 국민이 잘 알고 있다. 동방생명, 신세계백화점 등이 모두 그의 작품이었다. 삼성전자도 그렇다.

나는 기업인 이병철은 잘 모른다. 그의 사생활은 더욱 모른다. 다만 전 세계의 어떤 도시에 가나 SAMSUNG이라는 상표를 대하게 되고 특히 삼성전자는 전 세계가 알아주는 우수한 기업이라는 사실 때문에 한국인으로서의 긍지를 가지게 되는 것은 사실이다. 그러나 나는 그를 모른다.

여러 해 전에 이병철과 함께 우리 집에서 냉면과 빈대떡을 같이 먹은 적이 있다. 그때 저녁 자리가 2층에 마련돼 있었는데 그가 그 방에 들어서면서 벽에 걸린 액자를 하나 잠깐 건드린 일이 있었다. 잘못 걸려 있던 탓에 그 액자는 온돌 바닥에 떨어지며 산산조각이 났다. 손님도 미안했겠지만 주인은 더 미안했다. 물론 유리만 깨졌지 이유태 화백의 산수화는 그대로 있었다. 사람을 불러 깨진 유리를 치우고 나니 그 '불상사'는 완전히 해결됐다.

그러나 이 모든 과정을 지켜보면서 손님으로 온 이병철은 한마디도 하지 않았다. 손님이 미안하다고 하면 주인은 더 미안할 수밖에 없었는데, 식사를 마치고 그는 아무 말 없이 돌아갔다. 여름철이라 그 방이 좀 더웠던 것은 사실이다. 이튿날 삼성에서 사람들이 왔다. 커다란 냉방기를 하나 들고. 이병철과 저녁을 함께한 그 방에는 최신 냉방기가 하나 달렸고 거기서 시원한 바람이 하염없이 흘러나왔다. 이병철은 그런 사람이었다.

잊히지 않는 일이 또 하나 있다. 용인에 삼성이 경영하던 자연농원이 있었고 그 안에 연수원이 생겨 사원들의 각종 연수도 진행했다. 나도 한 번 강사로 초빙돼 회사에서 보내 준 차를 타고 연수원에 간 적이 있다. 강의를 마치고 돌아오는데 운전기사가 내게 이런 말을 했다. 이병철은 이미 세상을 떠나고 여러 해가 지난 뒤의 일이다.

"제가 회장님의 출퇴근을 맡아 여러 해 모셨습니다. 그런데 우리 회장님은 삼성보다 나라를 더 걱정하신 분입니다."

나는 그 한마디를 들으며 가슴이 찡했다. 내가 그런 말을 들었어도 이 회장과 측근에게 그 말을 전해 줄 기회도 없는 것이 명백한데 그 기사는 왜 나에게 그런 말을 해줬을까. 삼성이 내 가슴에, 그리고 모든 한국인의 가슴에 한국인으로서의 커다란 긍지를 심어 준 사실은 의심할 수 없다.

"삼성보다 나라를 더 걱정했다"는 삼성 창업주를 생각하며 이 글을 쓰는 새벽, 내 눈에는 인생이 아름답게 보이질 않는다. 왜 이다지도 괴롭고 불공평한가 하는 생각이 앞서 펜을 던지고 한참 눈을 감았다. 유능하다고 소문났던 이병철의 아들은 병상에 누운 지 벌써 몇 해째 아직도 의식을 되찾지 못하고 있다.

이목구비가 수려한 이병철의 손자는 받들어야 하는 나라 어른의 뜻을 거역하지 못한 '죄' 때문에 철창 안에 갇혀 콩밥으로 끼니를 때웠다.

그가 거처한 집은 커서 '큰집'이라고 하지만 방은 매우 좁다. 나도 살아 봐서 안다. 손자도 할아버지를 닮았다면 삼성보다 나라를 걱정하며 쭈그리고 앉아 있었겠지.

오늘 이병철이 살아 돌아와 삼성의 회장실에 잠시 들른다면 그는 몰려든 기자들에게 뭐라고 할까 궁금하다. 혹시 "삼성은 망해도 대한민국은 살려야 합니다"라고 하지 않을까. 그러나 곧이어 이렇게 말할 것만 같다.

"삼성이 망하면 대한민국도, 경제도 무너질까 걱정입니다."

이 나라에 태어난 사실이 오늘 새벽에는 조금도 자랑스럽게 느껴지지 않는 까닭은 무엇인가. 나도 몰라 하노라.

―2018. 1. 13.

모윤숙

毛允淑, 1910~1990

함남 원산 출생
이화여전 문과 졸
시인, UN총회 한국대표, 국회의원
대표작 〈논개〉, 〈렌의 애가〉, 〈국군은 죽어서 말한다〉

그토록 사모했던 '시몬'은 누구일까, 혹시 춘원은 아니었을까

나는 일제하에서 20년 가까이 살았다. 태어날 때 이미 조선은 사라지고 일본만 있었다. 한국의 독립을 위해 해외 망명 중이던 김구, 이승만과 국내에서 투쟁한 이상재, 안창호, 이승훈, 조만식 등 애국지사들을 존경하면서 젊은 날을 보냈다. 해방이 될 때 평양에 있었기 때문에 김일성이 정권을 장악하는 과정도 내 눈으로 지켜보았고 견디다 못해 38선을 넘어 월남하였으며 지금도 살고 있는 신촌의 이 집에서 6·25 전쟁을 겪었다.

조국의 현대사와 더불어 고생하며 살다가 나는 이제 나이 90이 되었다. 어찌하여 이런 불필요한 이야기를 늘어놓는가 따질 사람도 있겠지만, 내가 이제는 몇 남지 않은 한 시대의 증인임을 밝혀야 하기 때문에 이런 말을 하는 것이다.

어떤 사설연구소가 《친일인명사전》을 편찬하면서 708명의 친일인사 명단을 발표했다고 들은 지는 오래지만 들춰 볼 겨를은 없었다. 그런데 내가 글을 쓰려고 하는 시인 모윤숙이 《친일인명사전》에 이름이 있다고 하기에 거기에 실린 700여 명의 명단을 한번 쭉 훑어보았다. 일제 때부터 우리가 훌륭한 인물로 여겨온 많은 명사의 이름이 거기에 들어 있는 것이 정말 놀라웠다.

정부가 수립되고 반민특위가 생겨 반민족행위자로 지목되었던 친일 인사들이 일단 고발되고 조사를 받고 구속된 일이 있었다는 사실을 알고 있다. 하지만 그런 절차를 밟으며 그들이 무죄판결을 받기도 하고 사면을 받기도 하여 일단 그 업무는 끝난 것으로 알고 있었다.

그런데 그 시대를 전혀 알지도 못하는 후배들이 나서서 낡은 신문과 잡지들을 뒤져가며 단 한마디라도 일본 제국주의에 유리한 말을 하였다면 사회적 신분을 따지지 않고 정죄하고 그 사전에 이름을 올렸다는 것은 경솔한 처사다. 군사재판에도 피고의 최후진술은 있게 마련인데 이미 세상을 떠난 사람들의 한마디 해명도 들어보지 않고 민족반역자로 몰아붙여도 된다는 말인가.

모윤숙은 1910년 한일합방이 강행되던 그해, 함경남도 원산에서 출생하였다. 거기서 소학교를 마치고 함흥에 가서 성장하였으며 그 뒤 개성에 있던 호수돈여학교를 졸업하고 1928년에 이화여전 문과에 들어가 3년 뒤 졸업하였다.

그는 만주 북간도 용정에 있는 명신여학교에서 교편을 잡고, 교사로 근무하는 동안 시를 쓰기 시작하여 1931년 잡지 〈동광〉에 〈피로 새긴 당신의 얼굴〉을 발표하여 문단에 이름을 올렸고, 그 뒤에 서울에 돌아와 배화여고의 교사로 근무하기도 하였다. 그 무렵 어떤 분의 주선으로 철학박사 안호상과 결혼하였으나 곧 그만뒀다. '결혼과 동시에 이혼'이라는 표현도 지나친 말이 아닐 텐데, 신랑에 대하여 모르던 사실들을 알게 되었고, 그 남편이 결코 이상적 남성은 아니라고 느꼈기 때문이었다.

모윤숙은 누구보다 애국심이 강한 여성이어서 남북한 동시선거를 꿈꾸던 UN이 메논을 단장으로 하는 위원회를 구성하여 서울에 파견했을 때 메논 단장을 돕는 일에 발 벗고 나섰다. 그러나 북의 김일성은 남북한 동시선거를 거부하였다. 부산 피란시절에는 광복동에 '필승각'이라는 집을 마련하고 김활란과 합심하여 대한민국의 승리를 위해 외교활동에 전념하였다. 〈국군은 죽어서 말한다〉라는 시 한 수도 모윤숙의 애국심이 아니고는 세상 빛을 볼 수 없는 걸작이다.

산 옆 외딴 골짜기에
혼자 누워 있는 국군을 본다
아무 말 아무 움직임 없이
하늘을 향해 눈을 감은 국군을 본다

나는 죽었노라, 스물다섯 젊은 나이에
대한민국의 아들로 나는 숨을 마치었노라
질식하는 구름과 바람이 미쳐 날뛰는 조국의 산맥을 지키다가
드디어 나는 숨지었노라

오늘도 이 시 한 수는 6·25 경험을 가진 모든 한국인을 눈물짓게 한다. 꿈을 잃고 일제하에 신음하던 우리 젊은이들을 모두 감동시킨 산문시가 모윤숙의 〈렌의 애가〉였다. 우리는 그가 '시몬'이라고 부른 그 남성이 과연 누구일까 궁금하게 여겼다. 1937년에 모윤숙이 이 땅의 한 젊은 여성으로 그토록 사모했던 그 '시몬'은 누구일까. 혹시 춘원 이광수가 아니었을까.

시몬!
당신의 애무를 원하기보다 당신의 냉담을 동경해야 할 저입니다.
용서하세요.
그러나 당신의 빛난 혼의 광채를 벗어나고는 살 수가 없습니다.
당신이 알려 준 인생의 길, 진리, 평화에 대한 높은 대화들을
떠날 수는 없습니다.

지각없는 사람이 모윤숙에게 질문하였다.

"선생님, 시몬은 누구입니까."

모윤숙은 심각한 표정을 지었지만 아무런 대답도 하지 않았다.

그래서 우리는 그가 동경한 오직 한 사람의 남성이 누구였는지 모른다. 그러나 모윤숙이 그 짧은 결혼생활 동안 매우 총명한 딸을 하나 낳아 아름답게 키운 것이 사실이다. 그가 자상하고 다정한 어머니이기도 했다면 믿기 어렵다는 사람도 있을 것이다.

모윤숙은 여걸이었고, 뛰어난 시인이었고, 훌륭한 어머니였다. 고혈압으로 쓰러졌다가 다시 소생하여 요양 중이던 모윤숙의 자택으로 방문한 적이 있었다. 젊은 날의 패기는 사라졌으나 80을 바라보는 노인답지 않게 그는 당당하고 엄숙한 모습의 할머니였다. 그의 밝은 미소와 통쾌한 웃음소리가 그리운 대한민국의 오늘이다. 어디서 무엇이 되어서라도 다시 한 번 만나고 싶은 배달의 딸 시인 모윤숙.

— 2018. 7. 10.

영향이었을 것으로 짐작한다. 그 동요집의 이름을 《새야 새야 파랑새야》라고 붙인 것은 그가 동대문 밖 이문동에 살 때 동무들과 이 노래를 즐겁게 불렀기 때문이라고 한다. 그는 이 동요집을 만드는 과정에서 동양적 선율이 무엇인지 느꼈다고 회고한다.

그는 연희전문 3학년 때 보육학교 출신인 아름다운 여성 윤선항을 만나 결혼하였다. 당시 우리나라에는 음악과가 이화여전밖에 없었기 때문에 일본에 유학을 가야 했지만, 김성태는 부모의 반대에 부딪혔다. 그때 부인이 시집올 때 가져온 패물들을 다 팔아 여비를 마련해 줘서 그는 유학길에 오를 수 있었다.

"순전히 아내의 배려 덕분이었어요. 그때 아내가 남편을 이해하고 도와주지 않았다면 나는 은행원으로 주저앉거나 축구선수가 되었을지도 몰라요."

김성태는 훗날 이렇게 고백하였다.

상당한 음악적 실력을 갖추고 있던 그는 도쿄고등음악학교에 입학했고 유명한 일본인 스승 밑에서 작곡과 지휘법을 공부하였다. 그때 받은 엄한 수련은 작곡가 김성태에게 완벽주의를 터득하게 하였다.

그 무렵에 쓴 작품은 피아노 독주를 위한 작품 2편과 가곡 〈말〉, 〈산 너머 저쪽〉 등이 있다. 이 중 몇 편을 1937년 일본 오사카 공회당에서 개최된 '채선엽 독창회'에서 선보였다. 일본의 창가밖에 모르던 동포들에게 김성태는 새로운 예술가곡을 들려주었다. 브람스와 슈트라우스의 가곡들을 철저히 공부한 그는 거기에 한국적 분위기를 가미했다. 그래서 그를 '한국의 브람스'라 부르는 사람들도 있었다. 그 시절 가장 유명했던 가곡은 김소월의 시 〈산유화〉였는데 거의 모든 성악가가 독창회 때마다 이 노래를 불렀기 때문에 국민가곡 자리를 차지하게 되었다.

그는 연희전문 시절 스승이었던 현제명과 힘을 합하여 해방된 그해 12월 서울대 음대의 전신이라고도 할 수 있는 경성음악학교를 설립하였다. 갑자기 교사를 마련할 수 없어서 예장동에 있는 한 유치원 교실에서 학교를 시작했는데 제1회 신입생 수가 93명이나 되었다고 한다. 다 큰 사람들이 유치원 원아들의 걸상에 앉아 강의를 듣는 것도 가관이었다고 그는 털어놓았다.

그때 교장이 현제명, 작곡 담당은 김성태, 피아노는 김원복, 성악은 이인범·김천애, 바이올린은 김생려였다고 하니 교수진만은 쟁쟁하였다고 할 수 있다. 이듬해 5월에는 제1회 정기공연을 가지기도 했다. 그러나 같은 해 8월에 국립서울대학이 설립됨에 따라 그 음악학교는 서울대에 편입되어 예술대학 음악부로 개편됐다.

딸을 넷 낳고 끝머리에 아들 둘을 갖게 된 김성태. 아버지로서의 모습이 어떠했을까 궁금해서 그의 막내딸 기순을 내 집에 불러 장시간 이야기를 주고받았다. 다른 자녀들은 내가 잘 모르지만 막내딸은 이화여대 음대 명예교수라서 모르는 사이가 아니었다. 그의 아버지 김성태는 일반 사람들을 만나거나 학생들을 대하거나, 자세나 태도가 한결같이 단정하고 정중하였다. 자상한 남편이었고 엄하면서도 정다운 아버지였다고 딸은 회고하였다.

그는 끝까지 단아한 모습이었는데 노년에는 귀가 잘 들리지 않아서 음악회라도 모시고 가면 안쓰럽고 민망한 때가 적지 않았다는 것이다. "작곡가 베토벤도 귀가 잘 들리지 않아서 고생했다는데"라고 내가 그 딸을 위로하였다. 그럼에도 그 아버지는 음악회에 가는 것을 좋아하고 끝까지 그 분위기를 즐겼다고 한다.

99세 생신을 축하하여 세종문화회관에서 제자들이 베푼 기념음악회에 김성태 자신이 참석할 수 있었다는 것은 역사에 남길 만한 놀라운 일이었다. 김성태는 한평생 건강을 자랑했지만 하지 않았어야 할 수술을 했기 때문에 말년에 2년간 병상에 누워 고생하였다고 하면서 막내딸은 슬픈 표정을 지었다.

김소월과 함께 '산에 피는 꽃'을 끝까지 사랑하고, 박목월과 더불어 '기러기 울어예는 하늘 구만리'의 가을을 느끼면서, 102년의 깨끗하고 아름다운 삶을 살다가 "아~ 아 너도 가고 나도 가야지"라고 노래하며, 구름 헤치고 하늘나라에 올라간 김성태의 다정한 미소가 한없이 그립고야.

— 2018. 5. 19.

노천명

盧天命, 1911~1957

황해도 장연 출생
이화여전 문과 졸
시인, 조선일보 기자
대표작 <사슴>, <남사당>, <푸른 5월>

모가지가 길어서 슬픈 짐승이여 …
기댈 데 없는 외로움을 읊다

시인 노천명은 1911년 9월 황해도 장연에서 잘사는 집의 딸로 태어났다. 오빠도 있고 언니도 있고 동생도 있어서 매우 행복한 어린 시절을 보냈다. 태어날 때 부모가 지어 준 이름은 '기선'이었는데 6살 때 지독하게 홍역을 앓아서 20일이나 혼수상태에 빠졌다가 살아났다. 성당에 다니던 부모는 그를 살린 것이 하나님의 능력이라고 믿고 그 딸의 이름을 '천명'이라고 고쳐 호적에 올렸다.

내가 아는 노천명은 항상 외롭고 쓸쓸하였다. 나는 그의 두 눈을 볼 때마다 순진한 사슴 한 마리의 근심 어린 두 눈을 연상하였다.

> 모가지가 길어서 슬픈 짐승이여
> 언제나 점잖은 편 말이 없구나
> 관이 향기로운 너는
> 무척 높은 족속이었나 보다.

노천명의 〈사슴〉의 첫 절은 그의 사람됨을 짐작하게 하는 한마디이다. 내가 그를 가까이 알게 된 것은 이화여대 김활란 총장이 가장 가깝던 친구 이정애 선생이 세상을 떠나자, 그 친구에 대한 추억을 모아 책을 한 권 만들고 싶다면서 시인 노천명과 뒤에 프랑스 공사를 지낸 이화여대

불문과 교수 최완복, 그리고 나를 불러 그 일을 맡겼기 때문이다.

우리 세 사람은 가끔 만나서 서로 이야기를 주고받았다. 그 두 사람과 나는 나이 차이가 어지간하였지만 그들의 의견이 서로 충돌될 때에는 젊은 내가 중재를 할 수밖에 없었다. 그런 일로 하여 노천명은 나를 잘못 알고 있었는지도 모른다.

우리가 만들던 책 제목은 《우리 친구 이정애》였는데 출간된 것을 보지 못하고 나는 미국 유학길에 올랐다. 당시 미국으로 떠나는 사람들을 환송하는 장소가 소공동의 반도호텔이었다. 시인 노천명은 거기까지 와 저도 나도 그것이 마지막 만남이 될 줄은 전혀 모르고 서로 작별인사를 나누었다.

천명은 내가 귀국하기 몇 달 전에 세상을 떠났다. 그런데 미국 유학 중에 나는 노천명의 편지 한 장을 받았다. 그 편지에 적혔던 한마디가 오늘도 그를 생각하는 나의 마음을 애절하게 만든다. 그는 6·25 전쟁이 끝나고 이듬해 《나의 생활백서》라는 수필집을 한 권 냈다. 피란시절 어느 아침 부산의 한 재래시장에 들렀다가 시골 아낙네들이 뜯어온 싱싱한 산나물 보따리를 보면서 "산나물 같은 사람은 없는가"라고 그 책에 한마디 썼다고 한다.

그런데 편지에 나를 가리켜 그가 찾던 '산나물 같은 사람'을 드디어 만났다고 써서 어리둥절하게 만들었던 것이다. 그 편지 한 장을 내가 얼마나 소중하게 간직하였겠는가. 그러나 신촌 집을 몇 번씩 뜯어고치면서 내가 집에 없는 동안 그 편지가 들어 있던 허술한 편지 묶음을 영영 잃어버린 것이다. 누군가가 쓰레기통에 버린 것이겠지.

천명은 일찍이 아버지를 잃었고, 어머니가 가산을 정리한 뒤 서울로 이사 왔다. 그래서 그는 서울에서 소학교를 마쳤고 진명여고를 졸업한 뒤 드디어 이화여전 문과에 입학하여 영문학 교수이면서 시인이기도 하던 월파 김상용에게 시를 배웠다. 여학교 시절부터 그가 선생들과 친구들을 놀라게 한 것은 그의 언어 선택과 구사가 천재적이었기 때문이다.

그는 이화여전을 졸업하고 당시의 신문사나 잡지사에 글을 썼는데 순수하다 못해 어리석다고 할 만큼 정치에 무관심하여 발악하던 일본 군국주의자들의 요청을 거절하지 못하고 일본을 찬양하는 내용의 한심한 글을 몇 편 쓴 것이 사실이다. 그러나 그를 친일파로 모는 것은 천부당만부당한 일이다.

그의 생애에는 비슷한 일이 또 있었다. 인민군이 남침했을 때 미처 피란을 떠나지 못하고 있다가 월북했다 돌아온 임화 등 친북작가들이 주도하는 '조선문학가동맹'에 가입하여 그들의 궐기대회에도 모습을 나타낸 것이다. 국군이 다시 서울을 탈환했을 때 천명은 구속되어 20년 형을 선고받기도 했다. 그러나 김광섭, 모윤숙 등이 적극적으로 구명운동을 해 풀려났다.

그는 일반 상식으로는 이해할 수 없는 그런 일들을 저질러 일제 말기에는 일본을 두둔하는 글을 썼고 인민군 치하에서는 그들을 지지하는 발언을 하여 서울이 수복되고 나서는 부역자로 몰려 한동안 영어(囹圄)의 몸이 되기도 했던 것이다. 그러나 그는 한평생 친일파가 되어 본 적도 없고 공산주의자가 되어 본 적도 없고 단지 사나운 표범에게 쫓기는 사슴 한 마리처럼 갈팡질팡하였을 뿐이다.

그런 엄청난 수난을 겪으면서 노천명은 더욱 내성적이 되고 사람들을 멀리하게 되었다. 놀란 사슴 같은 맑은 두 눈을 가지고 인생의 가시밭에 번번이 쓰러져 피를 흘린 것뿐이다.

그는 빈혈로 청량리에 있는 위생병원에 입원했으나 입원비를 마련할 길이 없었고 그런 처지에 있으면서도 동료 문인들이 성금을 모아 입원비를 대납하겠다고 했을 때 완강히 거부하였다. 친구 하나가 그의 병실에 찾아왔을 때 그는 원고료를 받기 위해 병원 벽에다가 원고지를 대고 원고를 쓰고 있었다고 한다.

한 달쯤 뒤에 또다시 쓰러져 백혈병이란 진단을 받았지만, 병원에 입원하지 않고 누하동의 허술한 자기 집에서 혼자 요양하다가 1957년 6월 16일 새벽, 한 많은 이 세상을 하직하였다. 46년의 매우 짧은 삶이었다. 시인이자 평론가이던 잘생긴 김기림의 끈질긴 구애도 물리치고.

그대의 겁에 질린 그 눈빛을 마지막으로 본 지도 어언 60년, 길고 긴 세월이 흘렀건만 그 처절하게 슬픈 눈빛이 어제도 이 글을 쓰는 오늘도 사무치게 그립고야.

— 2018. 9. 1.

장기려

張起呂, 1911~1995

평북 용천 출생

경성의전 졸

의사, 서울대 교수, 부산복음병원 원장

"정말 김일성의 맹장수술을 하셨습니까?"… 웃기만 할 뿐 북에 남겨둔 아내 그리며 평생 독신

1940년대 평양에 있던 기독병원 외과 과장으로 취임한 젊은 의사가 명의(名醫)라는 소문이 자자하였다. 그 의사가 바로 장기려였다. 그는 해방되고 북한의 제1인민병원 원장으로 추대되었다. 환자를 돌보는 것을 천직으로 알고 있었기 때문에 월남할 생각도 못 하고 밀려오는 환자들을 치료하는 힘겨운 나날을 보낼 수밖에 없었다. 내가 그의 이름을 다시 듣게 된 것은 월남한 사람들이 장기려가 김일성의 맹장수술을 하였다는 소문을 전해 주었을 때였다.

그를 직접 만나서 한번 이런 질문을 한 적이 있다.

"정말 김일성의 맹장수술을 하셨습니까?"

장기려는 '그렇다', '아니다'라는 대답은 않고 다만 의미심장한 미소를 지었을 뿐이다.

무척 많은 사람을 만났지만 그중에 예수를 가장 많이 닮은 사람이 누구냐고 물으면 서슴지 않고 나는 '장기려'라고 대답할 것이다. 그의 표정이 그렇고 말솜씨가 그렇고 행동거지가 그렇다.

그는 1911년 평안북도 용천군 양하면에서 부유한 농가의 둘째아들로 태어났다. 독실한 기독교 가정이어서 장기려는 그런 분위기 속에서 출생하여 성장하였다. 그는 인민군의 남침이 시작된 그해 11월에야 둘째 아들 장가용의 손목을 잡고 단둘이 월남하였기 때문에 두고 온 가족들에 대한 걱정을 안 할 수가 없었다.

연세대의 수학과 교수 장기원이 그의 사촌이라고 들었다. 미국에 살던 장 교수의 딸 장혜원과 그의 남편에게서 들은 이야기인데 미국에 여행을 왔던 장기려가 그 조카딸 집에 묵었을 때 장기려가 하는 말이 좀 수상하였다.

"미국에 오면 나는 달을 볼 재미가 없어."

"왜 달을 볼 재미가 없으십니까?"

그 말을 의아스럽게 생각한 사위 임순만이 물었더니 월남한 장기려가 이렇게 대답했다.

"남한에서 보는 달은 북한에 있는 내 아내가 보는 것과 같은 달이지만, 뉴욕에서 보는 달은 그 달이 아니기 때문에 보고 싶지 않다."

한 남자와 한 여자의 그런 지극한 사랑이 있을 수 있다면 그것이 천국이 아닐까 생각할 때 누구의 가슴인들 뭉클하지 않을 것인가. 내 눈시울이 뜨거워진다. 그는 월남하여 하늘나라로 떠나기까지 45년을 독신으로 살았다.

장기려의 성품을 이해하는 데 도움이 되는 또 하나의 일화가 있다. 그는 어느 큰 회사의 초청을 받아 직원들에게 강연을 하고 그 회사에서 수표가 든 봉투를 한 장 건네받았다. 그리고 밖으로 나오는데 거지 한 사람이 나타나 좀 도와달라고 손을 벌렸다. 장기려는 서슴지 않고 자기가 받은 그 봉투를 그 거지에게 주고 집으로 돌아왔다.

그 거리의 천사는 그 봉투를 건네준 이가 누구인지도 모르고 받아 가져갔는데 그 수표를 현금으로 바꾸려고 은행 창구에 갔더니 수표에 적힌 액수를 보고 깜짝 놀란 행원이 "어떻게 이런 큰돈을 수표로 받았느냐"고 물었더니 어떤 신사 한 분이 이 수표가 든 봉투를 내게 주어서 받았을 뿐이라고 대답하였다. 우선 경찰에 연락하고 그 수표를 추적하니 어느 회사가 의사 장기려에게 강사료로 준 수표가 틀림없었다. 아마도 그 회사는 강사료에 더하여 하시는 일에 보태 쓰시라고 좀 큰 금액을 드렸을 것으로 짐작된다. 그 수표를 도로 찾아가라는 연락이 장기려에게 전해졌다.

그 수표를 찾으러 가는 며느리에게 그는 엄하게 일러주었다고 한다.

"네가 그 돈을 찾아서 한 푼도 남김없이 그 가난한 사람에게 다 줘야지, 한 푼이라도 네가 집에 가져오면 너는 내 며느리가 아니다."

그는 손목 잡고 월남한 둘째아들을 훌륭하게 키워 서울대 의과대학 교수가 되게 하였다. 월남하여 부산에 정착한 그는 거창고등학교를 설립한 목사 전영창과 함께 복음병원을 거기에 세우고 원장으로 취임하여 25년 동안 성심껏 봉사하였다.

1969년 마침내 그는 우리나라 최초의 의료보험조합인 '청십자 의료보험조합'을 창설함으로써 이 나라 의료보험제도의 선구자 역할을 하였다. 가난한 환자를 돌보기 위하여 수정동에 '청십자 병원'도 설립하였으며, 드디어 '청십자 사회복지회'를 창립하여 영세민 구호활동에 힘을 모았다. 이런 공로로 그는 '막사이사이상'을 수상하기에 이르렀고 성금으로 받은 2만 달러는 고스란히 병원에 기금으로 희사하였다.

그는 한국 교회의 세속화를 안타깝게 생각하던 나머지 부산에 옮겨온 평양 산정현교회를 떠나 '부산모임'이라는 작은 모임 하나를 시작하여 교회 없는 교회를 발족시켰다. 그가 이끌던 '종들의 모임'은 무소유로 일관하면서 예수의 삶을 그대로 본받으려고 노력하였다. 기성교회를 떠난 그는 성경공부에 힘을 쏟아 해마다 '여름 성경공부 모임'을 마련하여 나도 어느 해 그 모임에 강사로 초빙된 적이 있다. 그때 만난 장기려는 예와 다름없이 예수의 그 모습을 그대로 간직한 아름다운 영혼의 사람이었다. 나는 그 모습을 지금도 그대로 기억한다.

그는 1995년 크리스마스 날 새벽에 조용히 눈을 감고 그토록 사모하던 아내가 있는 하늘나라로 떠났다. 우리는 장기려를 천국으로 환송하였고 천국에서는 그를 환영하는 조촐한 모임이 있었을 것이다. 그는 죽음을 두려워하지 않았다.

장기려의 천진난만한 미소에서 우리는 여러 번 하늘나라를 보았고, 죽음이 삶의 끝이 아니라 새로운 시작임을 깨닫기도 했다. 그가 한국 땅에 태어난 것은 큰 축복이라고 믿는다.

— 2018. 11. 10.

이준묵

李俊默, 1911~2000

전남 영광 출생
일본 고베성서신학교 졸
한국기독교장로회 총회장, 한신대재단 이사장

가장 평범했기에 가장 위대하다고 느껴진 인물…
선량한 부모의 아들딸이 다 잘된다는 말 입증

내가 90 평생에 만난 많은 사람들 가운데 가장 평범했기 때문에 가장 위대하다고 느껴진 인물이 꼭 한 사람 있었는데 바로 이준묵이다. 물론 그의 인생이 결코 평범하지만은 않았다. 그가 섬기던 장로교회의 총회장과 신학대학의 이사장 자리를 오래 지킨 것도 사실이지만 그의 삶이 평범하기 짝이 없었다는 말이다.

이준묵은 한평생을 전라남도 해남이라는 매우 작은 시골 도시에서 줄곧 한 교회만을 섬기며 조용히 살다가 조용히 세상을 떠났기 때문에 전국적으로 또는 전 국민 사이에 널리 알려진 인물은 아니었다. 하지만 그가 살아 있던 그 세월에는 해남사람치고 정치인이건 장사꾼이건 불교 신자이건 기독교 신자이건 부자이건 가난한 사람이건 해남교회의 이준묵을 모르는 사람은 한 사람도 없었다고 해도 과언은 아니다.

그는 1945년 해남교회에 부임한 이래 그 교회만을 섬기며 한평생을 살았고 아들딸을 잘 키워 좋은 대학을 졸업시킨 해남의 터줏대감이었다. 해남에서는 이준묵에게 잘못 보이면 절대 국회의원이 될 수 없다는 말도 있었다. 이준묵 목사가 "김 모 후보는 참 좋은 사람이지요!"라고 한마디 하면 그 후보는 어김없이 국회의원이 되었으니 어떤 지역엔들 그만큼 유력한 인사가 있었겠는가!

그에게는 훌륭한 형님이 한 분 있었다. 그는 뒤에 사업가로서 크게 성공하여 호남비료와 아세아자동차를 일으킨 재계의 거물 이문환이었다. 그런데 두 형제가 태어난 집은 가난하기 짝이 없어 상급학교에 진학하고 싶어도 할 수 없는 형편이었다. 중학교를 마친 이준묵은 신학교에 가고 싶은 마음이 간절했지만 집안사정이 여의치 않아 진학을 단념할 수밖에 없었다.

그때 형 이문환이 동생에게 말했다.

"너도 나도 더 공부하고 싶은 마음은 간절하지만 우리가 어떻게 함께 상급학교에 갈 수 있겠느냐. 나는 이제부터 일본에 가서 공장에서 일하며 기술을 배워 가지고 돌아와 너의 학비를 다 댈 터이니 너는 안심하고 공부만 해라."

그 형이 있었기에 동생 이준묵은 신학교를 마칠 수 있었고 해방되던 그해 정월에 해남읍 교회에 파송되었다. 당시 그 교회는 초가지붕의 초라한 건물이었고, 교인도 10여 명밖에 되지 않아 열악하기 짝이 없는 형편이었다. 그러나 이준묵은 하나님을 믿고 그의 형을 의지하며 힘겨운 목회생활을 시작하여 정년퇴직할 때까지 그 한 교회만 섬길 수 있었다.

이준묵이 설립한 고아원 '해남등대원'에는 '하나님 전 상서' 일화가 전해진다. 오영석 한신대 전 총장은 어려서 먹을 것도 없고 지독한 가난에 시달리다가 답답한 심정을 '하나님 전 상서'라는 편지 한 장으로 엮었다. 그리고 자기 이름과 주소를 밝힐 수 있었지만 수취인 주소는 몰라 하나님이라고만 써서 우표를 붙이지도 못한 채 우체통에 넣었다.

이 편지를 수거해 간 우체국에서는 우표도 부치지 않은 편지를 주소도 모르는 하나님께 전달할 수 없어 '해남의 해결사' 이준묵 목사에게 전하면서 읽어 보라고 하였다. 소년의 그 편지가 하도 간절하여 하나님 대신 그 편지를 받아 본 이준묵 목사는 부인을 보내 그 소년을 해남등대원에 데려오고 그가 외국에 유학하기까지 모든 생활을 돌봐주었다는 것이다.

내가 이준묵의 교회에 초빙되어 여러 날 집회를 가진 그때는 교회 건물도 훌륭했고 목사 사택도 운치 있는 한옥이어서 그 첫인상을 지금도 간직하고 있다.

첫날 저녁모임을 시작할 때 그는 교회당을 꽉 메운 청중들에게 나를 과분하게 소개하여 한참 어리둥절하게 만들기도 했다.

"김동길 교수는 연세대 교수일 뿐 아니라 장차 민족의 지도자가 될 인물입니다!"

당시 나는 연세대 교무처장이 되어 차차 이름을 알리기 시작했지만 무명 교수에 지나지 않았다. 그러나 오늘 나이 90이 넘어 유튜브를 통해 가히 전국적 인물이 되었으니 그날 이준묵의 예언을 가끔 생각한다.

나는 해남교회 사택에 여러 날 머물면서 그의 안내를 받아 '땅끝'이라고 소문난 그곳을 찾아가 보았고 장시간 서로 이야기를 주고받는 기회를 가졌다.

그때 그는 나에게 이런 말을 전해 주었다.

"내가 우리 아이들을 다 서울에 있는 대학에 보낼 수 있었던 것은 내 형님 덕분입니다. 시골 목사가 어떻게 그 학비를 다 댈 수 있었겠습니까. 서울에 내 이름으로 조그만 아파트도 하나 있는데 그것도 내 형님이 사 주신 것입니다."

그의 눈에는 눈물이 어리는 것 같았다.

"형님은 내 아들딸이나 자기 아들딸을 구별하지 않고 똑같이 학비도 주고 용돈도 주었습니다."

그의 아들딸은 다 잘되었다. 이광희는 서울에서 유명 디자이너로 지금도 활약하고 있다. 그 형 이문환의 딸은 최근에 한국아나운서클럽 회장으로 선출된 차인태의 부인 이선희이다.

이준묵이 문을 연 해남등대원은 지금은 아들 이성용이 물려받았다. 서울대에서 물리학을 전공한 이성용은 큰 회사의 간부직을 내놓고 고향으로 돌아와 열심히 고아들을 돌보고 있다. 그의 어머니이자 이준묵의 반려자 이수덕은 남편과 다름없이 가난한 이웃의 벗이 되어 살다 간, 성녀라고 할 만큼 훌륭한 여성이었다.

선량한 부모의 아들딸은 다 잘된다는 말을 나는 믿는다. 물론 하나님의 축복이 있었겠지만 나는 그 까닭을 설명할 수는 없다.

—2019. 6. 1.

강성갑

姜成甲, 1912~1950

경남 의령 출생
일본 도시샤대학 신학과 졸
목사, 부산대 교수, 한얼중학교 설립자 겸 교장

애국자이며 순교자인 그를 따르고자 결심했던 나…
6·25 때 총살당하는 비극

나는 1970년대에 《어떤 사람이기에》라는 제목의 책에서 동서 위인들 가운데 내가 좋아하는 영웅호걸들의 일생을 더듬어 본 적이 있다. 그 책에는 마틴 루터, 크롬웰, 간디 같은 위인들의 삶이 짧게 묘사되어 있다. 그중 세 명의 한국인 얘기도 있는데, 이순신과 이상재, 그리고 내가 오늘도 흠모하는 언제나 그리운 사람 강성갑에 관한 이야기다.

강성갑은 1912년 경남 의령에서 태어나 마산상고를 졸업하였다. 한때 지방의 금융조합에서 일하다가, 뜻한 바가 있어 상경하여 연희전문 문과에 입학해 한글학자 최현배의 가르침을 받았다. 그는 매우 열심히 공부하는 학생으로, 영어실력이 부족해 밤잠을 안 자고 영어공부를 한다고 나에게 말할 정도였다.

연희전문을 졸업한 그는 곧 일본에 유학 가서 도시샤대학 신학과에 입학했다. 아마도 그는 그리스도 복음의 전도자가 되기를 희망했던 것 같다. 내가 대학 3학년이 되었을 때 목사가 된 강성갑은 학교 채플시간에 강사로 모교를 다시 찾아왔다. 그때 그는 자신이 하고 있는 일이 무슨 일인지 학생들에게 일러주었다.

단 위에 섰던 강성갑의 모습을 나는 지금도 생생하게 기억한다. 그는 자그마한 키에 단정한 생김새였지만 두 눈에서 불이 번쩍이는 듯한 강렬한 인상을 가진 30대의 다부진 사나이였다. 그의 목소리는 약간 비음이 섞여 상냥하긴 했지만 힘이 넘치는 목소리였다. 나는 그 사나이가 풍기는 강한 매력에 휩쓸려 그를 따르고 싶은 마음이 간절하였다.

그때 강성갑은 농촌에서 일을 시작해야 장차 큰 인물이 될 수 있다고 외쳤다. 그래서 나는 겨울방학 때 기차를 타고 삼랑진을 거쳐 강성갑이 창설한 학교가 있는 경상남도 김해군 진영읍을 찾아갔다. 그는 거기서 '한얼중학교'라는 학교를 운영하였다. 학교 건물이나 환경은 몹시 초라했지만 위대한 건학정신은 한반도 전체를 덮고도 남을 정도였다.

신학공부를 마치고 목사안수를 받은 강성갑은 귀국 후 교회를 섬기다 8·15 해방을 맞아 한때는 부산대 독일어 교수로 재직하기도 했다. 그러나 그는 대학교수라는 직업을 따분하게 느꼈을 것이다. 국가와 민족을 살리는 길이 농촌부흥에 있고, 농촌이 부흥하려면 고등교육뿐만 아니라 중등교육도 중요하다는 것이 그의 신념이었기 때문이다.

이러한 큰 뜻을 품고 그는 대학교수를 그만두고 김해 진영에 중학교를 설립하였다. 그는 부인의 반대를 무릅쓰고 가산을 모두 팔아 별다른 연고도 없는 진영에서 중등교육을 실시하였고, 그 운동이 전국에 퍼져 갈 것이라고 믿었다. 처음엔 천막을 짓고 거기서 농촌의 자녀들을 모아 가르쳤지만, 얼마 뒤엔 학생과 교직원이 힘을 합해 흙벽돌을 만들고 쌓아 학교 건물을 짓기 시작하였다. 쏟아지는 비와 세찬 바람에 세 차례나 벽이 무너졌지만 용기백배하여 마침내 교사를 완성하고 교실을 마련했다.

1949년 겨울방학을 맞아 나와 함께 한얼중학교를 찾은 친구들은 연세대 영문과의 이근섭, 장로교신학교의 맹의순·이규호, 그리고 이화여

김일성

金日成, 1912~1994

평남 대동 출생

만주 육문중학교 중퇴

북한 수상, 주석

평양역서 강연했던 양복차림 젊은이가 동족상잔 비극 일으키다니 …

내가 김일성을 처음 본 것은 1945년 가을 어느 날이었다. 그의 강연회가 평양역 광장에서 열린다는 것을 알고 찾아간 것이 아니라 우연히 그곳을 지나가다 그가 강연을 한다기에 군중 속에 끼어서 나도 그 강연을 한참 들었다. 8·15 이후 평양에 떠돌던 소문은 그가 소련군 대위로 평양에 입성하였다는 것이다.

그러나 그곳에 나타난 그는 말쑥한 양복 차림이었고, 30대 초반으로밖에는 보이지 않는 날씬한 젊은이였는데 목소리는 우렁차게 들렸다. 그는 처음부터 '김일성 장군'으로 불렸는데 그 사실을 우리는 이상하게 여겼다. 일제강점기에 우리가 알던 독립운동의 노장 중에 동명의 김일성 장군이 있었기 때문이다.

한때 정치판에 훈풍이 감돌기도 하여 조만식이 건국준비위원회 평안남도 도위원회 위원장에 임명되고 그가 소속한 조선민주당도 김두봉의 신민당과 함께 정당 대접을 받았다. 노동당의 집권이 표면화하는 동시에 장로교 목사이던 강양욱이 인민위원회의 요직을 차지하고, 감리교 목사 홍기주가 권총 차고 집회에 나타나던 때만 해도 김일성이 기독교인들을 핍박할 것 같지는 않았다.

교회에 대한 간섭이 점점 심해졌기 때문에 이듬해 봄 나는 월남하기로 결심하였다. 드디어 6월이 되어 어머니를 모시고 나는 평양역을 떠나 원산에서 하루를 묵고 철원과 연천을 거쳐 달빛도 없는 어두운 밤에 숨을 죽이고 38선을 넘었다. 평양을 떠나던 그 무렵에도 평양 시내의 모든 담벼락에는 "살인강도단의 두목 김구, 이승만을 타도하자!"는 구호가 크게 나붙어 있었다. 그리고 4년 뒤인 1950년 인민군의 돌연한 남침으로 동족상잔의 비극이 3년이나 이어졌다.

나에게 김일성 왕국의 실상을 소상하게 알려준 사람은 해군 제독 손원일의 동생 손원태(孫元泰, 1914~2004)와 김일성대학 총장을 지낸 황장엽 두 사람이다. 어느 해인가 미국 시카고에서 강연이 있어 여러 해 거기서 개업하다가 오마하로 이사 가서 산다는 손원태를 만난 것이다. 그는 김일성의 어릴 적 친구인데 김일성의 초대로 평양에 다녀왔다고 하였다. 그가 나를 오마하에 있는 자기 집으로 초대하였으므로 네브래스카로 그를 찾아 나섰다. 그가 털어놓은 이야기를 통해 나는 김일성을 잘 알 수가 있었다.

손원태는 어렸을 때부터 그를 따랐다고 하였다. 김일성이 보낸 초대장이 어떤 경로로 손원태에게 전달되었는지 나는 모른다. 그가 평양에 처음 간 것이 어느 해인지도 모른다. 평양에 도착하자 그는 시설이 매우 훌륭한 숙소에서 하룻밤을 지냈고, 다음날 김일성 집무실로 안내받아 수십 년 만에 그를 만났다는 것이다.

김일성은 처음엔 손원태를 잘 알아보지 못하다가 이내 소리쳤다.

"너 원태 아니야?"

벌떡 일어나서 손원태를 껴안은 김일성은 매우 철학적인 한마디를 던졌다.

"원태야, 이제 우리가 살면 얼마나 더 살겠느냐. 자주 오라."

손원태는 그 뒤에도 여러 번 초대받아 부부 동반으로 그를 방문하게 되었고, 김일성은 그를 위해 단독주택도 하나 마련해 언제라도 그 집에 와서 묵으라고 했다는 것이다. 북조선 수령은 그 내외에게 자기 사인이 들어 있는 금시계를 하나씩 선물하였는데, 오마하에 있는 시계포에 가서 가격을 알아보았더니 5만 달러는 줘야 살 수 있는 것이었다고 했다.

노동당 서기로 일한 적이 있는 황장엽은 천신만고 끝에 북을 탈출하여 서울에 도착한 지 얼마 뒤에 자기 신변을 보호하던 군 기관 책임자에게 나를 만나고 싶다고 하여 그 사령관 주선으로 군 막사에서 만나 장시간 대담하게 되었다.

황장엽은 당의 요직에 있었을 때 받은 보고로만 해도 150만 명 이상의 북한 동포가 굶어 죽었다고 하면서 북한의 경제가 매우 어렵다고 하였다. 그는 김일성의 포악한 정치를 신랄하게 비판하면서도 평화통일 가능성을 비치기도 하였다. 아마도 김일성 정권의 붕괴를 확신하는 듯하였고, 그 일의 주동인물을 장성택이라고 점찍고 있었던 것 같다.

내 집으로 여러 번 그를 초대하여 점심을 같이하면서 더 많은 이야기를 주고받았는데, 그는 항상 죽음을 각오한 열사 같았다. 김일성의 인민공화국을 두둔하다 실망한 사람이 황장엽 한 사람만은 아닐 것이다.

1950년 6월 25일 새벽 인민군으로 하여금 38선 전역에서 남침을 감행하도록 지시한 김일성을 나는 오늘도 용서할 수 없다. 세상이 많이 변한 것 같은데 그 사람 때문에 나는 살아생전 통일의 기쁨을 누리지 못하게 되었다. 자유민주주의의 꽃동산으로 가꿀 수도 있었던 대한민국에서 좌절과 실의의 나날을 보내고 있다.

이젠 나도 90 노인이 되었다. 이 불길한 터널에 갇혀 앞으로 나는 얼마나 더 살아야 하나. 앞이 깜깜할 뿐이다. 6·25 전쟁에서 김일성의 인민군이 승리해야 했다고 잘못 믿고 있는 얼간망둥이들이 백주에 종로를 활보하는 광경을 지켜보는 나더러 더 오래 살라고 축원하는 것은 나에 대한 모욕이 아닌가!

"우리의 소원은 통일, 꿈에도 소원은 통일"이라는 노래도 나는 이제 부르지 않는다. 2억 7천만 평이나 되는 비무장지대를 바라보며 세계 평화의 꿈을 키웠건만, 그 꿈도 이젠 다 접어야 하나? 나는 죽어도 잠들지 못할 것 같다. "하늘이 무너져도 솟아날 구멍은 있다"고 믿었는데 솟아날 구멍이 없다면 내가 먼저 죽어야지, 죽기 전에 계란이라도 들어 저 바위를 향해 던져야 하지 않을까.

—2018. 12. 22.

손기정

孫基禎, 1912~2002

평북 신의주 출생
양정고보, 일본 메이지대학 졸
체육인, 베를린올림픽 마라톤 우승

일장기 가슴에 달고 마라톤에서 우승했지만 시무룩했던 민족의 영웅

20세기에 들어 한국은 강제로 일본에 합방되어 식민지로 전락하였다. 1905년 보호조약이 그 서곡이었고 1910년부터 1945년까지 한국인은 일본에 예속돼 살아야만 했다. 그 암울했던 세월에 한국과 한국인을 빛낸 사나이 세 사람을 고른다면 첫째가 안중근, 둘째가 윤봉길, 셋째가 손기정이라고 나는 생각한다.

두 사람은 조국을 위해 목숨을 버렸고, 한 사람은 두 다리로 달리고 또 달려 쇠사슬에 묶여 신음하던 2천만 동포에게 큰 기쁨을 주었을 뿐 아니라 세계를 감동시키기도 하였다. 키 167㎝의, 천부적인 마라토너 24세 한국청년 손기정이 바로 그 사나이다.

그는 가까이 압록강이 흐르고 긴 둑이 보이는 신흥도시 신의주의 가난한 동네, 가난한 집 아들로 태어났다. 손기정이 태어나기 1년쯤 전 신의주와 만주 안동(단동) 사이에 철교가 가설됐고, 그는 철교 밑으로 흐르는 강물을 바라보며 어린 시절을 보냈다. 손기정은 자서전에 '찢어지게 가난한 집'에서 태어났다고 적어 놓았다. 소년시절에만 가난했던 것이 아니다. 서울에 가서 양정고보에 다닐 때도 배고픈 세월을 보냈다고 스스로 고백하였다.

좀 이상하게 들리겠지만 그는 어려서부터 배고픈 자신을 달래기 위해 달리고 또 달린 것이었다. 배고픈 사람은 걷기도 어렵다는데 그는 맹물을 마셔가면서 굶주린 배를 채우고 달렸다. 그는 고향집에서 보통 학교에 다닐 때도 5리 길을 달려서 가고 달려서 왔다. 전국대회에 몇 번 나가 2등은 하는 실력 덕분에 양정고보 입학이 가능했지만 그 시절에도 어딜 가나 뛰어서 다녔지 걷는 일은 없었다는 청년이 손기정이었다.

1936년 베를린에서 올림픽이 개최되었을 때 독재자 히틀러는 독일의 총통이었다. 올림픽의 그 많은 종목 가운데 꽃이라고 할 수 있는 경기는 마라톤이다. 세계인의 시선이 집중돼 있고 히틀러도 그 경기장에 나와 있었다고 한다. 인종문제에 관한 편견이 심하던 히틀러는 그 마라톤에서 가장 우수한 인종으로 그가 믿었던 아리안족, 특히 게르만족 선수가 1등으로 경기장에 들어오기를 간절히 바라고 있었을 것이다.

그러나 뜻밖에도 1등으로 들어온 선수는 동양인이었다. 키도 작고 몸집도 가냘픈, 조그만 일장기를 가슴에 붙인 일본선수였다. 경기장에 들어서서 100m를 11초에 달렸다고 하니 '기적의 사나이'였다고 해도 과언이 아니다. 그 광경을 지켜보던 장내 아나운서는 1등으로 들어온 선수가 일본인이 아닌 줄 알았다고 한다. 그는 이렇게 말했다.

"그 한국의 대학생은 세계의 건각들을 가볍게 물리쳤습니다. 그 한국인은 마라톤 구간을 아시아의 힘과 에너지로 뛰었습니다. 이제 그가 엄청난 마지막 스퍼트로 질주하여 들어오고 있습니다."

일제는 〈올림피아〉(1부 '민족의 제전', 2부 '미의 제전') 라는 레니 리펜슈탈의 다큐멘터리 영화를 대대적으로 홍보하였는데, 20분 가까이 나오는 손기정의 영상을 보고 한국인들은 감격하였다.

손기정은 2시간 30분 벽을 깨고 2시간 29분 19초라는 올림픽 신기록을 세웠다. 2등은 영국의 하퍼, 3등은 한국청년 남승룡이었다. 손기정은 머리에 월계관을 썼지만 만세를 부르지도 않았고 시무룩한 표정으로 땅만 바라보고 있었다. 그가 가슴에 단 일장기를 가렸다는 소문도 있다. 일장기를 달고 달린 사실 그리고 우승한 사실이 부끄럽게 느껴졌기 때문이었다. 그는 베를린에서 우승할 마음을 가지고 달렸겠지만, 그 마음 한구석에는 나라를 사랑하는 정신이 함께 있었다.

이후 그는 일본으로 건너가 메이지대학에 들어갔다. 졸업과 동시에 은행에 취직하여 한동안 은행원 노릇을 하기도 했지만, 본업은 달리는 일이었다. 해방 후 체육에 관심이 많던 몽양 여운형의 눈에 들어 한때 그가 하는 일을 돕기도 하였지만, 몽양이 1947년에 저격당해 세상을 떠나게 되어 그 인연도 끊어졌고 혼란하기 짝이 없는 정국 속에서 체육인으로서의 역할을 다하려고 노력하였다. 그러나 체육계 또한 정계 못지않게 혼란하여 마음고생을 많이 했다고 들었다.

70대 후반의 나이에 한 번 우리 집에 와서 식사를 하였는데 그리 높지도 않은 우리 집 2층까지 계단을 힘겹게 올라왔다. 24세 선수시절에는 잘 달리는 두 다리 힘을 과시하며 독재자 히틀러를 놀라게 했던 그 청년이 걷기조차 어려워하는 노인이 된 것을 보고 씁쓸한 마음을 감출 수 없었다. 인생이란 다 그런 것 아니겠는가.

내가 군사정권에 시달리며 감옥에 들락날락하던 때 무슨 일로 손기정을 만나면 다정한 목소리로 "김 교수, 고생이 많지요"라고 한마디 위로의 말을 던지곤 하였다. 언제 만나도 그는 정의감이 강한 강직한 사람이라는 인상을 풍겼다. 그를 기념하는 조그마한 공원이 시내 만리동

양정학교 안에 있다는 소문을 들었지만 아직 가 보지는 못했다.

손기정 이후 한국의 마라톤은 1947년과 1950년 보스턴마라톤에서 우승하고, 1992년 56년 만에 바르셀로나올림픽 마라톤 금메달을 딴 황영조와 2001년 보스턴마라톤에서 이봉주 우승으로 그 맥을 이어가고 있다. 새로운 마라토너가 또다시 베를린올림픽의 영광을 되살리는 준비를 하고 있을 것으로 나는 믿는다.

손기정은 1936년 그 감격을 함께한 모든 한국인에게 언제나 그립고 언제나 고마운 마라톤의 영웅이라고 생각한다.

－2018. 4. 28.

김기창

金基昶, 1913~2001

서울 출생
김은호 화백에게 사사
화가, 수도여사대 교수, 한국농아복지회 초대회장

청각장애 딛고 탁월한 작품 남긴 한국화의 대가 …
"동심의 세계로 돌아가는 겁니다"

운포(雲圃) 라는 아호를 쓰기도 한 운보(雲甫) 김기창은 서울에서 태어나 충청북도 청원에서 88세 천수를 누리고 세상을 떠났다. 그는 7살 때 열병을 앓아 귀가 거의 들리지 않았고 말도 어눌하여 알아듣기 어려웠지만, 태어날 때부터 장차 크게 될 하늘의 약속을 받고 태어난 우람한 대장부였다. 이발소에서 머리를 다듬는 일이 없었고, 수염도 자연상태로 내버려 두었지만, 보통사람보다 머리가 크고 그 얼굴을 찬찬히 살펴보면 매우 잘생긴 관상이었다.

김기창은 그림을 그리라는 사명을 띠고 태어난 사람처럼 보였다. 한 시대의 거인이 이 나라에 태어나 살기가 얼마나 어려웠을까 생각하면 안타까운 마음이 들기도 한다. 평생의 스승은 이당(以堂) 김은호(金殷鎬)였으나, 스승의 그림만 본받을 수 없어 사실적 인물화를 넘어 활달한 필치로 꽃과 새를 그림으로써 한 시대를 놀라게 하였다. 어쩌면 조국의 해방이 그의 그림 솜씨에 큰 변화를 주었는지 모른다.

그는 한동안 서민적인 그림을 담백한 색채로 그렸지만 그의 화풍은 자유분방하게 변화에 변화를 거듭하였다. 서울 시내 어느 화랑에서 그가 마지막 전시회를 열었을 때 나도 그 자리에 가서 그의 말년 그림들을 감상한 적이 있었다.

우리가 함께 어떤 그림 한 점을 바라볼 때 나는 그에게 가까이 다가가 속삭였다.

"이번에 전시하신 그림은 대개 어린이들 그림처럼 되었습니다."

내 말을 알아듣고 그는 내가 들고 있던 브로슈어에 한 줄 적어 주었다.

"동심의 세계로 돌아가는 겁니다."

그때 그의 글이 적힌 그 소중한 종이 한 장을 간직하지 못한 채 오랜 세월을 보내고 이제야 붓을 들어 이 글을 쓰게 되었으니 나의 불찰을 스스로 뉘우치지 않을 수 없다. 김기창은 그림에 문외한인 나에게도 큰 관심을 가지고 그림 한 장을 그려 주었다. 또 그림과 필적이 담긴 도예작품을 만들 때 필통 등 여러 가지 작품에 내 이름을 적어 준 사실도 잊을 수 없다.

김기창은 일제 때 18세 소년으로 작품을 그려 조선미술전람회에 입선했다고 한다. 그는 그 미전에서 네 번이나 특선을 하였고, 스물넷에 조선미술전람회의 최고상인 '창덕궁상'을 받았다. 한국인 화가가 그 미술전람회에 입선만 되도 영광으로 여기던 그 시절에 그는 '선전'의 추천작가가 되었다니 놀랍지 아니한가. 그때 그의 나이가 스물일곱밖에 되지 않았다고 한다.

지금도 친일파 색출에 혈안이 된 자들은 그를 친일파로 몬다고 하니 어이가 없어 말이 나오지 않는다. 만일 천재화가 김기창에게 일왕 초상화를 한 장 그리라는 일제의 명령이 떨어졌다고 가정해 보자. 물론 한국인 화가에게 그런 부탁을 할 리 없지만 그렇게 한번 상상해 보자. 아무리 일제하에서 독립정신과 애국심이 뜨거운 한국인 화가라도 "안 됩니다. 원수의 나라의 신격화된 천황의 초상을 그리라니, 이 자리에서 내 목을 치시

오"라고 한마디 하고 목숨을 내놓을 수 있는 화가가 과연 있었을까. 김구도 이승만도 이봉창도 윤봉길도 그렇게 하지는 못하였을 것이다.

멀쩡한 화가를 친일파로 만든 모든 지각없는 인간들과 그의 친일을 매도하는 자들에게 한번 물어보자. 물론 엉뚱하기 짝이 없는 상상이지만, 당신들의 아버지가 일제 때 유명한 화가라서 일본 총리 도조 히데키로부터 그런 요청을 받았다면 거절할 수 있었겠는가.

최근에 전해 듣기로 김기창이 친일파 누명을 덮어썼다고 하여 국방부 어느 벽에 걸려 있던 그의 베트남전 그림 한 폭이 부랴부랴 철거되었다고 한다. 천재의 그림이 국방부의 어떤 어두운 창고에 처박혀 햇빛도 못 본 채 세월을 보내겠구나 생각하니 속상하기 이를 데 없다.

일제강점기를 매도하기로 결심한 자들은 그 암울한 시대를 끝까지 살아낸 나 같은 사람에게 먼저 한번 물어보는 것이 도리가 아닐까. 그런 과정도 없이 그 시대에 모욕을 당하며 고생스럽게 견뎌낸 불쌍한 동포들에게 친일파니 민족반역자니 하는 누명을 씌워야 하겠는가.

김기창이 그 못지않게 저명한 화가였던 부인 우향(雨鄕) 박래현(朴崍賢)과 함께 만들었던 미술관도 안개처럼 사라져 두 화가의 그림을 오늘 대하기도 어렵다. 문득 바르셀로나에 자리 잡은 피카소미술관이 떠오른다. 피카소미술관은 피카소가 어렸을 때 그린 그림부터 90 넘어 그린 그림까지 모두 전시되어 있어 피카소를 직접 대하는 것 같은 감동을 준다. 그만한 나라가 되려면 아직도 수십 년 수백 년이 걸려야 할 것 같다.

—2019. 8. 31.

김동진

金東振, 1913~2009

평남 안주 출생
숭실전문학교, 일본고등음악학교 졸
작곡가, 경희대 교수
대표작 〈가고파〉, 〈내 마음은〉, 〈목련화〉

평안도 사투리의 〈가고파〉 작곡가, 음악계서 그를 따돌린 이유가 …

해방이 되던 해 가을, 나는 시골의 한 국민학교 교사직을 사임하고 평양으로 돌아와 어려서부터 다니던 장대현교회 예배에 참석했다. 일요일 예배시간에 돌연 일본 군복을 입은 젊은 사람이 나타나 성가대를 지휘하고 있었다.

평양의 장대현교회는 서북 장로교회들의 등대로 채필근, 김관식을 비롯해 당대 가장 저명한 목사들이 시무하는 교회였다. 당시 담임목사가 김화식이었고 성가대를 지휘하던 청년 지휘자가 담임목사의 아들로 그 이름이 김동진이라고 했다. 해방 직후라 손쉽게 구할 수 있는 옷은 일본 군복밖에 없던 시절이었다. 그가 만주국에 신설된 신경교향악단의 바이올린 연주자로 있었다는 말도 그때 들었다.

그런 특이한 인연을 가진 우리 두 사람이 같은 하늘 아래 살면서도 만날 일이 전혀 없다가 명지재단이 '기영회'라는 지식인 클럽을 만들어 장안의 유명인사들이 한 달에 한 번씩 한자리에 모여 점심을 같이할 기회를 마련했다. 거기서 나는 90이 넘은 노인 음악가 김동진을 다시 만나게 되었다. 오랜 세월이 흘렀기 때문에 나도 노인이 되어 그런 자리에서 그를 다시 만난 것이었다.

김동진은 1913년 평안남도 안주에서 목사의 아들로 태어났다. 그가 처음 접한 서양음악은 아버지가 시무하던 교회의 풍금 소리였을 것이다. 그는 10세 때부터 바이올린을 배웠고 평양에 있는 숭실중학에 입학한 후에는 피아노와 화성악도 익혀 작곡도 할 수 있는 상당한 수준의 음악 학도가 되었다. 어려서부터 음악에 남다른 소질을 갖고 있던 그는 숭실학교 밴드부에 들어가 다른 악기들도 연주할 수 있는 소년 음악가가 되었던 것이다.

중학생 시절에 김동진은 김동환이 쓴 시 〈봄이 오면〉에 곡을 붙여 장차 작곡가가 될 꿈을 키웠으며, 숭실중학을 졸업하고 숭실전문학교에 들어가 2학년 때 이은상 작시의 〈가고파〉를 작곡하였다고 한다. "내 고향 남쪽 바다 / 그 파란 물 눈에 보이네"로 시작하는 〈가고파〉는 여러 해 뒤에야 완성되지만, 그 가곡이 한국인 모두의 애창곡이 되었다고 해도 지나친 말은 아닐 것이다. 나도 그 노래를 좋아하기 때문에 언젠가 마산에 갈 일이 있어 그 파란 물을 바라보며 혼자서 높여 불러 본 적이 있다.

숭실전문을 졸업한 김동진은 도쿄에 있는 일본고등음악학교에 유학하여 바이올린을 전공했다. 1938년 일본고등음악학교를 졸업한 그는 당장 일자리를 찾을 수 없어 만주국으로 갔고 그곳에 새로 생긴 교향악단에서 바이올린 주자로 또는 작곡 담당으로 활동할 수밖에 없었다.

해방이 되고 그의 아버지 김화식은 장대현의 강단을 지키면서 김일성에 대한 비판을 서슴지 않았다. 나도 여러 번 들은 적이 있다. 그런 일이 되풀이되니 독재자의 부하들이 그를 가만두었을 리가 없다. 그의 아버지는 구속되어 감방에 있었다. 그런 상황에서 그 아들이 감히 인민공화국을 배반하고 떠날 수 있었겠는가. 그러나 6·25 전쟁이 터지고 그 이상

버틸 수 없어 김동진은 그해 겨울 혈혈단신 38선을 넘어 월남하였다.

시인 김동명은 김동진의 소학교 시절 은사였다고 한다. 김동진이 만주에서 일하던 1938년 은사의 시 2편에 곡을 붙여 유명하게 만들었다. 하나는 작은 존재를 향한 애달픔을 담은 〈수선화〉이다.

찬바람에 빙그레 웃는
적막한 얼굴이여

아아 내 사랑 수선화야
나도 그대를 따라
저 눈길을 걸으리.

또 하나는 오늘도 많은 한국인의 마음을 적시는 〈내 마음은〉이다.

내 마음은 호수요
그대 노 저어오오
나는 그대의 흰 그림자를 안고, 옥같이
그대의 뱃전에 부서지리다.

김동진은 그 겨울에 뒤늦게 월남하였기 때문에 음악계에서 따돌림 당한 것도 사실이다. 이런 일화가 있다. 육군정훈감실에서 '6·25의 노래'를 모집한 적이 있는데 그의 작품이 당선되었다. 그런데 그것이 오히려 화근이 되어 그가 작곡한 군가는 "이북 군가와 비슷하다"느니 "소련 군가를 닮았다"느니 더 나아가 "김동진은 빨갱이"라느니 하는 온갖 중상모략을 참아야 했다.

가뜩이나 칼칼한 성격의 그가 사람을 멀리하는 버릇이 생긴 것도 이해할 만하다. 그는 공산독재를 비판하다 옥사한 아버지의 아들인데 뜻밖의 시련이 그를 괴롭히고 또 괴롭혔던 것이다. 그러나 경희대 총장 조영식이 1963년 그를 경희대 음대 정교수로 초빙했을 뿐만 아니라 음대학장에 임명하면서 김동진은 음악계에서 확고한 입지를 마련하게 된다.

그는 정년퇴임할 때까지 그 학교에서 지독한 평안도 사투리를 구사하며 학생들을 가르쳤다고 들었다. 학생들은 그를 따르고 존경했지만 그는 언제나 고독한 인간이었다. 경희대 창립 25주년에 조영식이 가사를 쓰고 김동진이 곡을 붙인 〈목련화〉는 엄정행이 그 아름다운 목소리로 부르고 또 불러 국민가곡으로 승격한 노래다.

오 내 사랑 목련화야 그대 내 사랑 목련화야
희고 순결한 그대 모습 봄에 온 가인과 같고
추운 겨울 헤치고 온 봄 길잡이 목련화는
새 시대의 선구자요 배달의 얼이로다
오 내 사랑 목련화야 그대 내 사랑 목련화야
오 내 사랑 목련화야 그대 내 사랑 목련화야

김동진도 말년엔 베토벤처럼 귀가 잘 들리지 않아 무척 고생하였다. 7월의 어느 무더운 날 그는 조용히 눈을 감고 아마도 〈가고파〉의 멜로디를 혼자 읊조리며 하늘나라로 올라갔을 것이다. 그의 나이 100세가 가까웠다. 김일성의 횡포 때문에 목숨을 잃은 그의 아버지를 거기서 틀림없이 만났을 것이다. 인생이란 괴롭지만 아름다운 것이다.

— 2018. 6. 30.

김연준

金連俊, 1914~2008

함북 명천 출생
연희전문 문과 졸
작곡가, 한양대 총장, 한양대재단 이사장

해방 후 세계적 대학 만들어 …
타고난 사업가 재질에 천부적 음악가 재질도

1945년 해방 후 우리나라에 대학을 설립하여 오늘날 세계적 대학을 만든 두 사람이 있다. 한 사람은 경희대를 설립한 조영식이고, 또 한 사람은 한양대를 세운 김연준이다. 이 둘 중에 내가 잘 아는 인물은 한양대 설립자 김연준이다. 백남(白南) 김연준은 일제 때 연희전문을 졸업한 학교 선배이자 같은 교인이라 퍽 가깝게 지냈다.

해방 후 연희와 이화가 합의하여 발족한 협성교회가 '대학교회'로 이름이 바뀌어 김활란 박사를 중심으로 장안 명사들이 모여 예배 보는 교회가 되었다. 일주일에 한 번 예배시간에 그 교회에 가면 김활란 박사를 비롯하여 유명인사들을 만나서 이화여대 총장 공관처럼 쓰이던 '새집'에서 간단히 점심을 함께하였는데 그 자리에 틀림없이 김연준이 동부인하고 참석하였다.

그때 나는 매우 젊은 사람이었지만 김활란 총장과의 친분 때문에 자리를 같이하는 일이 여러 번 있었다. 김연준의 첫인상은 매우 온순한 편이어서 어느 누구도 싫어하지 않았겠지만 그 용모가 독특했던 것은 사실이다. 그의 얼굴에는 언제나 약간의 미소가 감돌았지만 얼굴뿐 아니라 자세나 모든 면이 거북이를 연상케 하는 모습이어서 '이분은 매우 장수하겠구나'라고 느꼈던 것이다.

김연준은 1914년에 함경북도 명천에서 부유한 상인의 아들로 태어나 8세부터 바이올린을 가까이하였다. 그는 일찍이 천부적인 음악적 재능을 보이며 장차 탁월한 음악가가 되리라는 평가를 받았고, 경성고보를 거쳐 연희전문 문과에 입학하였다. 연희전문에는 음악과가 없었지만 김영환, 현제명 등 우리나라 서양음악의 선구자들이 음악을 맡아 가르쳤기 때문에 김생려, 이인범, 정희석 등 당대의 저명한 음악인들을 길러낼 수 있었다.

그는 연희전문 오케스트라 바이올린 연주자로 활약했을 뿐 아니라 1936년 제15회 '연전추계음악회'에서 제2바이올린 주자로 출연한 일도 있었다. 1937년엔 당시의 부민관에서 성악가(바리톤)로 독창회를 개최하였고, 그 사실을 여러 번 나에게도 자랑하였다. 그 뒤에도 그는 작곡에 남다른 재능을 발휘해 많은 가곡들을 지어서 24회나 작곡발표회를 개최하면서 작곡가로서 큰 활동을 하였다. 그래서 그를 한양대 설립자보다 음악가로 기억하는 사람들이 많다. 《김연준 가곡집》에는 1,500곡이 수록되어 있고, 그가 지은 성가들을 모은 《성가곡집》도 출간되었다.

그러나 내가 아는 김연준은 음악인으로서 일생을 마칠 수는 없는 남다른 재능을 타고난 사람이었다. 물론 그는 거상의 아들이기도 했지만 재리의 밝고 사업에 타고난 능력을 가진 사실은 의심의 여지가 없었다. 그의 부친이 일제 때 이미 '공옥'이라는 이름의 학원을 인수하여 경영했다는 말은 들었지만 확인해 보지는 못하였다.

그는 한국의 기술교육이 필요하다는 사실을 절감한 선각자였다. 해방 후 일제 때 '소화공과'이던 일본인의 학교를 인수하여 '한양공고'를 설립하였고, 그것을 바탕으로 급기야 '한양공대'를 출발시키기에 이르

자였다. 그가 본디 살던 안암동 댁에도 가 본 적이 있는데, 거실의 책꽂이에 책들이 차고 넘쳐 바닥에까지 널려 있는 바람에 한 발로 그 책들을 헤치면서 들어가 앉았던 기억이 새롭다. 그 집은 정음사라는 출판사에서 마련해 준 한옥이라고 들었다.

1974년 추운 겨울날이었다. 학교에 출근했더니 홍이섭 교수가 연탄가스 때문에 사망했다는 슬픈 소식이 우리를 기다리고 있었다. 그는 회갑을 지낸 지 얼마 되지 않은 원기 왕성한 국사학계 거물이었는데 어쩌다 졸지에 세상을 떠나게 되었던가. 새로 이사한 집이 하도 허술하게 지어진 집이라 온돌바닥 들뜬 틈 사이로 부엌에서 피운 구공탄 연기가 스며들었던 것이 비극의 원인이었다.

처음 집다운 집을 한 채 구해 안암동 한옥에서 홍은동 새집으로 이사 온 지 얼마 안 된 때였다. 뿐만 아니라 새로 이사했기 때문에 곧 집들이를 하겠다고 하던 무렵이었다. 한 시대의 위대한 학자가 이렇게 허무하게 세상을 떠났으니 이런 억울한 일이 또 있을 수 있을까.

〈동아일보〉엔가 이런 기사가 났었다.

"국민들이 죽기를 바라는 고약한 정치꾼들은 계속 살아 있고, 국민이 모두 귀하게 여기던 역사학자는 연탄가스를 마시고 이 세상을 떠났다."

이 기사가 많은 국민들의 마음을 대변한다고 할 수 있을 것이다.

홍이섭은 1933년 배재고보를 졸업하고 연희전문 문과에 진학하였다. 그가 1944년에 탈고한 《조선 과학사》는 도쿄의 어느 출판사가 일본어로 출판하였고, 해방 뒤에 한글로 번역되어 정음사에서 출판되었다.

홍이섭의 얼굴만 보고는 그가 그토록 다부진 학자라고 느끼기 어렵다. 그는 한평생 동안이었기 때문이다. 홍이섭은 해방되고 나서야 국학대, 고려대를 거쳐 1953년부터 연세대 문과대학 교수로 교단에 섰다. 어떤 대학교수보다도 일찍 대한민국학술원 회원이 되었고, 국사편찬위원회의 위원이자 민족문화추진회 이사이기도 하였다.

그가 국사학자로 두각을 나타낸 것은 정약용의 사상을 연구하면서부터였고, 그때 우리나라 과학사에도 큰 관심을 갖게 된 듯하다. 성격이 매우 꼬장꼬장하여 4·19가 터지고 대학 내에서 일시적으로 권위에 대한 도전이 일어나는 것이 한심하다고 느껴 나를 비롯해 최현배, 최재서, 김하태 등과 대학 당국에 사표를 제출한 '7교수' 중 한 사람이기도 했다.

홍이섭은 언젠가 임진왜란 이야기를 하다가 이순신은 자살하고 싶은 마음이 있어 직접 기함에 나타나 진두지휘했을 것이라고 말했다.

"번번이 모함을 당하면서도 살아남은 이순신은 노량해전에서 조선이 일본을 물리치고 승리하는 것이 확실하다고 믿었다. 그러나 전쟁에서 이기고 돌아가 중상모략에 시달리느니 차라리 이참에 세상에 떠나는 것이 옳다고 생각하지 않았을까."

그때 홍이섭 교수의 말은 충격적으로 들렸지만 그가 그렇게 풀이할 만한 근거가 없는 것은 아니었다. 나는 지금도 그의 말을 잊지 못하고 학생들에게 임진왜란 이야기를 할 때마다 그 말을 인용한다.

진정한 학자로서의 양심이 살아 있고 정의감이 넘치던 한 시대의 선비는 그토록 허무하게 세상을 떠났다. 나를 통틀어 못난 사람들이 살아남아 오늘의 조국을 이 꼴로 만들었는가! 생각하면 홍이섭에 대하여 미안한 마음뿐이다.

—2019. 8. 24.

박목월

朴木月, 1915~1978

경남 고성 출생

계성학교 졸

시인, 한양대 교수

대표작 〈나그네〉, 〈이별의 노래〉, 〈경상도의 가랑잎〉

"북에는 소월, 남에는 목월" …
〈이별의 노래〉, 〈나그네〉 등 명시 남겨

청록파라는 이름으로 세 시인이 있었다. 박목월, 조지훈, 박두진. 이 세 사람은 동인이었다고 할 수 있고, 내가 보기에 동인이면서도 개성은 뚜렷하게 달랐다. 조지훈은 다분히 불교적이었다. 그런 내용의 시도 여러 편 남기고 갔다. 박두진과 박목월은 기독교적 분위기에서 살았지만 박두진이 투쟁적이었던 데 반해, 박목월은 매우 서정적이었다.

북에 김소월이 있다면 남에는 박목월이 있다고 정지용 시인이 칭찬할 만큼 그는 젊은 나이에 두각을 나타낸 시인이었다. 내가 가장 사랑했던 박목월의 시는 1946년 출판된 《청록집》 첫머리에 실은 〈임〉이었다.

내ㅅ사 애달픈 꿈꾸는 사람
내ㅅ사 어리석은 꿈꾸는 사람

밤마다 홀로
눈물로 가는 바위가 있기로

기인 한밤을
눈물로 가는 바위가 있기로

어느 날에사
어둡고 아득한 바위에

절로 임과 하늘이 비치리오.

이 시는 역경과 좌절에도 여리고 따뜻한 꿈을 가지고 살아가는 한 젊은 이의 모습이 연상되어 읽을 때마다 매우 큰 감동과 위로를 받는다.

6·25 전쟁 중에 나는 부산에 피란 가서 진명여고 영어교사로 취직했다. 허술한 창고를 하나 얻어 교사로 꾸미고 학생들을 가르치던 때였다. 전쟁 중인 1951년에도 가을은 왔다. 유명한 바리톤 조상현이 같이 그 학교에서 근무하였는데 그가 학생들에게 박목월이 시를 쓰고 김성태가 곡을 붙인 〈이별〉이라는 노래를 가르쳤다. 한 교실에서 합창하면 창고 교사 전체에 노래가 울려 퍼졌다.

기러기 울어예는 하늘 구만리
바람이 싸늘 불어 가을은 깊었네
아아 너도 가고 나도 가야지.

그런데 이 노래가 3절에 가면 "산촌에 눈이 쌓인 어느 날 밤에 / 촛불을 밝혀두고 홀로 울리라 / 아아 너도 가고 나도 가야지" 해서, 가을이 되면 언제나 그 노래가 귓전에 들려오는 듯하고 내 젊은 가슴이 울렁거렸다. 나는 어찌하여 박목월이 그런 시를 써서 가을이 돌아올 때마다 우리를 울리는 것인지 잘 모르지만, 그 노래를 자주 듣기도 하고 부르기도 했다.

근년에 여성 시인 추은희가 나에게 들려준 비화가 하나 있다. 박목월이 제주도에서 사랑하던 어떤 여인에게 작별을 고하고 돌아오던 길에 이 시를 적었다는 것이다. 그 말을 듣고 나서는 박목월에 대하여 더욱 애절한 느낌을 가지게 됐지만 그런 사실이 있었는지 없었는지 따져 볼 기회는 없었다. 사실 이 이야기는 SNS 등에서 많이 떠돌던 것이기도 했단다.

박목월의 본명이 '박영종'이라는 사실을 아는 한국인은 몇 되지 않는다. 세상에 알려진 그의 학력은 일제 때 대구에 있는 계성학교를 졸업했다는 것밖에 없다. 그리고 누구도 그의 학력에 대해 따지지 않는다. 시인에게 무슨 학력이 필요하겠는가.

그는 중등학교에서 가르치기도 했지만 홍익대, 한양대에서 국문학 교수로 일했다. 특히 한양대 총장이었던 김연준은 박목월을 좋아해 그에게 명예 박사학위도 수여하고 그를 교수로 채용했을 뿐 아니라 문과대학장 자리도 마련해 줬다. 한국인은 누구나 알아들을 수 있는 선명하고 정다운 언어로 우리를 위로한 시인이 박목월이었다고 나는 생각한다.

경상남도 고성에서 태어난 그는 100일이 됐을 때 부모가 안고 경주로 이사가 경주사람이 되었다. 그는 신라 천년의 꿈이 서린 그 아름다운 고장에서 산천초목을 바라보며 시상을 키웠을 것이다. 그 가운데서도 그의 어머니와 할머니가 독실한 기독교 신자여서 시인 박목월의 꿈과 희망, 환희와 애수, 그리고 향수, 그 모든 것이 기독교적 향기를 품고 있다고 느껴진다.

그는 대구에 있는 계성학교에 진학하여 처음에는 경주에서 대구까지 기차로 통학했는데 이것이 하도 힘에 겨워 자취하게 되었다고 한다. 자취하면서 돈이 떨어져 담임선생에게 그런 사정을 말씀드렸더니 학교 온실에서 묵어도 된다고 하여 당대 최고 시인이 될 박목월은 밤마다 온실에서 하늘에 빛나는 별을 쳐다보며 시상을 한껏 키웠으리라는 생각도 든다.

일제가 그 말기에 조선어 말살정책을 강요하던 때에도 박목월은 계속 시를 썼다. 그는 쓴 시를 마루 밑에 감추었다가 밤마다 다시 꺼내어 쓸 정도로 시 쓰기에 정성을 다했다.

송아지 송아지 얼룩송아지
엄마 소도 얼룩소 엄마 닮았네.

박목월은 처음에는 동시를 쓰기 시작하였다. 〈얼룩송아지〉가 박목월 작품이고, 어머니를 그리는 마음으로 시를 쓴 그때 나이가 18세였다고 한다.

그는 1940년 정지용의 추천을 받아 〈문장〉으로 정식 등단했다. 박목월 탄생 100주년을 맞이하여 한양대에서 그의 추모전을 열었는데 그때 서울대 국문학과 교수인 그의 맏아들이 했다는 말이 인상적이다.

"나는 한양대 앞을 지날 때마다 우리 아버지가 한양대에서 받은 월급으로 우리를 먹여 살렸다는 생각에 고마운 마음을 금치 못합니다."

시를 사랑하는 모든 한국인이 백세수를 누리기를 바랐던 시인 박목월은 한참 더 시를 써서 이 백성을 위로해야 할 나이에 갑자기 세상을 떠나고 말았다.

내ㅅ사 애달픈 꿈꾸는 사람
내ㅅ사 어리석은 꿈꾸는 사람

그의 애달픈 꿈, 어리석은 꿈이 어찌 박목월 혼자만의 꿈이었을까. 나도 그 꿈을 안고 90이 넘은 오늘날까지 살아 있다. 그의 그 꿈은 모든 한국 젊은이의 꿈이 아니었을까 생각해 본다.

—2018. 5. 5.

서정주

徐廷柱, 1915~2000

전북 고창 출생
혜화전문 졸
시인, 동국대 교수
대표작 <국화 옆에서>, <화사>, <동천>

누가 뭐라 비난해도 한국시단을 대표하는 위대한 시인… 〈국화 옆에서〉는 나의 애송시

시인 미당(未堂) 서정주가 세상을 떠난 지도 어언 20년이 되었다. 그는 우리 집에 한 번 온 적도 있고, 오래전 내가 진행을 맡았던 MBC 〈마음의 고향〉이란 프로그램에 초대손님으로 출연하여 대화를 나눈 적도 있었다. 생방송은 아니었지만 그는 대화 도중에 슬쩍 일어나 어디론가 사라졌다가 한참 만에 돌아왔다.

"어디를 다녀오세요?"

내가 물었더니 화장실에 다녀왔다고 하였다. 그런 면에서 서정주도 기인 중 한 사람이라고 할 수 있다. 술고래라서 만취하여 그가 벌인 추태를 아직도 기억하는 사람들도 많은 듯하다.

하지만 나는 그가 시인 중 시인이라고 생각하고 교제하였다. 그런데 새파랗게 젊은 사람들이 일제강점기를 살아 본 경험도 없으면서 시인 서정주를 친일파 혹은 민족반역자로 낙인찍어 매장하려고 노력한 것도 사실이다. 그리하여 아마 그의 이름이 《친일인명사전》에도 올라 있을 것이다. 이 사전에는 그 외에도 이광수, 최남선을 비롯하여 모윤숙, 노천명 등 우리가 잘 알 만한 문인들의 이름이 실려 있다.

서정주는 2000년 크리스마스 전날에 세상을 떠났으니 그 사전이 만들어지던 때에는 이미 저세상 사람인데 왜들 그렇게 집요하게 그를 매장하려 하는지 나는 이해하지 못하겠다. 그의 아들딸 중에 저명인사가 있다면 그들에게 창피를 주려는 것이라고 풀이할 수 있을 것이다. 그러나 일제강점기가 끝난 지 어언 75년이 흐른 오늘날, 반일감정을 부추기는 속셈이 무엇인지 헤아리기 어렵다. 나 또한 친일파로 몰린 사람들의 행적을 친일파 소탕전에 나선 그 젊은이들보다 더 많이 알고 있다.

일제 때 제대로 벌어먹을 것이 없어 헤매던 그들이 무슨 두드러진 친일행각을 벌일 수 있었겠는가! 서정주는 태평양전쟁이 터질 무렵, 만주 간도에서 양곡주식회사 경리사원으로 호구지책을 강구한 적이 있었다. 그런 일도 친일행각으로 볼 수 있을까. 동포들을 향해 '학병 나가라', '징병에 응하라'는 등의 원치 않는 강요를 한 적이 있었을 것이다. 하지만 그것이 친일파로 몰린 많은 문인들에게 얼마나 괴로운 일이었을지 한 번은 생각해 봐야 옳지 않을까.

문인들 가운데서 친일파와 민족반역자를 색출하겠다고 혈안이 돼 동분서주하는 자들의 의도는 과연 무엇인가. 오늘날 한일관계가 점점 어려워지는 것은 대한민국이 일본을 원수로 여기게 돼야 달성할 수 있는 어떤 음모가 감춰져 있는 것은 아닐까? 일제강점기를 살아 본 경험이 있는 사람이면 누구나 그들에게 돌을 던지며 민족반역자들이라 매도하지 못할 것이다.

서정주는 1915년 전라북도 고창에서 출생하여 거기서 보통학교를 졸업하고 중앙고등보통학교에 입학하였다. 그는 1930년에 벌어진 광주학생사건에 연루되어 구속되었지만 기소유예로 풀려났다. 이 사건으로 그는 중앙고보에서 퇴학당하고 고향으로 돌아와 고창고보에 편입했지만 곧 자퇴하고 말았다. 그는 방랑벽이 있어 산을 찾아 헤매다가 석전(石顚) 박한영(朴漢永) 스님을 만나 입산수도를 시작하였다.

"자네는 중이 될 생각을 버리고 타고난 시재를 키워 시인이 되라."

그러나 석전은 서정주에게 이렇게 당부하면서 불교를 가르치던 혜화전문에 입학토록 하였고, 학비도 대주었다고 한다.

그는 나이 21세에 〈동아일보〉 신춘문예에 〈벽〉이라는 시로 당선되었고, 같은 해에 김광균, 오장환과 더불어 동인지 〈시인부락〉을 창간하고 그 동인지의 주간이 되었다. 26세에는 첫 시집 《화사집》을 출간하였다. 서울에 유학하던 내 누님이 방학에 집으로 돌아왔을 때 그 시집을 사 와서 나도 읽어 보았지만 무슨 뜻인지 잘 몰라 더 읽으려 하지 않았다.

그 뒤 서정주는 동대문에 있던 어떤 여학교에서 가르쳤고 뒤에는 동아대와 조선대에서 강의하다가 1960년에는 동국대 교수가 되었다. 근년에 와서 서정주를 민족반역자로 매도하면서 그가 창씨개명하고 다츠시로 시즈오라는 이름으로 친일문학의 선두에 섰던 것처럼 막말을 하는 이들이 있다.

그러나 그런 사실이 당시 우리 눈에는 전혀 문제가 되지 않았다. 영문학자 최재서는 서정주와 함께 일본군 종군기자로 취재를 다녔다고 한다. 나는 최재서 아래서 영문학사, 영시, 문학평론 등의 강의를 들었지만 일제강점기를 살아 본 경험이 있는 당시 학생들은 영문학계의 태두이던 그를 다만 우러러보았을 뿐이었다.

서정주는 조지훈, 모윤숙, 노천명 등과 함께 이 나라의 시단을 대표하는 위대한 시인으로 추앙되었다. 1954년, 39세 젊은 나이에 대한민국 예술원 종신회원으로 추대되었고, 1977년에는 한국문인협회 이사장 자리에도 올랐다. 누가 뭐라 해도 미당 서정주는 한국적 정서와 호흡을 잘 조절하는 불교신자로서 한국 서민 대중과 무척 가까운 시인이었다.

서정주의 그 많은 작품 중에서 내가 가장 사랑하는 시 〈국화 옆에서〉를 읊으며 그를 추억해 본다.

한 송이 국화꽃을 피우기 위해
봄부터 소쩍새는
그렇게 울었나 보다.

한 송이 국화꽃을 피우기 위해
천둥은 먹구름 속에서
또 그렇게 울었나 보다.

그립고 아쉬움에 가슴 조이던
머언 먼 젊음의 뒤안길에서
이제는 돌아와 거울 앞에 선
내 누님같이 생긴 꽃이여

노오란 네 꽃잎이 피려고
간밤엔 무서리가 저리 내리고
내게는 잠도 오지 않았나 보다.

—2019. 7. 13.

그 자리에 엉뚱한 작품이 하나 나타났지만, 나는 거들떠보기도 싫어 한 번 가 보고는 다시는 파고다 공원으로 발걸음을 옮긴 적이 없다.

김종영은 경상남도 창원의 매우 부유한 집안에서 태어났다. 그의 생가는 동요작가 이원수가 노래한 〈고향의 봄〉의 배경으로 전해진다. 동요 속 '나의 살던 고향'이 바로 김종영의 동네인 것이다.

> 나의 살던 고향은 꽃 피는 산골
> 복숭아꽃 살구꽃 아기 진달래
> 울긋불긋 꽃 대궐 차린 동네
> 그 속에서 놀던 때가 그립습니다

그는 휘문고보에 입학하여 그림을 그리기 시작하였다. 학생 때 그가 그린 그림들도 빠짐없이 다 수집되어 지금은 김종영 미술관에 소장되어 있다. 나는 그 그림을 보고 어린 나이에 그런 그림을 그린 소년 김종영이 천재라고 느꼈다. 그는 일제 때 우에노에 있는 도쿄미술학교에 들어갔다. 그의 휘문고보 때 은사이던 장발의 권면에 따라 미술학교 조각과에 들어갔다고 한다.

김종영은 이 나라 조각계에 추상으로 선풍을 일으켰다 해도 과언이 아니다. 그는 이렇게 말한 적이 있다.

"예술의 미명을 팔아서 예술가의 흉내를 내는 사람은 말할 나위도 없거니와 제법 비장한 결의와 노력을 쌓아가며 예술에 정진하는 사람일지라도 견식이 얕거나 평범한 고집으로 지향하는 바가 무엇인지, 이념이나 사회적 지각없이 단지 속된 기술이나 형식에 얽매여 진전을 보지 못하는 것도 딱한 일이다."

그 말을 뒤집어 보면 "천재가 아니라면 예술을 전공하지 말라"는 뜻이라고 해석할 수도 있다.

김종영이 도쿄미술학교에 다니던 때 조치대학에서 공부하던 철학자 박갑성은 가장 가까운 친구였다. 그 시절 두 사람이 자주 만나 주고받던 대화 중에 이런 대목이 있다.

"어느 날 김종영이 찾아와서 '진선미가 피라미드처럼 하늘을 향해 서 있으려면 밑바닥에 실용이라는 저변이 받치고 있어야 한다'는 논리를 내세웠다."

박갑성은 김종영의 머릿속에는 문과 학생들이 싫어하는 수학에 대한 관심이 있기 때문에 당시 한마디도 못했다고 그의 글에서 밝혔다.

철학자 박갑성 말대로 하자면, "김종영은 예술 공부를 하면서 그 무의미하고 무가치한 학문과 다시 만나게 될 것이다. 실용은 기술의 영역이고 기술과 예술에 새로운 요구를 하는 것이다."

박갑성은 자신의 절친한 친구인 김종영을 '조각하는 화백'이라는 뜻을 담아 '각백'(刻伯)이라고 부르게 되었다.

그가 개척한 조각의 세계는 무궁무진하였다고 해도 지나친 말이 아니다. 나는 그가 화가인 동시에 조각가이며, 동시에 뛰어난 서예가라고 늘 생각한다. 그의 붓글씨만 모아서 전시회를 한 적도 있었다. 그의 글씨 앞에 서서 나는 숙연한 마음에 사로잡혔다. 그는 서예가로서도 당대의 일인자라고 가히 말할 수 있다. 서예는 또한 그의 성격을 뚜렷이 나타내는데, 그의 글씨를 보면서 그가 이 시대의 선비였다고 절실하게 깨달았다. 그의 서예는 기교보다는 기백이 넘쳐흐른다고 느꼈다.

이 모든 일들을 되새기면서 한 시대의 예술적 천재이던 우성 김종영을 생각해 본다. 그는 한평생 서울대 조각과 교수였다. 그는 미대의 학장을 지낸 적도 있지만 그런 자리에 연연하는 사람은 아니었다. 예술가에게 주어지는 모든 명예로운 상을 다 받았지만, 항상 자기 자신에게 엄격한 사람이었다.

그가 만일 반 고흐와 함께 있었으면 그에 버금가는 고갱은 되었을 것이고, 로댕과 함께 파리에 있었으면 로댕과 맞먹는 조각가가 되었을 것이다. 또 그가 만일 완당 김정희를 모시고 있었다면 그에 버금가는 서예가가 되었을 것이다.

김종영의 모든 작품을 김종영미술관에 다 모아 놓을 수 있었던 것은 그의 사위 홍호정의 수고 덕분이었다. 그를 흠모하는 모든 후진들은 사위 홍호정에게 경의를 표해야 할 것이다.

— 2019. 8. 17.

정주영

鄭周永, 1915~2001

강원도 통천 출생

통천 송전소학교 졸

현대그룹 회장, 국회의원, 대통령 후보

정주영, 대선 출마 선언 전날 찾아와 "김 교수 결혼하면 200억 줄 수 있는데 …"

정주영은 이 시대를 살고 간 특이한 인물이었다. 한국 현대사에서 '현대'라는 기업을 뺄 수 없다면 그 기업을 일으킨 창설자가 역사에 남을 인물이라는 것도 분명하다. 아마도 그는 보통사람인 우리와는 전혀 다른 손금을 쥐고 나왔을 텐데 나는 그의 손금을 본 적은 없다.

나는, 정치를 시작하여 정치 일선에서 밤낮으로 같이 지내던 시절의 정주영만 알 뿐이지, 그가 어떻게 현대를 시작했고 어떻게 키웠는지는 아는 바가 없다. 그는 1992년 봄이 되기 전 어느 추운 날, 나를 시내 모처에서 만나고 싶다는 전갈을 보내왔다. 기업으로 크게 성공한 그가 대학에서 한평생을 보내고 은퇴한 나를 왜 보자고 하는지 그 뜻을 잘 모르고 만났다. 그는 같은 내용이 적힌 서류 두 통을 보여 주면서 이렇게 말했다.

"정치가 썩으니 기업을 경영하기도 어렵습니다. 돈은 내가 벌어서 가지고 있으니 우리가 힘을 합하여 정치를 바로잡는 일을 한번 해봅시다."

그 서류는 정주영과 김동길이 의형제를 맺는다는 내용이었는데, 의형제가 되는 것을 문서로 밝힌다는 일이 내게는 생소한 경험이었다. 그는 문서 두 통에 이미 자기 도장을 찍어 와서 나에게도 날인할 것을 요구했고 나는 오른손 엄지손가락으로 지장을 찍었다. 우리가 나눠 가진 그 문서 한 장은 내가 여러 해 간직하고 있었으나 지금은 찾을 길이 없다.

그 자리에서 정주영은 뜻밖에도 이렇게 말했다.

"이제 머지않아 대통령선거가 있을 터인데 우리가 만드는 당의 대통령 후보는 국민 사이에 인기가 좋은 김 교수가 나가야지요."

나는 그에게 "그럴 수는 없습니다"라고 말하지 않고 묵묵히 벽만 바라보고 앉아 있었다.

그 후 곧 '통일국민당'이라는 새로운 당이 출범했고 그는 당대표, 나는 최고위원이 됐다. 그 신당은 현대의 그 많은 직원을 동원해서 날마다 활발하게 움직여 그해 3월 총선에서 지역구와 전국구를 합해 31명을 당선시켰고, 나는 서울 강남갑에 출마해서 당선됐다. 그리고 우리 당은 그해 12월에 실시될 대통령선거 후보를 선출하기 위한 후보지명 전당대회를 5월로 예정하고 있었다.

전당대회를 며칠 앞두고 정주영은 내가 빌려 살던 서울 압구정동 현대아파트로 혼자 찾아와 대뜸 이렇게 말했다.

"김 교수, 결혼을 하고 가정을 이루어야 해요."

"나이도 이제 60이 넘었고 결혼할 때는 지났습니다."

엉뚱한 이야기를 들은 내가 이렇게 대답했더니 그가 덧붙였다.

"김 교수도 결혼해서 가정이 안정되어야 해요. 김 교수가 결혼한다면 내가 200억 원은 줄 수가 있는데…."

나는 분명히 대답했다.

"앞으로 내가 결혼하는 일은 결코 없을 것입니다."

그다음 날 이른 아침 광화문 당사에서 만났을 때 그는 내게 말했다.

"이번 대통령선거에는 아무래도 내가 나가야겠어요. 나는 이번밖에 기회가 없지만 김 교수는 아직 나이가 있으니까 다음 대선에 출마해도 될 겁니다."

"그럼 그렇게 하시지요."

나는 그 말의 뜻을 파악하려고 망설이다가 단 한마디도 따지지 않고 대답했다.

당대표였던 그는 나의 그 한마디로 통일국민당 대통령 후보가 됐다. 후보지명 전당대회에서 김광일 당원과 이주일 당원이 각각 발언했다.

"왜 약속대로 하지 않고 정주영 대표 자신이 대통령 후보로 나갑니까?"

그러나 내가 반발하지 않는 한 당대표가 대통령 후보로 나가는 것은 당연한 일이었다.

대통령선거 바로 전날 효제국민학교 교정에서 마지막 선거유세를 할 때까지도 통일국민당 후보에게 전달되는 쪽지들의 내용은 미국 CIA나 그 나라의 방송사 CNN의 여론조사 결과가 한결같이 정 후보의 당선이 확실하다고 점치고 있다는 것이었다. 미국 CIA와 CNN이 무엇 때문에 그토록 한국 대선에 관심이 많은지 이해하기 어려웠지만 그것이 그날 밤 상황이었다.

그다음 날 밝혀진 대선 결과는 정 후보 주변사람들의 추측이나 보고와는 정반대였다. 통일국민당은 참패를 면치 못했다. 정주영이 14대 대통령으로 당선된 김영삼으로부터 호되게 당한 것은 세상사람들이 다 아는 사실이다.

"군인들이 당신에게 대통령 후보 자리를 줄 가능성이 전혀 없으니 내가 정당을 만들면 우리 당 대통령 후보로 나가세요."

그는 여당으로 들어간 김영삼에게 이렇게 권면한 사실이 있다. 같은 대통령 후보가 되어 자신을 압박한 정주영을 김영삼은 용서하지 못했던 것이다.

그리 멀지도 않을 어느 내일, 나는 그곳이 어디인지는 모르지만 어떤 낯선 땅에서 정주영을 다시 만나게 될 것이다. 만나면 그의 손을 꽉 잡으면서 "형님, 오래간만입니다. 그동안 편안하셨나요"라고 한마디 하고 난 뒤 "그런데 형님은 통일국민당이라는 무거운 짐을 내 어깨에 지워 놓고 이 동생을 왜 단 한 번도 아는 척하시지 않았나요?"라고 물을 것이다. 물론 그는 웃고만 있을 것이다.

그러나 나는 누가 뭐라 해도 '현대의 기적'을 창출한 정주영은 이 시대의 영웅이었다는 사실을 의심하지 않는다.

— 2017. 11. 18.

박두진

朴斗鎭, 1916~1998

경기도 안성 출생

시인, 연세대 교수

대표작 《청록집》, 《해》, 《오도》

청록파 시인의 한 사람 …
기독교적 신앙으로 무장한 기백 있는 선비

혜산(兮山) 박두진은 경기도 안성 출신이다. 그는 자기 학벌을 내세우거나 자랑하는 일이 없었지만 여러 곳에서 가르쳤고, 우여곡절이 많았지만 연세대 국문과 교수로서 역사에 남을 것이다. 시인으로서 그는 특히 '청록파'로 알려져 있다. 일제 말기와 해방 직후의 매우 혼란한 문단에서 순수하게 겨레의 얼을 끝내 지켜냈다고 자부하는 박목월, 조지훈과 함께 《청록집》을 펴냈다는 사실 때문에 그들의 이름 석 자를 우리는 오래오래 흠모하고 있다.

박목월이 그 얼굴 자체가 매우 서정적이며 부드러운 인상이었고 조지훈이 선비다운 의연한 풍모를 가졌다면, 박두진은 매우 의지가 강한 무사의 표정을 지닌 시인이었다. 해방이 되자 공산주의에 호응하는 좌익계열의 조선문학가동맹이 출범하였는데, 박두진은 김동리, 조연현, 서정주 등과 함께 조선청년문학가협회를 결성하였고 이에 참여하였다. 이어 1949년에는 한국문학가협회도 합류하여 시분과위원장을 지내기도 하였다.

그는 창작열이 왕성하여 《해》(1949), 《오도》(대낮의 기도, 1954), 《박두진 시선》(1955), 《거미의 성좌》(1961), 《인간밀림》(1963), 《청록집 기타》(1967), 《청록집 이후》(1967), 영역시선 *Sea of Tomorrow*(1971)

등을 연이어 출간하였다. 그중 영역시선은 유명한 감리교 선교사 박대인의 작품이다. 《고산식물》과 《사도행전》은 1973년에 《수석열전》과 같이 출간되었다.

박두진은 다재다능한 문인이어서 서예에도 일가를 이루었다고 할 수 있을 만큼 두각을 나타냈고, 그 아래서 글씨공부를 하는 제자들도 많았다. 그의 글씨는 그의 얼굴을 연상케 하는 기백이 넘쳤고, 그의 제자들의 글씨도 스승을 닮아 힘이 넘쳤다. 또한 그는 수석수집에도 대가였다. 나의 친구 이근섭이 박두진과 함께 수석수집에 열을 올리며 전국을 누비던 일도 새삼스럽게 생각난다.

그때 친구에게서 이런 이야기를 전해 들었다. 어떤 일본인 수석수집가가 박두진의 소식을 듣고 그를 방문한 적이 있는데 수석 중 한 점을 — 나는 본 적이 없고 친구의 말만 들었으므로 그 수석을 묘사할 능력은 없지만 — 일본 돈 1억 엔을 주면 양도하겠냐고 물었다고 한다. 그런데 박두진은 "나는 절대로 팔 수 없습니다"라고 한마디로 거절했다고 한다.

한때 박두진에게는 보물수석이 있다는 소문도 나돌았지만 그런 말을 믿는 사람은 별로 없었다. 그래도 나는 그에게 1억 엔짜리 수석이 있었다면 그가 세상을 떠난 후 그 보물은 누구 손에 갔을까 생각해 본 적이 있다.

3·1 운동이 일어나기 3년 전에 태어난 박두진은 1998년까지 83년이라는 기나긴 세월을 살면서 시작(詩作)에 몰두한 가장 순수한 시인 중 한 사람이었다. 그의 삶의 원동력은 과연 무엇이었을까?

그는 누구를 만나도 유별나게 말이 없는 사람이었다. 오랜 세월 그를

다 자신의 우주관 또는 종교관을 도도하게 피력한다. 그러나 나는 그의 삶의 주제가 '십자가에 달린 예수'라는 사실은 모르고 있었다. 내 삶의 결론도 그의 결론과 비슷하다.

그와 나는 역사 철학자 헤겔의 말을 신봉한다.

"역사는 예수 그리스도에게서 나와서 예수 그리스도에게 돌아가는 것이다. 하나님 아들의 나타나심이 세계사의 주축을 이루는 것이다."

김병기는 평양의 부잣집 아들로 태어나 돈 걱정 안 하고 살았다. 그가 화가의 꿈을 갖게 된 것은 아버지 영향이었을 것이다. 해방 후 월남하여 대한민국 정부의 국회부의장을 지낸 김동원과는 사돈이다. 김병기의 약혼식 주례는 조만식이 맡았고, 결혼식 주례는 순교한 목사 주기철이 보았다고 들었다.

그는 1930년대에 도쿄문화학원 미술부에 입학하여 1939년 졸업하고 개인전을 차릴 만큼 이미 두드러진 화가였다. 그림이란 음악과 같은 것이어서 천재를 타고나지 않은 사람은 즐길 수는 있어도 이름을 떨칠 만한 화가가 되기는 어렵다.

그가 젊어서 그린 작품들을 보지 못하였지만 100세에 그린 〈바람이 일어나다〉라는 작품은 매우 인상적이다. 2014년에 발간한 그의 화첩에는 100장이 넘는 대단한 그림이 수록되어 있는데, 물론 추상이라고 분류되겠지만 그의 그림 한 장 한 장에서 위대한 한 남성의 혼을 느낄 수 있다. 한 시대를 정직하고 용감하게 살아온 한 남성의 끓는 피가 느껴진다.

김병기는 노인이 아니다. 글이 사람인 것처럼 그림 또한 사람이라고 나는 믿는다. 그의 그림에서는 돈에도 권력에도 굽히지 않고 떳떳하게 살아온 시대적 영웅의 모습이 엿보인다. 그가 만일 피카소를 흠모하지 않았다면 그 재능을 가지고 한국의 전통화가가 되었을 것이다. 그는 능히 조선조의 단원 김홍도나 겸재 정선이 되었을 것이다.

피카소가 스페인 내란 때 프랑코를 반대하고 공화파를 지지해 〈게르니카〉(1937)라는 작품을 그려 세상을 놀라게 했다지만, UN군이 평양을 탈환하고 1·4 후퇴 때 철수하면서 황해도 신천에서 양민 3만 5천 명을 학살했다는 북한의 허위선전을 믿고 그 학살장면을 그림으로 그렸다는 〈한국에서의 학살〉(1951)에 김병기는 분개하였다.

작가 김원일이 무슨 계제에 북한에 갔다가 황해도 신천에 세워진 양민학살박물관에 찾아갔지만, 미국의 범죄라고 믿을 만한 아무런 증거도 찾지 못했다고 한다. 그 학살은 공산당의 학정에 시달리던 신천의 반공청년들이 일어나 악질적 공산당원들을 죽였던 일이 있어 이에 대한 보복으로 공산당원들이 또한 학살을 자행하여 피차에 상당한 희생이 있었던 사건이다.

그러나 이를 미군들이 총을 겨누고 남녀노소, 심지어 임신부까지 총살하는 장면으로 피카소가 그린 사실에 분개한 화가 김병기는 부산 피란시절에 피카소에게 편지를 한 장 써서 시내 어느 다방에서 낭독하였다. 피카소의 주소도 모르면서 누구에게 어떻게 보내야 할지도 몰라서 가까운 몇몇 사람에게 천부당만부당한 피카소의 그 그림 한 장을 통렬하게 비판하며 그와 인연을 영영 끊었다는 것이다. 김병기는 멋있는 인간이다.

그의 100세 생신잔치를 내가 준비하고 그가 원하는 사람을 50명 초청하여 냉면과 빈대떡을 대접했다. 나는 그런 위대한 화가의 가까운 친구가 된 사실에 자부심을 느낀다. 그는 교리나 교파에는 전혀 관심이 없지만, 생명의 영원함을 다짐할 뿐 아니라 조국의 위대한 미래를 예언하기도 하니 그런 의미에서 그는 화가인 동시에 예언자다.

그와 더불어 한 시대를 같이 살고 있다는 것은 우리 모두에게 크나큰 영광이 아닐 수 없다.

—2018. 8. 11.

박정희

朴正熙, 1917~1979

경북 구미 출생
대구사범, 만주군관학교, 일본육사 졸
군인, 5·16 주도, 대통령

나를 감옥에 넣었지만
보릿고개 시대로 돌아갈 수는 없다

어느 역사가 말대로 "역사란 과거와 현재의 끊임없는 대화"라고 나도 생각한다. 그리고 그 끊임없는 대화의 결과로 어느 정도 미래를 점칠 수 있다고 자부한다. 1948년에 탄생한 대한민국이라는 공화국의 존재는 앞으로 세월이 아무리 흘러도 반드시 역사에 남을 것이고, 대한민국을 이야기할 때에는 두 사람 이름이 틀림없이 기억될 것이다.

공화국을 수립하고 1950년에 벌어진 한국전쟁에서 그 공화국을 지켜낸 이승만과, 찢어지는 가난으로 춘궁기가 되면 풀뿌리와 나무껍질로 연명하던 농촌이 세끼 밥을 먹고 살 수 있는 나라가 되게 하는 데 큰 공을 세운 박정희가 바로 그들이다.

내가 한때 대한민국에서 가장 미워한 사람이 박정희였다. 나의 논리는 단순한 것이었다. 군사쿠데타라는 것은 아프리카나 중동이나 남미 같은 후진국에서나 벌어지는 정치적 불상사라고 생각했다. 그래서 개발도상국이라고 자부하던 대한민국에서 군인들이 총을 들고 일어나 정권을 찬탈하는 것은 용납할 수 없는 일이라고 믿고 있었다. 그것이 내가 받은 민주교육의 핵심이기도 하였다.

그는 다섯 번 이 나라 대통령에 당선되었고 '중단 없는 전진'을 강조하였다. 마치 두 발 자전거를 타고 가는 사람처럼 전진을 잠시도 멈출 수 없다는 듯이 권력 유지에만 급급한 것으로 내 눈에 비쳤다. 1970년대에 접어들어서는 급기야 유신헌법과 유신체제를 국민에게 강요하며 이에 관련된 포고령을 내리면서 "유신헌법은 찬성할 자유는 있지만 반대할 자유는 없다"고 못을 박았다. 유신헌법을 반대하는 자는 15년 이하 징역이 끝나도 또다시 15년은 공민권을 박탈한다고 선포하였다.

대학에서 역사를 가르치던 나로서는 매우 난처했다. 나는 학생들에게 어쩔 수 없이 "유신헌법은 민주헌법이 아니다"라고 가르칠 수밖에 없었다. 대중 강연에서도 서슴지 않고 나의 소신을 피력하였다. 그때 이미 마음속으로 15년 징역을 살 각오를 했다. 예측했던 대로 나는 기관원들에게 연행되었고 서빙고에 자리 잡은 보안사령부 분실에서 일주일가량 조사를 받았다.

나를 취조하던 신문관 한 사람은 스스로 이북 출신임을 털어놓으면서 말했다.

"김 교수가 무슨 죄가 있습니까. 청와대에서 묶어 오라고 하니 저희 입장도 난처합니다."

그 말을 듣고 나는 앞으로 감옥생활도 할 만하겠다고 느꼈다.

지금은 역사기념관으로 변모한 서대문구치소 9사상(舍上) 18방에 수감되어 살던 어느 날 새벽, 내가 갇혀 있던 한 평도 안 되는 독방에서 매우 기이한 종교적 체험을 하였다. 아직도 새벽인데 비바람이 심하게 몰아쳐 그 독방에 마련된 조그마한 비닐 창문으로 폭풍에 부러진 나뭇가지가 뚫고 들어올 것 같은 무시무시한 날이었다. 그 비바람이 얼마나 계속되었을까? 나는 마음속으로 기도하면서 그 위기를 헤쳐내야겠다고 생각하였다.

그런데 갑자기 비바람이 멎고 얼마 뒤에는 찬란한 태양이 솟아오르면서 어디선가 이런 음성이 들려온다고 나는 느꼈다.

"사랑하라, 사랑하라, 사랑하라."

그 음성을 내 귀로 나는 분명히 들었다. 그 순간부터 그토록 미워하던 박정희에 대한 증오심이 싹 사라지고 내 마음에는 그에 대한 동정심이 생기게 된 것이다.

박정희는 경상북도 구미에서 넉넉지 못한 농민의 아들로 태어났다. 학창시절에 그가 동경한 역사적 인물은 프랑스의 나폴레옹과 우리나라의 이순신이었다. 그는 대구사범학교를 졸업하고 문경에서 한 3년 교편을 잡았다. 그리고 만주군관학교를 수석졸업 후 일본육군사관학교로 편입하였지만, 일본군에 소속되지 못하고 만주군 중위로 있다가 해방을 맞이하였다. 아마도 그의 꿈은 나폴레옹처럼 군인이 되어 정치적으로도 크게 성공하는 것 아니었을까.

어찌 보면 박정희는 천운을 타고난 사람이었다. 여수·순천 사건으로 목숨이 경각에 달린 그를 구해 준 것은 백선엽이었다. 그를 5·16 군사정변 대표로 모신 것은 김종필이었다. 그가 18년이나 권력을 유지할 수 있었던 것은 김종필과 이후락의 충성 경쟁이 크게 주효했다고 나는 보고 있다. 백두진, 남덕우, 김용환, 이승윤 등 그의 측근으로 모여든 경제 각료들은 당대의 수재였다.

그뿐인가. 일본육사 출신이 한국 대통령이 된 사실에 감격한 탓인지, 다른 까닭이 있는지 분명히 알 수는 없지만, 우리보다 경제 선진국이던 일본이 박정희를 적극적으로 도운 사실 또한 그가 타고난 천운의 일부

그 손끝에서 매화가 방긋이 웃고, 난초도 한들한들 바람결에 흔들렸건만 …

어린 시절 학교에 다니기 시작하면서부터 글씨를 잘 쓰고 싶었지만 글씨공부를 하지 못했다. 세월만 보내다가 중년에 접어들어 난곡(蘭谷) 김응섭에게 사사하여 가까운 친구들과 우리 집 2층에서 붓글씨 공부를 시작하였다. 참으로 우연한 기회에 서예의 대가 난곡을 만나게 된 것이요, 그를 가까이 모심으로 그의 인격과 그의 재능을 익히 알 수 있었다.

20여 명이 난곡의 제자가 되어 서예를 공부하였는데, 김홍호, 나영균, 서광선 등은 글씨쓰기에 재능을 타고난 사람들이어서 일취월장하였건만 나는 재능이 부족하고 성의도 없어 별다른 발전이 없이 줄곧 교장 노릇만 하였다.

체격이 크지도 않고 얼굴이 우람하게 생기지도 않았지만 난곡의 두 눈은 언제나 맑고 얼굴은 재기환발하였다. 내가 글씨공부를 하고 싶다고 나의 친구 이치업에게 털어놓은 적이 있었다. 며칠 후 그의 소개로 난곡을 만났고, 얼마 뒤에는 우리 집 2층에서 '난곡서예학교'를 창설하고 나는 그 학교 교장을 '사칭'하게 되었다. 누가 나를 억지로 교장에 앉힌 것이 아니라 내가 자원한 것이었다.

난곡은 1917년 경상북도 영양에서 태어나 보통학교만 마치고 상급학교에 진학하지 못하였다. 아마도 그가 진학할 무렵에 집안사정이 좋지 못하였기 때문일 것이다. 그는 대구 지역에 사는 저명한 묵객들의 제자가 되어 한학과 서예에 전념하게 되었다.

그런데 그때 그의 집안의 형님 한 분이 배재학당을 중퇴하고 민족운동에 동분서주하고 있었다고 한다. 난곡은 그 형의 영향을 많이 받아 유교에서 우러러보는 선비가 되기 위하여 유교사상을 깊이 있게 터득하였고, 선비들이 숭상하던 서예와 사군자에도 오랜 세월 정성을 쏟게 되었다.

결혼한 그는 집안 식구를 먹여 살리기 위해 대구에서 '대양임업'을 설립하여 경영하며 필리핀, 보르네오 등지에서 원목을 수입하여 한때 큰 돈을 벌기도 하였다. 그리하여 자신이 다하지 못한 교육의 꿈을 살려 아들딸을 모두 서울의 일류대학에 보냈다.

1982년 난곡 김응섭을 모시고 미국에 가서 여러 도시를 돌며 전시회를 한 적이 있다. 그는 현장에서 글씨를 쓰고 사군자를 치기도 하였다. 그때 LA에서 함께 차를 타고 고속도로를 달리는데 길가의 코스모스가 피어 있었다. 그는 그 꽃이 주제인 유행가 한 곡을 부르면서, 어려서 물놀이하다 물에 빠져 세상을 떠난 아들 생각이 난다고 하였다. 그의 두 눈에는 눈물이 고여 있었다. 그 아들이 그렇게 세상을 떠나던 그날이 그의 삶에서 가장 슬픈 날이었고 그때가 바로 코스모스가 피던 때였다고 한다. 나는 그의 슬픈 표정을 지금도 잊지 못한다.

하던 사업이 다 무너져 난곡은 경제적으로 매우 어려운 때를 맞이하였다. 그때가 바로 그가 모든 것을 다 잃고 서울 시내 한 초라한 단독주택에서 연탄불로 밥을 짓던 그런 때였다. 나는 그 자택을 한 번 방문하고 나서 "이러다간 '서예의 천재'가 연탄가스 중독으로 세상을 떠나면 큰 국가적 손실이 아닌가"라고 염려하였다.

그래서 1982년 10월 세종문화회관에서 난곡 서예전을 개최하여 그의 명필, 명화를 전시하였는데 그 수익금으로 성산동에 자그마한 아파트 한 채를 마련할 수 있었다. 그 전시회에서 고려대의 김상협 총장은 8폭 병풍 한 점을 거액을 주고 가져갔다. 난곡은 노년에 접어들면서 그가 마땅히 받아야 할 대접을 받았다.

'한국서화작가협회'는 물론 '한국국립현대미술관'도 그를 알아보았다. 한글초서체를 창안하고 추사체 연구에 권위자인 난곡, 참으로 아름답던 사람 김응섭, 그가 조용히 세상을 떠나고 나서 나는 그의 무덤 비석에 비문을 적었다. 가족들도 원했고 나도 원했다. 아마 하늘나라에서 난곡도 내가 그의 비문을 써 주기를 바랐을 것이다.

난곡 비문

난곡이 떠나시매 이 골짜기에 난초의 향기가 사라졌고, 한내 흐르매 잔잔하게 들리던 물소리 맑은 가락도 이제 들리지 아니하오니 우리들의 애달픈 심정이 날로 더하외다.

그 붓끝으로 추사를 되살려 님은 종횡무진 신들린 필력의 묵객이셨으니 그 손끝에서 매화가 방긋이 웃고 난초도 한들한들 바람결에 흔들렸건만 타고나신 그 재간 어디에 묻고 님은 묘연히 사라지셨나이까.

오상고절을 자랑하는 한 송이 국화꽃이 피어나도록 님의 손끝에 신이 내렸고 만고의 절개를 바람 속의 읊조리는 대나무가 단숨에 솟아오르기도 하였으니 하늘이 주신 재능을 또한 쉼 없이 깎고 다듬으셨음이라.

시골마을 솔밭에 내린 한 마리 학처럼 고고하시던 님 이 나라 선비의 마지막 모습을 보여 주신 어른. 돈과 감투를 외면하시고 몸과 마음 가다듬고 외길을 가셨거늘 신라에 태어나셨다면 솔거처럼 되셨을 것을, 조선조에 태어나셨더라면 단원 김홍도가 되셨을 것을 세월을 잘못 만나시어 갖은 고생 다 하신 일 오늘도 우리들의 한결같은 서러움이외다.

부디 하늘나라에서 모든 소원 성취하소서. 땅에서 못 다 이루신 꿈의 날개를 마음껏 펴사 구만리장천을 훨훨 날으소서.

1990년 여름 김동길 적음

—2019. 9. 21.

김자경

金慈璟, 1917~1999

경기도 개성 출생
이화여전 음악과 졸
성악가, 이화여대 음대 교수, 김자경오페라단 단장

우리 시대 가장 저명했던 소프라노,
한국 첫 오페라단 창단 … 글씨도, 바느질도, 유머도 선수

나에게는 심형구 화백의 그림이 두 폭 있다. 하나는 내 침실에 걸려 있는데, 나는 그 그림의 제목을 〈내가 살던 고향〉이라고 붙였다. 전해 듣기로 심 화백이 일제 때 그려 조선전람회에 출품했던 작품이라는데, 연대가 분명히 기록되어 있지 않아 그림을 그린 때가 언제인지는 잘 알 수가 없다.

또 하나는 내 서재에 걸려 있다. 이 그림은 심 화백이 1959년 8월에 동해안 초도리 해수욕장에서 바다 위로 해가 솟아오르는 광경을 그린 수채화다. 그가 초도리 이화여대 해수욕장에서 쥐섬까지 수영하러 갔다가 돌아오지 못하고 세상을 하직하기 직전에 그 해수욕장에서 그린 것이라고 한다.

〈내가 살던 고향〉은 심 화백이 김옥길 총장에게 기증하여 내가 물려받은 것이고, 동해에 해가 솟는 그림은 심 화백이 세상을 떠난 뒤에 소프라노 김자경이 나에게 전해 준 것이다. 심형구 화백은 소프라노 김자경의 사랑하는 남편이었다. 나는 늘 그 그림 두 장을 바라보면서 잠시라도 김자경을 생각하며 그리워한다.

김자경은 1917년 개성에서 태어나 원산루씨(樓氏) 고등여학교를 졸업하였다. 1935년 이화여전 음악과에 들어가 피아노를 전공하는 한편

채선엽으로부터 성악을 배우기 시작하여 학생시절부터 성악에 두각을 나타냈다. 이화여전을 졸업한 그는 이화여고 음악교사가 되었는데 거기서 미술선생 심형구를 만나게 되었다.

심형구는 명문가의 아들로 일찍이 일본에 유학 가 미술학교를 졸업하고 이화여고에 취직했다고 한다. 그 두 사람이 매우 가까운 사이가 되어 결혼에 이르기까지의 경위를 나는 잘 모른다. 그들이 결혼하여 딸 영혜와 아들 준식과 현식을 낳아 단란한 삶을 꾸렸다는 사실을 들었을 뿐이다.

해방 후 김자경은 이화여대로 자리를 옮겨 소프라노 이규도를 비롯하여 당대의 저명한 여성 성악가들을 여러 사람 길러냈다. 또한 그는 1948년 한국에서 처음으로 막을 올린 오페라 〈라 트라비아타〉에서 여주인공 '비올레타' 역을 맡았고, 그해 미국으로 유학길을 떠나 유명한 줄리어드음악학교에서 공부하였다. 1950년에는 한국인으로서는 최초로 뉴욕 카네기홀에서 독창회를 열기도 했다.

김자경이 미국에서 돌아와 1958년 이화여대 대강당에서 귀국독창회를 개최하였을 때 그 큰 강당이 꽉 찰 만큼 많은 관중이 모였다. 나도 관중의 한 사람으로 참석해 그 독창회를 끝까지 지켜보았는데 공연 중에 아슬아슬한 순간도 있었다. 무대 위에서 그가 한 몸짓 때문에 그의 의상에 둘렀던 띠 비슷한 것이 흘러내리는 장면을 관중들이 다 목격한 것이다. 그러나 그는 당황하지 않고 얼굴에 웃음을 띠고 그것을 바로잡았다. 그때 그의 능숙한 무대매너에 매우 감동하였다.

독창회가 끝나고 리셉션도 할 수 없던 시절이었는데 관중들이 밖에 나와 서서 끼리끼리 각자의 감상평을 나누고 있었다. 나는 어쩌다 서울대 음대 학장을 지낸 현제명과 같은 그룹에 있게 되었다.

그때 현제명이 잊을 수 없는 한마디를 했다.

"김자경은 역시 우리나라의 국보입니다."

그는 1968년 '김자경오페라단'을 창단하였고, 22년 동안 정기공연을 41회나 하고 소극장 공연도 수십 차례 하였다. 주요 공연만 해도 매우 다양하였는데 〈세빌리아의 이발사〉, 〈리골레토〉, 〈춘향전〉, 〈심청전〉, 〈메리 위도우〉 등 유명한 작품들을 총망라한 것이었다.

김자경은 노래만 잘하는 것이 아니라, 글씨도 잘 쓰고 자수 실력도 뛰어나고 바느질도 선수였고, 유머도 차고 넘쳐 모인 사람들을 웃기는 재주는 그를 따를 사람이 없었다.

그러나 그는 그의 타고난 예술적 기질 때문에 신경이 매우 날카로울 때가 많아 천장에 쥐가 올라가 바스락거리는 밤이면 한잠도 못 자는 적이 많았다. 그럴 때는 애처가인 심형구가 자지 않고 일어나 앉아 천장을 향해 밤새 고양이 소리를 냈다는 일화도 있다. 두 사람의 극진한 사랑은 주변사람들이 누구나 다 아는 사실이었다.

심형구 화백과 김자경 소프라노가 신촌 우리 집 근처에 아틀리에를 하나 짓고 이사 온 뒤에는 그 집 식구들과 자연 가까워지게 되었다. 김자경과 그의 딸 영혜가 김활란 총장의 지극한 사랑을 받아 영혜는 총장을 모시고 '새집'에 살면서 학교에 다니기도 하였다. 벌써 60년 가까운 옛날 일이다.

왕년의 수영선수였던 심형구 화백은 초도리에 마련된 이화여대 캠프장의 앞바다에 빠져 돌아오지 않는 길손이 되었으므로 그 여름 초도리의 추억은 아름답게만 회상되지 아니한다. 오페라단을 창설한 뒤 김자경은 봉원동 산기슭에 넓은 땅을 마련하고 오페라 단원들을 위해 집을 지었다. 딸 영혜는 미국으로 시집가고 큰아들 준식이는 결혼하여 캐나다에 산다고 들었다. 현식이 소식은 아직도 나는 모르고 있다.

20세기가 다 저물어 가던 1999년 늦은 가을, 목사의 딸 김자경은 향년 82세에 조용히 눈을 감고 하나님 나라로 떠났다. 우리 시대의 가장 저명했던 소프라노 김자경. 그 시대를 살았던 이들 중에 〈라 트라비아타〉에 출연했던 김자경을 기억하지 못하는 사람은 없을 것이다. 그가 살았던 한 시대가 말없이 사라지는 광경을 지켜보며 나도 감개가 무량하다.

—2019. 3. 30.

장준하

張俊河, 1918~1975

평북 의주 출생
일본 니혼신학교 재학중 학병징집
광복군, 〈사상계〉 발행인, 국회의원

〈사상계〉 발행인으로 박 정권 비판 앞장서 …
산 잘 타기로 소문난 그가 추락사라니

장준하는 《돌베개》라는 자서전의 저자다. 일제 말기 학도병에 끌려간 애국청년이었던 그는 중국에 주둔하던 일본군대에서 훈련을 받다가 탈영, 광복군이 주둔한 충칭 땅을 찾아 먼 길을 떠났다. 제대로 먹지도 못하고 발바닥에는 온통 물집이 생겼지만 마침내 충칭으로 피란 가 있던 임시정부를 찾는 데 성공했다. 보통 인간으로서는 상상도 못할 고통스러운 나날을 보낸 뒤 마침내 뜻을 이룬 것이다. 장준하는 임시정부 주석 김구와 함께 해방된 조국에 돌아왔다.

장준하는 1918년 평안북도 의주의 개신교 목사 아들로 태어나 고향에서 초등학교를 마치고 그의 아버지가 선천에 있는 신성중학교 교목이 되자 아버지를 따라 그 학교에 진학했다. 모든 기독교계 교육기관의 신사참배가 강요됐을 때 그의 아버지는 신사참배를 거부하고 교목직을 사퇴했다.

그런 집안 분위기 속에서 장준하는 성장했다. 그가 중학교를 졸업하고 평양에 있던 숭실전문학교에 입학하고자 했으나 숭실전문 또한 신사참배 거부로 폐교돼 정주의 한 소학교 교사로 부임해 3년 동안 그 학교에서 가르치기도 했다.

장준하는 일단 일본에 있는 도요대학에 진학해 예과를 마치고 일본

니혼신학교에 입학했다. 해방을 1년 반쯤 앞두고 장준하는 학병으로 소집돼 중국 주둔 일본군 제65사단에 배속됐는데 그해 7월 중국 장쑤성 서주에서 탈영했다.

학병으로 입대할 때부터 장준하는 광복군에 가담하려는 뜻을 가지고 있었다. 그는 동지들과 함께 광복군이 있는 곳까지 걸어갔다. 일본군에게 발각될까 봐 걸어서 광복군을 찾아간 것이다. 그 거리가 얼마나 됐을까. 그때부터 장준하는 정치현장에 관심을 가지게 된 것 같다.

장준하가 두각을 나타낸 것은 정부수립 후 〈사상계〉를 창간하면서부터다. 〈사상계〉는 자유당의 장기집권에 염증을 느끼고 있던 이 나라 지식인층에 용기를 심어 주던 유일한 지성지로, 매달 10만 부가 판매될 만큼 성장했다. 함석헌을 비롯해 안병욱, 이극찬 등 일류 필진이 매달 그 잡지에 기고하며 한 시대를 떠들썩하게 만들었다. 〈사상계〉가 4·19의 도화선이 됐다는 평가도 있다.

박정희의 군사쿠데타가 성공해 군사정권이 들어선 뒤에는 그 정권과 맞서 정면으로 싸우는 언론은 오직 〈사상계〉 하나뿐이었다. 그 과정에서 〈사상계〉만 유명해진 것이 아니라 장준하도 전국적 인물이 됐다. 특히 젊은 학생들 사이에서 그는 시대의 영웅처럼 추앙됐던 것도 사실이다.

정치적 감각이 예리하던 장준하는 대통령의 꿈을 품고 있었다. 박정희가 마련한 새 헌법에 반대하기 위한 운동을 전국적으로 전개하는 가운데 나를 비롯해 천관우, 계훈제, 법정 등과 함께 '개헌청원 백만인 서명운동'에 착수했다. 그 운동은 뜻하지 않게 빠른 속도로 진행됐다.

그때 나는 장준하에게 시간이 오래 걸릴 것 같다고 연막을 치는 것이 우리에게 유리할 것이라고 권고했지만, 장준하는 성격이 불같은 사람이라 빨리 군사정권을 타도하기 위해 "곧 백만인 서명운동이 끝나게 되었다"고 선언해 버렸다. 겁을 먹은 당국이 방관할 수는 없었을 것이다. 여러 사람이 나누어 서명을 받고 있었는데 어느 날 아침 중앙정보부원이 덮쳐 서명한 서류를 몽땅 압수해 갔다. 결국 '백만인 서명운동'은 수포로 돌아갔다.

부완혁이 곤경에 빠진 장준하로부터 〈사상계〉를 인수했는데, 〈사상계〉에 실린 시 〈오적〉(五賊) 때문에 엄청난 박해를 받게 된다. 유독 〈사상계〉가 게재를 허락한 김지하의 〈오적〉은 국민감정의 단적 표현이었다. 일반 국민은 그 시를 읽고 '옳거니'를 연발하였지만, 당시 중앙정보부 입장에선 눈엣가시처럼 여기던 〈사상계〉를 좌절케 할 좋은 기회를 포착한 셈이었다. 부완혁의 능력만으로는 〈사상계〉를 더 이상 유지할 수 없었다.

장준하는 도대체 어떤 인물이었던가. 구름 타고 왔다 구름 타고 떠난 전설적 인물이라고 할 수 있다. 그와 가까이 지내면서 그에게는 보통사람에게 없는 신들린 일면이 있었다고 나는 증언하고 싶다. 그는 자유당 장기집권에 맞서고 박정희 군사정권에 정면으로 도전하는 언론 〈사상계〉의 총수였는데, 범인들이 접근할 수 없는 신비로운 일면을 가지고 살다 홀연히 떠난 불운한 사나이였다고 할 수도 있다.

그가 1975년 8월 17일 아침 일정에는 없던 등산길에 오른 것은 두 청년의 권고에 못 이겨서였다. 한평생 산을 잘 타기로 소문났던 장준하가 높지도 않은 산에서 추락해 목숨을 잃다니 상상할 수 없는 일이었다. 물론 당국은 추락사로 판정하고 우리로 하여금 그의 사인을 거론하지 못하게 했지만, 아무런 외상도 없이 강철같이 단단하던 사나이가 어찌 시신이 되어 우리 품에 돌아왔단 말인가. 그를 유인하다시피 등산을 강권했던 젊은 친구들은 영영 자취를 감췄고 끝까지 증언할 수 있는 목격자도 없이 구름 타고 가 버린 사나이 장준하.

장준하의 부인과 아들딸들은 세끼 밥을 먹기도 어려운 형편에서 아들은 대학 문턱에 가 보지도 못하고 세파에 시달리며 오늘도 살아가고 있을 것이다. 다정다감했던 장준하가 가족에 대한 걱정을 안 했을 리는 없을 것이다. 그는 가끔 나에게 이런 말을 했다.

"나는 김 박사가 부러워. 가족이 없으니 걱정거리가 없지 않소."

호소하는 듯한 표정으로 나를 바라보던 그의 맑은 두 눈에는 애수가 서려 있었다. 40여 년이 지난 오늘도 그 표정을 생생하게 기억한다.

— 2018. 2. 3.

현승종

玄勝鍾, 1919~

© 국무총리 비서실 홈페이지

평남 개천 출생
경성제대 법학부 졸
고려대 교수, 성균관대 총장, 국무총리

진정 많은 사람들이 존경하고 흠모하는 어른…
맑은 바람과 같은 선비로 100세

우리나라 24대 국무총리를 지낸 현승종은 평안남도 개천사람으로, 평양고보 출신들이 가장 존경하는 선배 중 한 사람이다.

내가 잠시 조그만 야당의 국회의원 노릇을 할 때, 현승종 선배는 국무총리였다. 그가 국회에 출석할 때마다 뒷자리에 앉았던 나는 야당의원이었지만 다른 의원들이 다 지켜보는 가운데 앞으로 나가 그에게 인사를 하고 내 자리로 돌아오곤 하였다. 총리에게 경의를 표하려는 것이 아니라 이 시대의 두드러진 교육가요 사회운동에 헌신해온 현승종에게 예의를 갖추고 싶었기 때문이다.

내가 잘 아는 민남규라는 사업가는 고려대 출신이다. 그는 자기가 결혼할 때 은사이던 현승종에게 주례를 부탁한 사실을 나에게 이야기하면서 해마다 꼭 한 번 주례를 맡아 준 그 은사를 찾아가 본다는 것이었다. 내가 보기에 현승종은 민남규가 가장 존경하는 스승이었던 것 같다.

아마 그 시대에 가장 주례를 부탁하고 싶은 분이 누구냐고 물었다면 고려대 출신이 아니더라도 많은 젊은이들이 그에게 주례를 부탁하고 싶다고 하였을 것이다. 현승종은 진정 우리 사회의 많은 사람들이 존경하고 흠모하는 어른이었다.

그는 1919년 1월 26일에 출생하여 올해 꼭 만 100세가 되었다. 요새난 바깥출입이 뜸하기 때문에 어디에 가든 그 어른이 나타나는 때는 없다. 평양고보를 졸업한 그는 곧 경성제국대학 법과에 입학하였는데 당시에는 가장 우수한 학생들이 경성제대를 지망하였다. 일제강점기에는 경성제대를 졸업하면 출세의 길이 활짝 열렸던 것도 사실이었다. 대학을 졸업하고 2년 뒤에 해방의 날이 찾아왔다. 그는 일본군에 끌려가서 일본군대에서 근무할 때도 있었다.

해방 뒤에는 1946년부터 30년 가까이 고려대에서 가르쳤다. 그 기간 중에도 군대에 입대하여 전쟁에 참여한 바 있다. 6·25 전쟁이 터지자 그는 자진하여 전쟁에 뛰어들었고 1952년 10월에는 공군 소령으로 진급하기도 했다. 그의 삶의 어느 때나 나라를 사랑하는 충정이 지극했다. 그는 만난을 무릅쓰고 뛰어들어 최선을 다하는 그런 성격의 소유자였다.

현승종은 고려대에 적을 둔 30년 가까운 세월 중에 교양학부장, 법률행정연구소장 그리고 중앙도서관장직을 맡았다. 그 뒤에 유네스코한국위원도 지냈고, 고려대 독일문화연구소장 자리도 맡았었는데, 1974년 성균관대 총장으로 초빙되어 고려대를 떠날 수밖에 없었다. 그는 1980년에 헌법개정 심의위원에 임명되었고, 1985년에는 민족통일중앙협의회 회장으로 추대되기도 하였다.

성균관대 총장 일을 6년 보고 나서 그는 다시 1984년부터 한림대로 가서 교수, 학장, 총장을 역임하였다. 신설된 한림대는 춘천에 자리 잡고 있어 유능한 교수들을 모시기 어려웠지만, 그 당시 현승종의 뒤를 이어 그 멀고먼 춘천까지 출퇴근한 우수한 교수들도 적지 않았다. 덕망이 높았던 그는 다른 교수들에게도 존경받는 인물이어서 한때 한림대에서 명성이 자자하였다.

고려대 재임 중 그는 그 대학에서 명예 법학 박사학위를 받았고 3년 뒤에는 타이완정치대학에서 박사학위를 받았다. 이어 학계와 교육계에서 그 공로를 인정받아 국민훈장동백장, 충무무공훈장, 성곡학술문화상 등을 수상하였다. 교과서처럼 학생들이 많이 읽던 그의 저서 《로마법 개론》, 《로마법 원론》, 《법사상사》, 《서양법제사》 등은 학생들 사이에서 명저로 여겨졌다.

그의 아호는 춘재(春齋)였고, 그의 성품은 선비다워 얼굴과 몸가짐에 늘 기품이 흘렀다. 요새는 그를 거의 만날 일이 없지만, 몇 해 전만 해도 나는 댁으로 방문하여 후배가 선배를 대하는 예의를 갖추고자 금일봉을 드리려고 했다.

그러자 그는 이렇게 타일렀다.

"김 선생, 나를 방문해 주는 것은 백번 고마운데 이렇게 봉투를 놓고 가면 나는 마음이 괴로워요. 내가 노후를 살아가는 데 걱정이 없으니 아예 이런 일을 하지 마세요."

그의 말과 표정이 하도 공손해 다시는 그런 일을 하지 않기로 결심했다.

이제 그의 건강은 좋지 않고 사모님을 잃은 뒤에는 더 몸이 허약해졌다. 인생이란 다 그런 것이 아닐까. 아무리 유명한 인사도 나이가 들어 은퇴하고 나면 그 이름이 차차 잊히는 것은 어쩔 수 없는 일이다.

현승종을 생각하면 '백세청풍'(百世淸風)이라는 아름다운 글귀가 떠오른다. 오늘 그는 맑은 바람이 되어 우리들 사이를 스치고 지나가는 것은 아닐까.

— 2019. 6. 29.

오재경

吳在璟, 1919~2012

황해도 옹진 출생
일본 릿쿄대학 경제학과 졸
문화공보부 장관, 한국관광공사 총재, 동아일보 사장

다재다능했던 이 시대의 가장 핸섬한 사나이 …
언론계, 관광업 등의 발전에 기여

죽포(竹圃) 오재경은 이 시대를 함께 살아온 많은 한국인들의 눈에 가장 핸섬한 사나이였다고 나는 믿는다. 나보다 9년이나 선배였기 때문에 그와 가까이 지내온 반세기의 기나긴 세월 동안 그는 변함없이 나의 형님이었고 나는 변함없는 그의 동생이었다.

오재경의 사람됨이 풍기는 매력은 가까이 사귀어 보지 않고는 잘 알 수 없다. 우선 그는 누구보다 이목구비가 수려한 얼굴을 가지고 있었다. 항상 깨끗하게 면도한 그 매력적인 얼굴에서는 당시 멋쟁이들이 면도 뒤 즐겨 쓰던 '잉글리시 레더' 향기가 났다. 또 그의 단골 양복점이 어디인지는 모르지만 그는 항상 말쑥한 옷차림으로 흠잡을 데 없는 단아한 선비의 모습을 보여 주었다. 사람을 대하는 매너도 탁월하여 그의 첫인상을 안 좋게 말하는 사람은 단 한 명도 없었다.

그를 내가 이렇게 묘사하면 아마도 "그 사람은 따르는 여자들이 무척 많았겠다"라고 말할 사람들이 있을 것이다. 하지만 그는 한 번 상처하고 또 한 번 장가들어서 90 평생 오직 두 사람의 여자밖에 없었다. 따르는 미모의 젊은 여성들이 많았겠지만 그는 어떤 여성의 유혹도 다 물리칠 수 있는 수준 높은 기독교적 도덕관념을 지니고 깨끗하게 살다 갔다.

오재경은 그의 목사 아버지가 부임한 일본 땅에서 성장하였고 거기서 릿쿄대학 경제학과를 졸업하였다. 그는 3·1 운동이 불길처럼 일어난 지 3개월 만에 태어난 탓인지 겨레를 사랑하는 남다른 열정을 이미 지니고 태어난 듯했다. 이 나라의 인구가 3천만이던 때에도, 5천만을 넘어선 그의 만년에도 그만큼 나라를 위해 부지런히 뛰어다니던 사나이는 찾아보기 어려웠다. 그의 머리에서는 하고 싶은 일, 해야 할 일들이 늘 샘솟았다. 그래서 잠시도 가만있을 수 없었으리라. 그는 이 땅에서 가장 바쁜 사나이로 한평생을 살았다.

그가 아끼고 사랑하던 선후배가 많았던 것은 사실이다. 그러나 그가 미워한 인간들도 적지 아니하였다. 오재경은 아무리 유명인사라 해도 거짓말을 하거나 자기 잇속만 챙기는 인간이라고 판단될 때에는 그와 원수가 되는 것을 조금도 꺼리지 않았다.

그는 초대 대통령 이승만을 비롯해 군사쿠데타로 집권한 박정희를 위해서도 최선을 다했지만 '이건 안 된다'라고 판단하면 서슴지 않고 그 자리를 떠났다. 그는 대한여행사 이사장, 구황실재산 사무총국장을 거쳐 문화공보부 장관 자리에도 올랐다. 그러나 자신이 물러날 때가 되었다고 느꼈을 때는 미련 없이 자리를 떠나는 '청풍명월' 같은 사람이었다.

오재경은 세계적으로 각광받는 대한민국 관광사업이 매우 중요하다는 사실을 일찌감치 깨닫고 한국관광공사 총재에 취임하여 관광사업 발전에 힘썼다. 또한 사회봉사단체인 국제로타리클럽과의 인연은 매우 오래된 것이어서 분단국가인 대한민국에서 전 세계 로타리 회장 탄생의 기적을 이룬 것도 그가 쌓아올린 로타리안으로서의 공적과 무관치 않다.

그런데 우리 전통문화를 살리기 위해 그의 노력으로 마련되었던 원각사는 지각없는 사람들의 부주의로 불타 버렸다. 그가 아니었다면 탄생할 수 없었던 '한국의 집'(Korea House) 도 오늘 그의 꿈을 과연 이어가고 있는지 의심스럽다. 이런 안타까운 일들을 마주하면 그가 더욱 생각난다.

오재경은 기독교방송의 사장 시절에 군사정권에 대한 비판도 서슴지 않았다. 〈동아일보〉 사장으로 추대되어 언론계에서 그가 민완을 휘두른 사실도 잊힐 수 없는 언론사의 한 토막이 되었다. 오랜 공직생활 동안 축재(蓄財) 의 기회도 있었겠지만, 그는 돈에 대하여는 큰 관심이 없는 깨끗한 선비로 한평생을 살다 갔다.

뒤 집의 정원에서라도 잡초 한 포기를 발견하면 반드시 뽑아 버리지 않고는 그 자리를 떠나지 못하는 까다로운 성미, 미운 사람과는 타협이 불가능하던 꼬장꼬장한 성격은 늘 변함없었다. 그는 줄곧 건강하다가 100세를 향하며 휠체어를 타지 않고는 어디에도 못 가는 신세가 되었지만 자신을 필요로 하는 모임은 꼭 참석하였다.

'대한독립 만세'를 외치는 국민의 함성이 하늘을 찌르던 그해에 태어난 오재경. 그가 이 세상을 떠나 하나님의 품으로 돌아간 지 어언 7년이 흘렀으니 세월의 무심함을 느낀다. 그를 그리면서 영국 시인 랜더의 시 〈죽음을 앞둔 어느 노철학자의 말〉을 읊조려 본다.

나 아무와도 다투지 않았소
다툴 만한 상대를 만나지 못했기에
나 자연을 사랑했고
자연 다음으로는 예술을 사랑했네
인생의 불길에 내 두 손을 녹였건만
그 불은 이제 꺼져가는구나
떠날 준비는 다 되었도다.

인간 오재경의 아름답던 모습이 떠오르면 때때로 그의 지난날을 회상하게 된다. 그는 능력을 크게 타고난 인물이었다. 화가도 아니었고 음악가도 아니었고 시인도 아니었지만 오재경이야말로 진정한 '삶의 예술가'였다. 그의 예술의 장르는 무엇이었는가? 한마디로 하면 그는 이웃과 나라를 사랑하는 그 예술에다 그의 삶을 다 바쳤다고 해도 지나친 말은 아니다. 그가 이룩한 그 많은 업적이 모두 그 사랑의 열매였다.

동지를 지난 지 한 달이 가까워오니 이젠 봄이 멀지는 않았다. 한층 봄이 기다려지는 오늘, 오재경의 맑은 미소가 유난히 그리워진다.

—2019. 1. 19.

임원식

林元植, 1919~2002

평북 의주 출생
하얼빈 제일음악학원, 도쿄고등음악학교 졸
KBS교향악단 창설, 초대 상임지휘자, 경희대 교수

작곡, 지휘, 오페라 등 음악의 천재 …
서울예고 창설, 육성

한 나라의 역사에서는 가끔 뜻밖의 일들이 벌어진다. 일본은 메이지유신으로 신흥국가를 건설하기에 이르렀는데, 그 시대를 이끌어간 인물들이 대개 비슷한 지역 출신들이라는 사실은 매우 놀랍다.

나는 본디 누구의 고향도 묻지 않는 사람이다. 지역감정이라는 것이 이 나라의 고질인데, 상대방의 고향을 묻고 그다음으로 출신학교를 알아보기 때문에 그 지역감정의 뿌리가 점점 깊어지는 것이라고 믿기 때문이다. 그런데 한국 역사에도 그와 비슷한 일들이 가끔 벌어져 우리를 놀라게 한다.

평안북도 의주라는 곳을 나는 찾아가 본 적이 없지만, 그 지역에서 비슷한 시대에 우리나라가 자랑스럽게 생각하는 두 인물이 탄생하였다. 한 사람은 1936년 베를린올림픽에 출전했던 손기정이고, 또 한 사람은 오늘 이야기하고자 하는 지휘자 운파(雲波) 임원식이다. 그들은 아마도 유유히 흐르는 압록강을 바라보면서 자랐을 것이다. 손기정은 달리기천재였고, 임원식은 음악천재였다.

임원식은 지금으로부터 꼭 100년 전 1919년에 독실한 기독교 집안에서 태어나 매우 어린 나이에 교회에서 서양음악을 접할 기회를 가졌다. 집에 오르간도 피아노도 없어 다니던 교회 오르간을 붙잡고 천재소년 임원식은 서양음악에 매료되었다.

그의 나이 6살 때 가족이 다 만주 땅 봉천으로 이사를 가서 그는 이미 소년시절에 피아노로 아르바이트를 해가며 경제적으로 자립하였다. 1939년 그의 나이 20세에 백계 러시아인이 운영하는 하얼빈 제일음악학원을 졸업하였는데, 거기서 작곡과 이론을 익혔고 피아노 연주에도 남다른 솜씨를 드러냈다.

만주에서 공부를 끝낸 임원식은 23세가 되던 1942년 일본으로 건너가 도쿄음악학교에 입학, 피아노를 전공하는 한편 작곡을 배우게 되었다. 그때 도쿄에는 이미 김원복, 전봉초, 윤기선 등이 먼저 와서 공부하고 있었는데, 임원식은 영화음악의 편곡을 맡아 경제적으로도 여유로운 생활을 하였다.

그는 학병이나 징용으로 끌려가지 않으려고 다시 하얼빈으로 가서 러시아인으로 구성된 관현악단에서 편곡하는 일을 맡는 한편 이때부터 지휘에 관심을 가지고 본격적으로 지휘법을 익히기 시작하였다. 일본인 상임지휘자가 갑자기 그 관현악단을 떠나게 되었을 때 임원식은 그를 대신하여 정기연주회 지휘자로 무대에 서기도 하였다.

해방이 되고 그가 서울에 돌아왔을 적에는 우리나라에서 임원식만한 음악경력을 쌓은 인물을 찾아보기 어려웠다. 음악적 재능을 젊어서 또는 어려서 개발하는 것이 옳다고 믿었던 임원식은 음악교육의 뜻을 품고 이화여중에서 음악을 가르치기 시작하였다. 이때 맺은 인연 덕분에 그는 이후 서울예고를 창설하였고, 우리나라의 조기 음악교육의 선구자 역할을 하였다.

그는 음악을 공부하고 싶은 욕망이 간절하여 1948년 미군정하에서 피아니스트 윤기선과 함께 미국 유학길에 올랐다. 이때 캘리포니아 하기음악제에 참석하여 쇤베르크로부터 명곡해석에 대한 지도를 받았고, 탱글우드에서는 세계적 지휘자 쿠제비스키로부터 지휘법을 배우기도 하였다. 그리고 뉴욕의 줄리어드음악학교에서 수학하고 1949년 귀국하여 이화여대 음대 교수로 취임하였다.

다재다능했던 임원식은 한국 최초의 오페라 공연 베르디의 〈라 트라비아타〉의 초연 무대를 지휘하였고, 오페라 운동에도 열성으로 참여하여 이미 젊은 지휘자로서의 면모를 여실히 드러내기도 하였다. 한국 최초의 교향악단이 창단된 것은 해방 직후인 1945년 9월이었다. '고려교향악단' 창단이 우리나라 관현악 운동의 시작이라고 할 수 있다.

그러나 고려교향악단이 재정난으로 해산하자 그는 1956년 방송국의 지원을 받는 KBS 교향악단을 창단하여 상임지휘자로 취임했고 그 운영 책임을 전적으로 맡게 되었다. KBS 교향악단은 음악애호가들의 전폭적인 지지를 받아 1969년 국립으로 개편되었고, 국립교향악단은 임원식을 초대 지휘자로 맞아 그 전성기를 구가했다.

임원식의 사람됨에 대하여 몇 마디 하고자 한다. 그가 다재다능했던 사실은 만인이 다 인정하는 바이지만, 우리 시대의 가장 핸섬한 사나이였다고 해도 지나친 말은 아닐 것이다. 그는 누굴 만나도 언제나 경쾌한 표정이었고 생김새뿐 아니라 옷차림도 태도도 월등하게 멋있었다.

나는 그가 피아노 앞에 앉아서 우리가 흔히 부르는 찬송가 중 몇 곡을 재즈로 편곡하여 연주하는 광경을 보고 감탄했다. 그것은 연주회가 아니라 그가 즉흥적으로 몇 사람 앞에서 공연한 것뿐이지만 듣는 사람들은 모두 감동하였다.

1953년 임원식은 이화여대 음대를 떠나 서울대 음대로 자리를 옮겼고 그 뒤에는 서울예고 발전에 힘을 기울였다. 1978년 그가 많은 재능 있는 제자들을 거느리고 경희대 음대 학장으로 취임했을 때 그 활동을 방해하는 세력만 없었다면 아마도 경희대 음대가 이 땅에서 굴지의 음대가 되었을 것이라고 아쉬워하는 측근들이 많다. 그는 대한민국과 서울시가 문화인에게 줄 수 있는 모든 상을 다 받았고, 그를 기리는 '운파 임원식 음악상'도 제정되었다.

그러나 그는 2002년 8월 할 일 많은 세상을 그대로 두고 어려서부터 믿고 한평생 사모한 하나님 품으로 돌아갔다. 이 글을 쓰는 오늘 임원식은 우리 모두에게 매우 그리운 인물이다.

—2019. 3. 2.

차경섭

車敬燮, 1919~2017

평북 용천 출생

세브란스의전 졸

의사, 차병원 원장, 차의과대학 이사장

세계적 수준의 산부인과 세운 병원 · 의료계의 성현군자

내가 평생에 만난 의사들 가운데 두 사람이 우리나라 의료계에 나타난 성현군자였다고 생각한다. 한 분은 널리 그 이름이 알려진 유명한 의사로서 김일성의 맹장수술을 훌륭하게 집도하였다는 장기려이다. 또 한 의사는 남이 모르게 의료사업에 전력하여 차병원이라는 세계적 수준의 큰 병원을 세우고도 끝까지 유명해지길 거부한 산부인과 전문의 차경섭이다. 두 사람이 다 평안북도 용천 출신이고 장기려가 몇 년 선배이지만, 일제강점기의 비슷한 때 한 사람은 경성의전을, 또 한 사람은 세브란스 의전을 졸업하여 각기 의사 자격을 얻었다.

차경섭은 아버지가 목사이자 독립운동가였고 애국애족의 분위기 속에서 성장하여 기독교의 희생정신을 품고 한평생을 살았다. 자기가 하는 일을 남들이 알아주길 바라지 않고 오직 하나님 한 분과 대화하며 살았다고 해도 지나친 말은 아니다. 그는 학창시절에 친구였던 장운섭의 여동생 장보섭과 결혼하여 슬하에 딸 광혜, 광은과 아들 광렬을 얻어 다복한 가정을 이루고 살았다.

대구 동산병원에서 인턴을 마친 그는 영변에서 개업했지만 해방 후 공산당의 학정을 견디다 못해 1946년 월남하였다. 6 · 25 전쟁 중에는 미군 통역으로 근무하였고 전쟁이 끝난 이듬해에는 시카고로 가서 수련의 과정을 다시 마쳤다. 귀국 후에는 이화여대 의과대학 산부인과 교수로 취임하여 이화여대 동대문병원 산부인과 의사로 명성을 날리기 시작하였다.

그는 일개 의과대학과 대학병원만으로 감당하기 어려운 큰 인물로, 1980년에는 차병원을 설립하고 원장으로 취임하였다. 차병원의 명성은 국내에서뿐만 아니라 외국까지 널리 알려졌다. 일본의 젊은 여성들은 차병원에 와서 아이를 낳고 산후조리하는 것을 최고의 행복으로 여긴다는 사실은 한때 화제가 되었다. 가장 좋은 제품을 만들어 전 세계 시장에 군림하는 기업인이 온 국민의 존경을 받듯이, 의료사업으로 국위를 선양하는 차병원의 존재 또한 국민이 알아줘야 한다고 나는 믿는다.

1996년 차경섭은 포천중문의과대학을 설립하였다. 그의 큰 뜻은 의사가 되고 싶은 유능한 젊은이들 가운데 학비를 감당하기 어려운 수재들에게 무료로 의학교육을 실시하여 의사를 양성할 뿐 아니라 기숙사를 마련해 숙식까지 제공하는 데 있었다. 매우 특이한 의과대학을 발족시킨 것이었다.

나는 가끔 초빙되어 그 학생들에게 문화사를 가르친 있는데, 거기에 가면 어김없이 차경섭의 부인 장보섭을 만났다. 어떤 '사모님'이 기숙사 학생들을 위하여 밥도 지어 주고 청소도 하면서 헌신적으로 일하는 모습을 보고 처음에는 그 멋있는 부인이 누군지 잘 몰랐지만 알고 보니 차광은·차광렬의 친어머니였다. 그런 사실을 알고 감동하지 않을 사람이 어디 있겠는가! 포천중문의과대학은 마침내 차의과학대학으로 개칭되었고, 차경섭은 이사장으로 남아 후학양성에 힘썼다는 것도 널리 알려져야 할 사실이다.

훌륭한 아버지가 시작한 일이 아들 대에 가서 흔들리는 집안이 많다. 왜 그런 일이 비일비재한가! 아버지의 성공 때문에 그 아들딸이 교만해져서 일을 망치는 수가 많기 때문이다. 그러나 차병원의 경우는 좀 다르다. 설립자 외아들인 차광렬은 차병원의 강남시대를 여는 일에 있어 엄청난 공을 세웠다.

그때부터 설립자 차경섭은 아들이 하는 일에 도움을 주면서 병원장으로 병원 일에만 전념하였다. 한편 그 아들은 강남시대의 주역이 되어 온갖 계획을 다 세우고 실현하면서 명실공히 차병원이 한국을 넘어 세계로 진출하는 모습을 보여 주기에 이르렀다. 분당 차병원, 구미 차병원, 여성의학연구소, 여성병원, 그리고 건강과 의료를 겸한 '차움'을 청담동에 세우기도 했다. 차움은 젊음과 건강을 지키고 싶어하는 전국의 젊은이들이 찾고 있고 해외에서도 상당수가 방문한다고 들었다.

그뿐 아니라 LA 할리우드 차병원과 난임치료센터, 도쿄에 있는 줄기치료 클리닉도 유명하다. 차병원은 전 세계적으로 50여 개의 의료센터를 운영하여 5억 달러의 매출을 올린다고 하니 놀랍기만 하다. 그 일을 계획하고 추진한 것은 의료계에 혜성처럼 나타난 차광렬이었다. 아버지보다 훌륭한 아들이 나오기 어렵다는 말이 있지만 차병원 경우에는 그런 말이 나돌아도 무방할 것 같다.

차경섭은 병원 한구석에 방을 하나 가지고 경건하게 하루하루를 보내다가 2017년 4월 조용히 눈을 감고 하늘나라로 떠났다. 우리 나이로 향년 99세. 외유내강한 그의 성격 그대로 차경섭의 삶은 요란하지 않게 끝났지만 그가 이룩한 엄청난 큰일들은 오늘도 전 세계 의료계에서 하나의 기적으로 여겨지고 있다.

차경섭을 만날 때마다 그가 나에게 보여 준 그 다정한 미소를 오늘도 생생히 기억하면서 짧은 글을 여기서 마감할까 한다. 인생이란 매우 놀랍고 아름다운 것이라고 믿는다.

— 2019. 2. 23.

백선엽

白善燁, 1920~

평남 강서 출생
평양사범·만주군관학교 졸
육군대장, 육군참모총장, 교통부 장관

하극상에 미련 없이 군을 떠난 전쟁영웅… 이듬해 5·16이 터졌다

612년 중국 수(隋) 나라의 양제가 우리나라를 침략했을 때에는 살수(청천강)에서 침략군을 물리친 고구려의 을지문덕이 있었고, 1592년 일본의 도요토미 히데요시가 조선을 침공했을 적에는 한산도 대첩으로 기선을 제압한 조선조의 이순신이 있었고, 1950년 인민군에게 남침을 당하여 악전고투하던 때 대구와 부산을 향해 돌진하려는 인민군을 경북 칠곡의 다부동에서 목숨을 걸고 저지한 백선엽이 있었음을 우리는 기억해야 한다.

백선엽은 어린 나이에 아버지를 잃었고 그의 어머니(방효열)는 온갖 궂은일을 다 하며 자녀를 키웠다. 그렇기 때문에 그는 방 씨 성을 가진 모든 여성에게 특별한 애정을 가지고 있다.

"방 씨가 시집가면 뉘 집에 가나 그 집이 잘돼."

어머니 자랑을 했던 그가 나와 특별히 친했던 까닭이 내 어머니가 방씨였기 때문인지도 모른다. 그는 평양에서 보통학교를 마치고 성적이 하도 우수하여 평양사범에 입학하였다. 백선엽은 어려서부터 군인이 되고 싶었다고 고백한 적이 있다. 초등학교 교사 노릇을 한동안 했지만, 군인이 되고자 하는 그 꿈을 버릴 수가 없어 새로 탄생한 만주국의 봉천(심양) 군관학교에 입학하였다.

1945년 일제가 패망하던 때 백선엽은 만주군의 중위로 해방을 맞이하였다. 김일성이 평양에서 적위대(붉은군대)를 창설하던 무렵, 백선엽은 조선민주당을 세운 조만식 아래서 비서 일을 보기도 하였다. 그러나 뜻하는 바가 있어 그 겨울에 월남하여 남한에 생긴 군사영어학교 1기생으로 입학하여 그 이듬해 육군 중위로 임명되어 제5연대장으로 취임하였다.

그는 국방경비대 내에서 대대장, 연대장을 거쳤고 1948년 12월에는 대령으로 진급했다. 6·25 직전까지는 사단장으로 근무했고 6·25가 터진 뒤에는 준장으로 진급해 군단장에 임명되었다. 전쟁 와중에 육군 참모총장, 계엄사령관을 역임하다가 대한민국 최초의 육군 대장으로 진급되었다. 우리나라 역사에 처음 대장이 탄생하게 된 것이다.

별을 단 그 많은 장성 가운데서 서북 출신일 뿐 아니라 아무런 배경도 없는 백선엽을 발탁한 대통령 이승만의 혜안에 새삼 감탄한다. 이승만은 소박하다 못해 투박하고, 남의 마음을 살 만한 매끄러운 말을 한마디도 할 줄 모르는 백선엽에게 대한민국 군인으로서 차지할 수 있는 최고의 영예를 누리게 한 것이다.

6·25 전쟁에서 용맹을 떨친 사병과 장성은 많다. 그러나 만일 1950년 8월과 9월에 벌어진 다부동 전투에서 제1사단장 백선엽이 발휘한 뜨거운 애국심이 없었더라면 대구는 인민군 수중에 들어갔을 것이고 낙동강과 부산도 모두 인민군에 의해 점령될 수밖에 없었을 것이다. 칠곡 부근에 진지를 구축하고 인민군의 남진을 저지해야 했던 백선엽의 제1사단은 미국 제1기병사단과 공동작전을 펴게 되었다. 여러 날 굶주린 데다 피로가 겹친 군인들이 고지를 이탈하는 일이 속출하고 있었다. 그 정보를 접한 백선엽은 낙동강 전선을 지키기 위해 다부동 고지를 사수해야

만 했다. 사단장 백선엽이 병사들을 이끌고 앞장서 나가면서 부하들에게 엄명을 내렸다.

"내가 후퇴할 낌새를 보이면 너희가 나를 쏴라!"

그는 선두에서 그 고지를 향해 돌진하였고, 다부동 고지를 지킴으로써 대한민국을 지킬 수가 있었다. 칠곡군 가산면에 다부동 전투 전적비와 기념관이 세워진 것은 매우 당연한 일이라 하겠다.

1960년 5월 군 내부의 '하극상' 현상이 벌어지는 것을 목격하고 백선엽은 퇴역을 결심하였다. 그 이듬해 5·16 군사정변이 터졌다. 군을 떠난 백선엽으로서는 만감이 교차하는 복잡한 심정이었을 것이다. 그가 군의 요직에 있을 때 박정희를 남로당 총책으로 몰았던 김창룡 등이 그를 군에서 숙청하려고 했을 때 박정희의 유능함을 잘 알고 있던 백선엽은 적극적으로 그의 구명운동에 나섰던 것이다.

백선엽을 개인적으로 잘 아는 사람으로 한마디 하고 싶은 말이 있다. 오늘 그는 나이가 99세가 되었지만 생각하는 것은 어린아이와 같이 천진난만하다. 군대에 있으면서 그는 별을 여러 개 달았지만, 그렇게 되기 위해 운동을 한 적은 한 번도 없었다. 그가 받은 훈장을 다 달고 외출한다면 군복의 앞자락이 다 감당할 수 없을 만큼 무겁다. 그러나 그는 한 번도 자기의 무공을 자랑해 본 적이 없다.

몇 해 전 그에게 별을 하나 더 달아 주자는 국민 열망이 있었던 것도 사실이지만, 그렇게 되지 못한 것을 그는 조금도 섭섭하게 생각하지 않았다. 그가 육군 참모총장을 비롯하여 군의 모든 요직을 두루 거쳤지만, 누구에게도 그렇게 해달라고 부탁한 적이 없다. 예비역에 편입된 뒤에는 중화민국 대사, 프랑스 대사, 캐나다 대사 등을 역임했지만, 그가 외교관이 되려고 노력한 적은 한 번도 없었다. 그가 교통부 장관에 임명됐기 때문에 서울시 전철 1호선 완공이 가능했던 것도 사실이지만 한 번도 자랑하지 않았다.

그 뒤에 충주비료 등 국영 기업체 사장도 지낼 만큼 다양한 경력을 가졌지만 백선엽의 인생 좌표는 한마디뿐이다.

"대한민국을 위해서라면 나는 지옥에라도 가겠다!"

백선엽을 만날 때마다 나는 큰 산을 대하는 듯한 느낌을 갖게 된다. 내가 좋아하는 이태백의 시 〈홀로 경정산과 마주앉아〉(獨坐敬亭山)를 읊어 장군 백선엽에게 경의를 표하고자 한다.

뭇새들 높이 날아 다 사라지고	重鳥高飛盡
외로운 구름 한 점 흘러가는데	孤雲獨去閑
아무리 서로 봐도 싫증 안 나는	相看兩不厭
그대 경정산 있을 뿐일세	只有敬亭山

— 2018. 6. 23.

김형석

金亨錫, 1920~

평남 대동 출생
일본 조치대학 철학과 졸
중앙고등학교 교감, 연세대 교수, 수필가

깨끗하게 한평생을 살아온 철학자 …
100세 넘겨서도 현역으로 노익장

철학자 김형석은 남다른 DNA를 타고난 사람이다. 1955년 내가 연희대학 전임강사로 취직했을 때 그는 이미 전국적으로 널리 알려진 교수였는데, 해를 거듭할수록 그의 명성은 더욱 자자해졌다. 그가 1959년에 펴낸 철학적 수필집《고독이라는 병》과 2년 뒤에 출간된《영원과 사랑의 대화》두 책이 전국적 베스트셀러가 되었고, 고려대 학생들도 연세대에 가서 김형석의 철학강의를 도강하고 싶어한다는 말이 나돌았다.

김형석은 평안남도 대동군 출신이다. 대동군은 평양에서 멀지 않고 대동강의 물줄기가 가까이 흐르고 있었을 것이다. 그는 평양의 미션스쿨이던 숭실학교를 졸업하고 일본의 조치대학 철학과에 입학하여 학병 문제로 소란하던 한때 그 대학을 졸업했는데 숨어 있었을망정 학병에는 나가지 않았다. 김형석은 이마가 넓고 이목구비가 수려한 사람이라 나면서부터 선비로 한평생을 마치게 되어 있었다.

나는 그가 누구와 다투는 것을 본 적이 없다. 내가 이 글을 쓰고 있는 오늘 김형석은 우리 나이로 100세가 되었다. 내가 이용만 전 재무부 장관과 장수클럽을 하나 만들어 보려고 그 일을 시작했을 때 먼저 김형석 교수를 생각한 것이 사실이다. 그래서 백선엽 장군과 함께 회원으로 모셨지만 그 두 분은 자주 참석하지 못한다. 백 장군은 부인이 참석하지 말라고 말려서 못 나오고, 김 교수는 아직도 강연약속이 많아서 참석하지 못하는 것으로 알고 있다.

그의 표정은 언제나 밝고 목소리는 언제나 듣기 좋다. 그는 평안도 사람이면서도 평안도 사투리는 한마디도 하지 않는다. 지독하다고 할 만큼 대단한 우리 시대의 연설가다. 나도 그의 강의나 설교를 여러 번 들었는데, 그의 말은 알아듣기 쉽지만 때로는 괴테가 한 말을 몇 마디 독일어로 전해 주면 청중이 더욱 감동하기 마련이다.

내가 전해 듣기에 그가 어렸을 적에는 별로 건강이 좋지 않았는데 한평생 꾸준히 수영을 하여 몸을 단련시켰다고 한다. 그는 가정도 잘 꾸려서 아들과 딸이 남들의 모범이 되는 훌륭한 삶을 살고 있다고 들었다. 특히 내가 잘 아는 그의 딸 성혜는 세브란스 출신의 훌륭한 의사 최병렬과 결혼하였다. 최 의사는 미국의 유수한 의과대학 교수인데 그와 진료예약을 하기가 여간 어려운 일이 아니라고 들었다.

내가 김형석을 존경하는 이유는 비교적 젊은 나이에 중풍으로 쓰러진 그 부인을 지극 정성으로 돌봐주는 그의 사람됨이 정말 놀랍기 때문이다. 오늘 김형석은 한국 사회에 우뚝 서 있다. 사업을 한 사람도 정치를 한 사람도 한 인간으로 성공하지 못한 경우가 많다.

그러나 김형석은 다르다. 깨끗한 한평생을 살고서 100세를 넘겼다. 우리 장수클럽에서 가장 연세 높은 어른이 104세 김병기 화백이다. 김형석 교수가 계속 강의를 하듯이, 김 화백도 계속 그림을 그린다. 그 힘이 다 어디서 솟아나는지 나는 모른다. 짐작건대 그것이 모두 신앙의 힘일 것이라고 믿고 있다.

나는 그가 자기 자신을 위해 살고 있다고 생각하지 않는다. 그는 오로지 예수 그리스도를 섬기는 사람으로서 하루하루를 살고 있다고 느낀다. 23년이나 병든 부인을 돌본 그의 정성도 신앙의 힘이지, 인간으로서는 어려운 일이었다. 그에겐들 왜 유혹이 없었겠는가.

〈갈라디아서〉, 2장 20절에 보면 이런 말씀이 나온다.

> 내가 그리스도와 함께 십자가에 못 박혔나니 그런즉 이제는 내가 산 것이 아니요, 오직 내 안에 그리스도께서 사신 것이라. 이제 내가 육체 가운데 사는 것은 나를 사랑하사 나를 위하여 자기 몸을 버리신 하나님의 아들을 믿는 믿음 안에서 사는 것이다.

몇 해 전에 그가 펴낸 에세이 제목이《나는 아직도 누군가를 사랑하고 싶다》였다. 그런 제목으로 책을 쓸 수 있는 사람은 천진난만한 사람일 것이다. 그 책만이 아니고《어떻게 믿을 것인가》라는 신앙서적도 상상할 수 없을 만큼 짧은 시일 내에 많이 팔렸다고 들었다. "노병은 죽지 않는다"라는 속담은 김형석 교수를 두고 하는 말이 아니겠는가.

그는 그 나이에도 스스로 번 돈으로 제 삶을 꾸려가고 있고 아들, 손자를 데리고 식당에 가도 음식값은 아버지이자 할아버지인 자신이 지불한다고 들었다. 그는 야한 농담 한 번도 한 적이 없는 사람이지만 그의 주변은 언제나 화기애애하다. 그의 철학적 언어에 매료되어 예수를 믿게 된 사람들도 적지 않을 것이다. 대형교회를 운영하는 유명한 목사들보다 그가 전도하여 예수를 믿게 된 사람의 수가 더 많을지도 모른다.

예전에 연희동의 어떤 은행에 볼일이 있어 외출한 적이 있다. 발에 화상을 입어 잘 걷지 못하던 때라 차 안에 앉아 있는데 창밖에 서서 웃고 있는 김형석 교수의 모습이 보였다. 아마도 내가 차 안에 있다는 것을 누군가 전해 주어 선배가 몸소 후배를 찾은 것이었으리라. 나는 그의 밝은 미소를 보며 인생은 비록 괴롭기는 하지만 아름다운 것이라고 느끼지 않을 수 없었다.

나는 김형석의 아름다운 삶이 하나님이 우리에게 베풀어 주시는 사랑을 상징하는 것이라고 믿고 오늘도 큰 위로를 받는다.

―2019. 8. 10.

김상협

金相浹, 1920~1995

전북 부안 출생
일본 도쿄제대 법학부 졸
정치학자, 고려대 총장, 국무총리

호남 출신 대쪽 교육자 …
박정희는 장관, 전두환은 총리 맡아 달라 간청했다

남재(南齋) 김상협은 전라북도 부안에서 태어났다. 그의 아버지는 김연수, 큰아버지는 인촌 김성수였다. 두 분 성함이 《친일인명사전》에 올라 있지만, 그런 사전을 만든 사람들은 역사를 몰라도 한참 모른다. 아니면 역사를 보는 눈이 매우 삐뚤어져 있다고 나는 믿는다.

김상협이 만일 19세기 영국에 태어나 학자의 길을 택했다면 《자유론》의 저자 존 스튜어트 밀이 되었을 것이고, 정계에 투신하였다면 '대영제국의 거인'이라고 불리던 글래드스턴이 되었을 것이다. 그는 총명하여 중학교에서 월반하였고, 일본으로 유학 가 고등학교를 마치고 도쿄제대 법학부를 졸업할 때도 우등생이었다.

군사쿠데타에 성공한 박정희는 대한민국의 가장 모범적인 교수로 알려진 김상협에게 문교부를 맡아 달라고 부탁하였다.

그는 한마디로 거절했다.

"나는 그런 일에 부적절합니다."

아무리 권고해도 완강히 거부하니 박정희는 남재의 아버지에게 연락하여 "아드님을 좀 설득해 주세요"라고 부탁했다는 말도 있다. 그 아버지가 그 아들을 설득했다.

"제발 석 달만 참아라. 사업하는 내 입장도 생각해 줘야지."

김상협이 일단 그 자리에 앉고 보니 말 못할 일들이 속출하였다. 권총을 찬 혁명주체 한 사람이 집무실에 찾아와 경복궁에 30층짜리 호텔을 지으면 국가 재정에 보탬이 될 것 같다고 하였다. 또 다른 혁명주체는 장관실에 찾아와 대학은 몇 개만 남기고 나머지 대학은 다 문을 닫게 하자고 하면서, 아들딸 대학 보내느라고 농촌의 부모들이 여간 고생을 하는 게 아니라고 한마디 하였다.

혁명주체의 말대로 하다가는 나라의 교육이 엉망이 될 것인데, 그런 제안을 받아들일 김상협이 아니었다. 오히려 이화여대 총장 김옥길의 말대로 대학생 정원을 두 배로 늘렸다. 혁명주체들이 가만있었겠는가. 김상협은 석 달 만에 사표를 냈지만, 박정희가 받아주지 않았고 사표가 수리되기를 기다리다가 그해 10월에야 떠날 수 있었다. 장관직을 물러난 김상협의 첫마디가 '샴페인을 터트리자'는 것이었다니 그 심정을 헤아릴 수 있다.

김상협과 전두환의 만남은 더욱 극적이었다. 경호실장 장세동과 비서실장 함병춘이 동원되었다. 처음 두 사람이 만난 것은 궁정동 어느 안가에서였다. 이철희·장영자 어음사기사건으로 민심이 흉흉하던 때였고, 전두환 친척이 관련됐다는 소문도 나돌아 전두환이 사임할 수밖에 없을 것이라는 억측도 있던 때였다. 내란음모사건으로 1981년 김대중에게 사형을 선고했던 사실도 전라도의 민심을 더욱 사납게 만들었던 그런 때였다.

전두환은 큰일이 났다면서 국무총리직을 맡아 달라고 간청하였는데 김상협은 지팡이를 짚고 나타나 사양하였다.

"발을 헛디뎌 인대가 늘어나 다리를 저는 몸으로 절뚝거리는 형편인데, 총리는 당치 않은 자리입니다."

그러나 전두환은 굽히지 않았다.

"김 총장님이 경륜 있고 덕망이 높다는 것은 세상이 다 알고 있습니다. 저는 그저 믿고 모든 일을 맡기겠습니다."

다음날 혜화동 자택으로 함병춘이 방문하여 미국을 달래고, 호남의 민심을 수습하기 위해서는 총리직을 수락하는 것이 조국이 직면한 난관을 타개하는 유일한 길임을 역설하였다. 그 당시 내가 글로 쓰고 말로 했던 한 가지 사실이 기억난다.

"김상협을 총리로 기용하는 까닭은 그런 비상시국에 대비하기 위한 것이라고 믿고 있습니다. 헌법대로 하자면 대통령 유고 시에는 국무총리가 대통령 직무대행을 하게 되어 있기 때문입니다."

만일 전두환이 사임하고 김상협이 대통령 자리에 올랐다면 이 나라의 현실이 오늘 같지는 않을 것이라는 생각이 든다.

김상협은 사람을 웃는 낯으로 대하는 것이 특징이었다. 그는 박정희 군사정권과 전두환 신군부 때문에 말로 다 하기 어려운 고난을 겪었지만 언제나 태연하였고 낙천적인 기질을 한평생 잃지 않았다.

그가 고려대 총장이던 때 군부의 위수령, 계엄령이 선포되고 무장한 군인들이 교정에 난입하여 학교를 점거하다시피 했을 때에도 학생들에게 낙심하지 말라고 당부하면서 "봄은 반드시 온다"고 예언 아닌 예언을 하였다. 남재는 영국 시인 셸리의 "겨울이 오면 봄이 어찌 멀었으리오"라는 그 한마디를 되새기고 있었을 것이다.

가정적으로도 그는 다복한 사람이었다. 그를 한평생 받들던 김인숙

여사는 일본여자대학 출신인데 그를 비방하는 사람을 나는 만난 적이 없다. 부인은 문자 그대로 현모(賢母)인 동시에 양처(良妻)였다. 아들 하나, 딸 셋을 두었는데, 아들 김한은 미국 유학을 마치고 돌아와 증권 회사에 입사해 지금은 어느 큰 은행 회장이 되어 금융계의 큰 별이 되었다. 맏딸 김명신의 남편은 유명한 법학 교수로 고하 송진우의 손자인 송상현이다. 둘째딸, 셋째딸도 다 교수의 아내가 되었고 어느 재벌과도 사돈을 맺지 않았다.

그러나 공교롭게도 부인 김인숙이 이집트를 여행하고 있었을 때 그는 혼자 집에 있다가 쓰러져 졸지에 세상을 떠났다. 부인은 그 소식을 객지에서 듣고 하늘이 무너지는 듯하였겠지만 사랑하는 아내에게 간병의 고통을 주고 싶지 않아서 애처가 김상협은 그렇게 말없이 떠났을 것 같다.

대학총장을 하면 총장답고, 장관이 되면 장관답고, 총리 자리에 앉으면 총리답고, 적십자 총재 일을 맡으면 적십자 총재답던 대표적 한국인 김상협. 그가 만일 왕조를 하나 개국한다면 나는 그 왕국에 가서 농사라도 지으며 살고 싶다. 그가 만일 지구 어느 곳에 공화국을 하나 세운다면 나는 그 공화국에 가서 초등학교 선생이라도 하고 싶다.

– 2018. 8. 25.

김순애

金順愛, 1920~2007

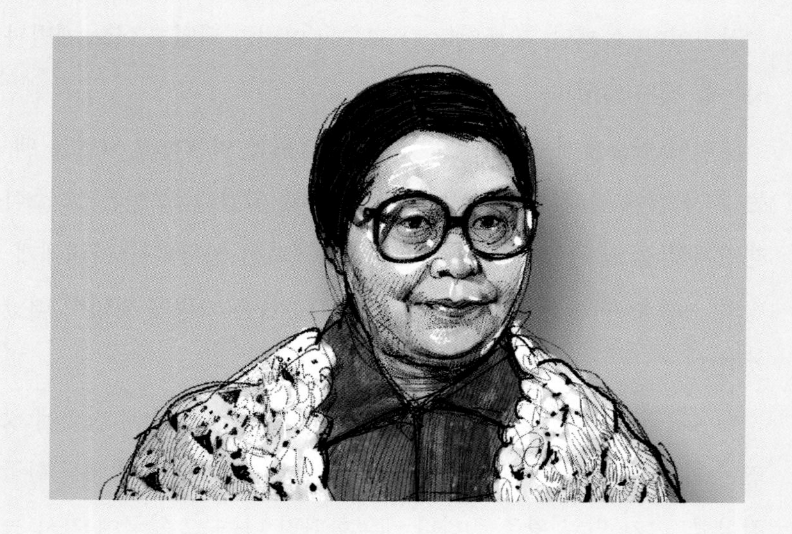

황해도 안악 출생

이화여전 음악과 졸

작곡가, 이화여대 교수

대표작 〈진달래〉, 〈4월의 노래〉, 〈그대 있음에〉

목련꽃 그늘 아래서
최초의 여성작곡가 김순애를 그리워하네

방송국은 서울에 KBS 하나밖에 없던 옛날 일이다. 음악감상 시간이 일주일에 한 번 있었다. 유명한 서양 작곡가의 교향곡과 그 명곡을 해설하는 여성의 부드러운 목소리가 흘러나왔다. 음악에 대한 지식이 풍부할 뿐 아니라 음성 또한 청취자를 사로잡을 만큼 매력적이었다. 우리나라 최초의 여성작곡가 김순애가 바로 그 사람이었다.

어느 유명작가가 잡지에 '가장 아름다운 얼굴을 가진 여성'이란 글을 올렸는데 한 사람은 주증녀라는 영화배우이고, 또 한 사람은 김순애를 지목했다. 그는 얼굴 좌우 균형이 잡힌 전형적 미인으로, 누가 봐도 호감이 가는 얼굴이었다.

그는 1920년 황해도 안악에서 가난한 목사의 딸로 태어났다. 어머니 등에 업혀 교회에 가서 아버지 설교를 듣고 돌아오면서 설교 내용을 달달 외우곤 했다고 그의 어머니가 자랑하였다. 그러나 그런 재능이 몇 살 때까지 이어졌는지 모른다.

서울에 와서 여학교에 다녔는데 1학년 때부터 줄곧 우등생이었고, 이화여전 음악과에 다닐 때에도 그랬다. 이화여전에서 작곡가 김세형의 영향을 받아 작곡을 전공하기로 결심하였다. 학교를 우등으로 졸업하고 그는 대구와 서울에서 음악교사로 일한 적도 있다. 1955년에는 이화여대 음대 교수로 취임하였다.

매우 순탄하게 흘러간 것 같지만 사실 그의 인생행로는 고달프기 짝이 없는 가시밭길이었다. 학생시절에 연희전문에 다니던 어느 문학청년과 깊은 사랑에 빠져 결혼까지 했지만 그 문학청년은 곧 병으로 세상을 떠났다. 그것이 김순애의 생애의 첫 시련이었다. 오랜 세월이 흐르고서 유명한 바리톤 김형로와 새로운 삶을 꾸렸지만, 서울대 음대 교수로 재직하던 그는 불행히도 6·25 때 납북되어 그 뒤의 소식을 아는 사람이 없다.

김순애는 홀로 딸 셋을 키우면서 힘겨운 나날을 보내야만 했다. 성격이 불같아서 쾌활하게 강의하다가도 어떤 학생의 태도가 마음에 안 들면 화를 내고 야단치며 그 학생을 향해 백묵을 던지기도 하였다고 들었다. 그런 성격 때문인지 남자건 여자건 가까운 친구가 없었고 언제나 고독하기 짝이 없는 김순애였다.

그는 이스트먼음악학교 전액 장학생으로 가 유명한 작곡가 호바네스의 지도를 받았는데 호바네스는 김순애의 뛰어난 재능을 인정하고 이스트먼음악학교의 작곡상을 그에게 수여하였다. 국내에서도 서울시 문화상을 비롯하여 제1회 한국 작곡상, 동요 작곡상, 대한민국 작곡상을 모두 휩쓸었다. 그런 경력 덕분에 1993년에는 삼일문화상도 받았으며, 예술원 회원으로도 추대되었다. 상이란 상은 그가 다 받은 셈이다.

작곡발표회도 여러 번 가졌고 〈파랑새〉를 비롯하여 〈진달래〉, 〈황혼이 짙어질 때〉, 〈해당화〉, 〈어머니의 자장가〉, 〈한강은 흐른다〉 같은 작품을 남겼다.

김남조가 시를 쓰고 김순애가 곡을 붙인 〈그대 있음에〉는 널리 애창되는 가곡이다.

그대의 근심 있는 곳에
나를 불러 손잡게 하라

큰 기쁨과 고요한 갈망이
그대 있음에 그대 있음에
내 맘에 자라거늘

오, 그리움이여 그리움이여
그대 있음에 내가 있네
나를 불러 손잡게 해.

김순애의 노래가 있어 김남조의 〈그대 있음에〉는 더 유명한 시가 되었다. 그의 〈4월의 노래〉도 모르는 한국인이 많지 않다. 그 시는 박목월 작품이다.

목련꽃 그늘 아래서 베르테르의 편질 읽노라
구름꽃 피는 언덕에서 피리를 부노라
아 멀리 떠나와 이름 없는 항구에서 배를 타노라
돌아온 4월은 생명의 등불을 밝혀 든다
빛나는 꿈의 계절아
눈물이 어린 무지개 계절아.

김순애를 잊지 못하는 까닭이 하나 있다. 4·19가 터지고 사회가 극도로 혼란해진 가운데 대학사회도 크게 흔들렸고 전국적으로 비상사태가 벌어졌다. 연세대도 예외가 아니었다. 교수들의 농성사태에 항의하여

학교에 사표를 던진 '7교수'가 있었다. 최현배, 최재서, 김하태를 필두로 일곱 교수가 들고일어나 사태는 더욱 심각해졌던 어느 날, 누군가가 김순애를 만나서 연세대에 분규가 있음을 알려 주었다.

그때 김순애는 이렇게 한마디 물었다고 한다.

"김동길 교수는 어느 편이랍니까?"

그 사람이 대답하였다.

"7교수 편이랍니다."

"그렇다면 나는 '7교수'가 옳다고 믿습니다."

김순애는 그렇게 대답하였다.

그리고 그 이상 연세대 분규에 대해 캐묻지 않더라고 하였다. 학생들을 가르쳐야 하는 교수가 정치적으로 변모해 농성사태를 벌여서는 안 된다는 것을 그런 식으로 이야기했던 것이다.

김순애는 이화여대에서 정년퇴직한 후 딸들이 있는 미국으로 가 살다가 워싱턴주 타코마의 한 병원에서 87세를 일기로 조용히 숨을 거두었다. 그는 고국 땅에 묻히게 해달라고 애원하였다. 그가 다니던 영락교회에서 영결 예배가 거행되었는데 둘째딸 초영이의 부탁을 받고 그 예배에서 내가 짧게 한마디 추모사를 하게 되었다.

나는 매슈 아널드의 〈애도의 시〉를 한 줄 읊었다.

주목나무 잎사귀를 뜯어서 뿌리지 말고
그녀 위에 장미꽃잎을 뿌리세요, 장미꽃잎을
Strew on her roses, roses, and never a spray of yew

그는 《도산 안창호》라는 도산의 전기 백만 권을 국민 사이에 보급시켜야겠다고 결심하고 많은 사람들에게 그 책을 구독할 것을 권하였다. 도산의 전기는 쉬운 문체로 전개되어 읽기가 매우 수월하지만, 진정으로 도산을 사모하는 애국지사의 글이라는 느낌을 준다.

저자 이름은 적혀 있지 않지만 일설에는 그 책이 이광수의 작품이라는 말도 나돌았다. 나는 속으로 틀림없이 그것이 사실이라고 믿는 사람이다. 이광수는 6·25 전쟁 중에 납치되어 그 후 생사를 아는 이가 없지만, 혹시 그가 어디선가 털어놓았을지도 모르는 한마디 때문에 나는 그런 확신을 갖게 되었다.

어느 날 이광수가 상하이 임시정부를 찾아갔다. 비록 그가 투사는 아니었지만 광복을 위해 자기가 할 만한 일이 없을까 생각하여 임시정부를 방문했던 것이다.

그는 거기서 도산 안창호를 만났고 이런 말을 던졌다고 한다.

"도산 선생, 저도 독립운동을 하고 싶은데 그 자질이 안 되는 것 같아 선생께 제 고충을 이야기합니다. 저는 유난히 여자를 좋아하는 사람인데 이런 인물이 과연 독립운동에 가담할 수 있을까요?"

그 질문을 받고 안창호는 즉각 이렇게 대답하더라는 것이다.

"남자가 여자를 좋아하는 것이 무엇이 잘못입니까. 그러나 절대로 곁눈질해서 여자를 보지는 마세요. 당당히 보다가 그 여자에게 뺨을 맞는 한이 있어도 여자를 힐끔힐끔 보는 것은 도리가 아닙니다."

그 말을 듣고 이광수는 깊이 깨달았다는 것이다.

그는 안창호는 도학자 같은 인물이어서 "그런 사람이 어떻게 독립운동에 가담할 수 있겠습니까"라며 타이를 줄 알았다. 그런데 뜻밖에도 여자를 좋아하는 것은 잘못이 아니라 곁눈질하며 여자를 보는 것이 잘못이라고 말한 것이다. 이광수는 그의 뜻을 알아차리고 역시 안창호는 위대한 인물이라고 그를 우러러보게 되었다는 것이다.

안병욱은 도산 안창호의 그런 정신자세를 흠모하는 철학자였다. 그래서 안병욱의 평생 목표는 우리나라 국민이 세계 일등국민이 되는 것이었고, 그의 철학도 그런 맥락에서 이해하는 것이 타당하다고 믿는다.

언젠가 그는 나에게 이런 말을 한 적이 있다.

"어떤 지인의 빈소에 갔더니 그의 저서가 오직 두 권만 놓여 있어 너무 빈약해 보였네. 자기 키 높이만큼은 저서를 남겨야 하지 않겠나."

안병욱이 평생 동안 쓴 책은 50~60권가량 된다고 한다. 그는 키가 결코 작은 사람이 아니지만, 그의 책들을 쌓아 놓으면 1m 80㎝를 훌쩍 넘을 것이니 자신이 한 말을 지켰다고 할 수 있다.

안병욱은 멋있는 사나이, 의미심장한 철학자였다. 세상을 떠날 적에 그의 나이는 93세였는데, 그 짧지 않은 한평생을 의미 있게 즐기면서도 깨끗하게 살다 갔다. 언제나 그리운 사람이다.

— 2019. 10. 26.

선우휘

鮮于煇, 1922~1986

평북 정주 출생
경성사범학교 졸
소설가, 언론인, 조선일보 주필

"어떤 정신 나간 놈들이 쿠데타 했어?" 육군본부로 달려가서 일갈했다

1972년 9월 남북 적십자회담이 서울에서 열리게 되었다. 그 대표연설을 나의 누이인 이화여대 총장 김옥길에게 부탁한다는 청와대의 통보가 있었다. 연설을 앞두고 우리 남매가 상의한 끝에 선우휘와 양호민을 초청하여 우리 집에서 저녁을 같이하고 장시간 의견을 나눈 끝에 그 연설문이 작성되었다. 글의 끝을 손질한 것은 나였지만, 의견 대부분은 선우휘의 머리에서 나온 것이다. 이북에서 온 대표들도 감탄하였다는 그 연설은 명연설이었다.

선우휘는 평안북도 정주에서 태어났다. 그 시골에서 태어나 당시에 경성사범에 입학한다는 것은 요새 흔히 쓰는 말로 '하늘의 별 따기'였다. 일제하에서 내가 국민학교를 졸업할 때만 해도 가장 우수한 학생들이 사범학교에 지망하였다. 선우휘는 사범학교를 마치고 국민학교 교사 노릇을 한동안 했지만 "주머니 속 송곳"이라는 말이 있듯이 시골에서 아이들만 가르치고 있을 인물은 결코 아니었다. 그는 1946년에 월남하여 고향어른이라고 할 수 있는 〈조선일보〉 사장 계초 방응모를 찾아가 부탁 아닌 부탁을 하였고, 방응모는 선우휘를 사회부 기자로 채용하였다.

'여수·순천 사건'이 벌어지는 것을 목격하고 그는 대한민국 육군의 정훈장교로 자진 입대하여 1949년 4월에는 육군 소위로 임관했다. 승진이 빨라 두 달 만에 중위가 되고, 6·25 전쟁이 터지던 1950년에는 육군 대위로 진급, 국방부 정훈국의 보직을 받았다.

선우휘를 우익이니 반공이니 하여 헐뜯는 자들이 있는데, 그렇게 악평하는 자들은 선우휘의 사람됨을 몰라서 그러는 것이다. 그는 북에서 김일성이 하는 짓을 똑똑히 보고 38선을 넘어왔기 때문에 공산주의가 잘못된 이념이요 잘못된 사상임을 누구보다 더 잘 알고 있었다. 선우휘는 1940년대 이미 그런 역사의 미래를 내다보고 있었다.

그러므로 그를 자유민주주의자로 부르는 것은 타당하지만 그를 맹목적 반공주의자로 매도하는 것은 어이없는 일이라고 여겨진다. 그는 6·25 때 일선 군단의 유격대장으로 자진하여 참전했으며 전쟁이 끝난 뒤에도 군인들의 생각을 바로잡기 위하여 정훈장교로 활약하다가 1955년 대령으로 진급, 예편했다.

그는 학생시절부터 소설을 탐독하였고 〈신세계〉라는 잡지에 〈불꽃〉이라는 작품으로 문단에 등단해 세간의 이목을 끌기에 이르렀다. 제2회 동인문학상이 선우휘에게 수여된 것도 결코 우연한 일은 아니었다. 그 소설은 일제강점기를 겪으며 고민하고 고민하다 광복과 6·25를 맞이한 한 청년 지성인의 삶을 조명하였는데, 파시즘과 공산주의의 잘못된 이념을 예리하게 분석하고 비판하였으니 그를 휴머니스트라고 부르는 것이 타당하지 않을까.

선우휘가 〈조선일보〉 논설위원으로 재입사한 것은 1961년 5월의 일이었다. 그는 출근길에 군사쿠데타 소식을 듣고 육군본부로 달려가서 "어떤 정신 나간 놈들이 쿠데타를 일으켰나"라고 소리를 질렀다고 한다.

그 일 때문에 체포령이 떨어져 보름쯤 숨어 다녀야만 했고, 그 후 1년 정도 그는 자기 이름을 밝히지 못하고 〈조선일보〉에 논설을 썼다. 박정희의 배려로 체포는 모면했다는 소문도 있었다.

이후 1986년 정년퇴임하기까지 장장 25년간 편집국장, 주필, 논설고문 등으로 종횡무진 붓을 휘둘러 이름을 날렸다. 요새는 신문기자도 대개 속세의 생활인이 되어, 재미있게 표현하자면 월급봉투를 또박또박 안주인에게 갖다 바치고 다달이 저축하여 좀더 큰 아파트로 이사 갈 것을 꿈꾼다. 하지만 선우휘 시대의 언론인, 특히 부장, 국장, 논설위원으로 일하는 사람들은 월급봉투를 그대로 가져다 안주인에게 바치는 경우가 거의 없었다. 대개 가불에 가불을 거듭하여 월급날이면 텅텅 빈 월급봉투를 들고 집에 돌아가는 것이 관례였다.

자기 밑에서 일하는 기자들에게 저녁 먹이고 술 사주는 것이 신문사에서 한자리하는 사람이 마땅히 해야 하는 의무나 다름없던 것이다. 선우휘는 거의 매일 밤술을 마셔야 했다. 그는 딸이 셋이고 아들이 하나였는데 그 아들이 현재 신문기자이다. 그가 그 아버지를 똑 닮아서 글을 잘 쓰는 것은 고맙지만, 그 아버지와 꼭 같이 술을 좋아한다는 소문이 자자하여 닮지 말아야 할 것을 닮아 나는 가끔 걱정하는 때가 있다.

나는 선우휘의 건강이 술 때문에 점점 나빠진 것을 알았기 때문에 어느 여름 캐나다로 강연을 갔다가 좋은 웅담을 하나 구해 귀국 즉시로 전한 적이 있는데, 그 웅담이 선우휘의 건강을 되찾아 준 것 같지는 않다. 내가 남미 여러 나라를 돌면서 강연하던 때로 기억하는데, 그가 방송 일 때문에 부산에 가 있다가 어느 허술한 여관에서 졸지에 병사했다는 소식을 들었다. 나를 보고 "김 선생, 내가 지금 작품 하나를 쓰려고 계획하고 있는데 죽기 전에 그 작품을 꼭 써야만 하겠어"라고 자기 심정을 토로했었는데 선우휘의 그 작품은 나오지 못하고, 이 세상에서 다시 만날 수 없는 사람이 되고 말았다.

행동하는 지성인, 이 시대의 의인(義人), 남겨 놓은 재산이라고는 아무것도 없고 오직 딸 셋과 아들 하나. 청렴결백하던 그는 붓 한 자루를 들고 논설도 쓰고 소설도 써서 우리를 감동시키며 한 시대를 살다 홀연히 떠나버렸다. 어디서라도 다시 만날 수 있기를 나는 고대한다.

—2018. 6. 9.

강영훈

姜英勳, 1922~2016

평북 창성 출생

만주 건국대 중퇴, 육군사관학교 졸

육군중장, 주영대사, 국무총리

5·16 반대한 육사교장
통장 잔액 0, 자손에겐 한 푼도 물려주지 않았다

강영훈은 가장 장군다운 장군이었고, 가장 대사다운 대사였고, 가장 총리다운 총리였다. 내가 오늘도 그를 잊지 못하는 것은 그가 "생활은 검소하게 생각은 고상하게"라고 우리에게 가르친 영국 시인 윌리엄 워즈워스의 가르침을 철저히 지켰기 때문이다. 그는 95년 긴 인생을 살고 깨끗하게 떠난 한 시대의 선비였다.

그의 삶을 일관한 정신은 안중근의 순국정신이요, 안창호의 애국정신이었다. 남기고 간 마지막 저서의 제목처럼 '나라를 사랑한 벽창우'였기 때문에 나는 그를 잊을 수가 없다. 얼핏 보면 군인으로, 대학교수로, 외교관으로, 고위공직자로 순탄한 인생을 살고 간 것처럼 보이지만 그의 일생은 파란만장하였다. 민족사의 어려운 고비들을 잘 참고 이겨낸 우리 시대의 영웅이었다.

그는 평안북도 창성사람이다. 중학교를 일본에서 마치고 고향에 있는 고등농림학교를 졸업하였다. 신생 만주국에 세워진 건국대 경제학과에 다녔는데 태평양전쟁 중에는 학병으로 끌려갔다. 해방이 되고서야 풀려나 월남하여 서울에 마련된 군사영어학교를 1기생으로 졸업하여 소위로 임관했다. 그 뒤에도 계속 육군 공병학교, 보병학교, 헌병학교 등을 두루 거쳤고 포병·보병학교의 고등군사반도 졸업하였다.

내가 그를 우러러보는 것은 박정희 군사쿠데타에 정면으로 반대하여 혁명이 나고서 3일 만에 중장으로 예편되었다는 사실 때문이다. 시대의 양심 있는 군인으로 그는 온갖 고초를 다 겪어야만 했다. 당시 김웅수와 강영훈 두 장군이 군사혁명에 반대하였다는데, 이 두 사람은 처남매부 간이었다. 김웅수의 누이동생이 강영훈의 아내가 된 것이다.

역경에 처한 두 장군을 소중한 인재로 알아보고 그들에게 미국 유학길을 열어 준 것은 아마도 미국 국방부나 국무부였을 것이다. 강영훈은 뉴멕시코대학을 거쳐 서던캘리포니아대학에 가서 정치학 석박사 학위를 받았다. 그는 이미 1950년대에 국방부 차관을 지냈고 육군 제6군단장으로 활약하였으며 1960년대 들어 육군사관학교 교장 자리에도 올랐다. 군인의 정치참여를 반대하는 그 두 사람은 원칙 하나 때문에 군에서 추방된 셈이다.

미국서 공부를 마치고 돌아와 한때 한국외국어대학 대학원장으로 후진양성에 전념하기도 했지만 돌연 외교안보연구원 원장으로 임명되었다. 1981년에는 영국 주재 대사로 발탁되어 아일랜드 대사를 겸직하였고, 1985년에는 로마교황청 주재 대사로 시무하였다. 대통령 요청에 따라 그는 제13대 전국구 국회의원에 이어 국무총리에 취임했지만, 그의 그런 결정은 모두 나라를 위해 부득이하다고 믿었기 때문이었다.

군에서 까마득한 후배이던 사람 아래서 총리를 맡는 것을 조금도 부끄러워하지 않았으니 그는 정말 거인이었다. 남들이 뭐라 해도 자기 자신이 나라를 위해 필요하다고 확신하는 일은 물불을 가리지 않고 해내는 보기 드문 이 시대의 애국지사였다.

나와 이야기를 나눌 때 그는 다만 선비였다. 한국 정치현실에서는 보수와 진보가 따로 있을 수 없다는 것이 그의 의견이었다.

"우리나라에 무슨 보수가 있습니까. 의회정치의 틀도 마련하지 못한 처지에 누구를 보수라고 하고 누구를 진보라고 하겠습니까. 자유민주주의를 지키려는 사람들을 보수라고, 반동이라고 비난할 수는 없지요. 평등을 위해 헌신하는 사람들을 진보라고 해야 옳은데 친북·종북 세력을 다 묶어 진보라고 한다면 자유와 평등의 두 가치를 구현해야 하는 이 나라에서는 무가치한 논쟁만 벌어질 뿐입니다."

우리 의견은 늘 일치하여 그를 만나면 형님을 만난 것처럼 흐뭇하였다. 그의 아끼는 딸 강혜연은 내가 존경하던 오천석 박사 아들 오정무와 혼인하였다. 그런 연유로 그 두 사람은 나를 아버지처럼 정답게 대해 준다.

그를 추억하면 떠오르는 일화가 하나 있다. 둘이 이야기하면서 만주 건국대에 다닐 때 교수이던 그의 스승 육당 최남선을 친일파로 모는 부당한 일에 매우 분개하고 있었다.

"그 어른은 역사를 강의할 때마다 나라사랑 정신을 강조하였습니다. 나는 육당의 교육을 직접 받은 사람입니다. 어떻게 그런 어른을 민족반역자로 봅니까. 언어도단입니다."

나도 감동하지 않을 수 없는 그의 소신이었다. 《친일인명사전》에 기재된 705명 중에 이광수, 모윤숙을 비롯한 문인들 그리고 백낙준, 김활란을 포함한 교육자들이 있는데, 그분들을 매국노로 매도할 수는 없다. 강영훈과 내 의견은 같았다. 그 시대를 살아 보지도 않은 사람들이 시대상황을 잘 모르면서 과연 누구를 지탄할 수 있단 말인가. 누구를 반역자로 탓할 수 있단 말인가.

강영훈은 세 사람, 네 사람의 삶을 혼자서 다 훌륭하게 살 수 있을 만큼 유능한 인물이었다. 그는 청렴결백하여 자손들에게 한 푼도 남겨 주지 않고 떠났다. 그의 통장 잔액이 '0'이었다고 들었다. 강영훈은 '요한'이라는 세례명을 가진 독실한 천주교 신자였으니 하늘나라의 아름다운 동산에서 더욱 보람 있는 하루를 보낼 것이다.

고산 윤선도의 시조 한 수가 떠오른다. 고산은 지는 꽃, 시드는 봄풀을 보고 탄식하며 이렇게 마무리했다.

"아마도 변치 아닐손 바위뿐인가 하노라."

윤선도는 마당 어귀에 우뚝 서 있는 바위를 보면서 위로를 받았다. 그 바위를 그려 보면서 나는 강영훈을 생각한다.

—2018. 11. 17.

현봉학

玄鳳學, 1922~2007

함북 함흥 출생
세브란스의전 졸
의사, 토마스제퍼슨의대 교수

흥남철수 작전 미군에 읍소해 성공시킨 한국의 쉰들러 … 대한민국 역사를 바꾸어

1950년 겨울, 압록강과 두만강을 넘어 중공군이 남침을 감행했다. 철수하는 미군, 한국군과 함께 북한을 탈출하길 원하는 피란민들로 함경북도의 흥남부두는 혼잡하기 짝이 없었다.

그 겨울 일어난 이른바 '크리스마스의 기적'의 주인공 현봉학은 1922년 여름 함경북도 함흥에서 함흥 영생고녀의 교목을 지낸 현원국 목사의 둘째아들로 태어났다. 그의 형제들 중에는 유명한 인물들이 여럿 있는데, 이화여대의 현영학 교수, 해군제독 현시학, 그리고 해외에서 영어로 글을 써서 명성이 자자한 언론인 피터 현 등이다.

현봉학은 일제하에 함흥고보와 세브란스의전을 졸업했고, 6·25 전쟁 후 도미하여 펜실베이니아대학에서 의학박사 학위를 받았다. 전쟁이 터지기 전 그는 적십자병원에 봉직하였고, 미국 버지니아에 가서 2년간 수련의 과정을 마치고 돌아와서는 모교인 세브란스에서 근무하였다.

6·25 전쟁이 일어나자 그는 한국 해병대 문관 그리고 이어 아몬드 미 제10군단 사령관의 민사부 고문으로 취임하였다. 당시 UN군은 평양을 탈환한 그 여세를 몰아 압록강, 두만강을 향하여 진격하고 있었다. 강계로 도망가 그 도시를 임시수도로 삼았던 김일성을 토벌코자 했던 것이다.

그러나 UN군은 중공군의 강한 저항에 직면하였고, 12월 8일 사령부로부터 흥남철수 명령이 떨어졌다. 미군 제1해병사단을 비롯하여 UN군은 흥남으로 집결하였다. 산악지대에 침투하여 이미 원산을 점령한 중공군 때문에 육지로 후퇴하는 일이 어려워진 것이었다. 이제 군과 군수물자 수송은 바다로밖에는 할 수 없게 된 실정이어서 수송선들이 모두 흥남부두에 모였다.

동해에 위치한 미 해군의 함포사격의 도움을 받아가며 미군과 한국군은 철수작전에 돌입하였다. 이 소식을 듣고 수많은 이 지역 동포들이 흥남부두로 모여들었는데 그 수를 합치면 족히 10만 명은 되었을 것이라고 한다. 그런데 UN군 지휘부는 피란민 수송을 꺼렸다. 군병력의 수송이 더 긴급한 상황이었을 뿐만 아니라 피란민들 사이에 간첩들이 끼어들면 큰 피해를 입을 것이 뻔했기 때문이다.

그때 흥남부두에 모여든 피란민들의 상황을 소설가 김동리는 그의 소설 〈흥남철수〉에서 이렇게 묘사하였다.

> 그날 아침 6시 15분에 그 배가 닿았다. 눈바람을 무릅쓰고 얼음판 위에 밤을 새운 피란민들은 배가 부두에 닿는 것을 보고 갑자기 이성을 잃은 것처럼 '와' 하고 소리를 지르며 곤두박질을 하듯이 부두 위로 쏟아져 나갔다. … 부두는 삽시간에 수라장이 됐다. 공포가 발사되고 호각이 터지고 동아줄이 쳐지고 해서 일단 혼란이 멎었으나 이번에는 또 그 속에 아이들을 잃어버린 어머니, 쌀자루를 떨어뜨린 남편, 옷 보따리가 바뀐 딸아이들의 울음소리와 서로 부르고, 찾고, 꾸짖는 소리로 부두가 떠내려가려는 듯했다. 그들은 모두 이 배를 타지 못하면 그대로 죽는 것으로 생각하는 듯했다.

'메리디스 빅토리호'는 건조된 지 5년 정도 된 7,600톤급 수송선으로 철수작전에서 마지막으로 남은 상선들 중 하나였다. 이 배는 일본을 출발할 때 기름을 가득 싣고 떠났지만 흥남에서 하역이 불가능한 상태여서 부산으로 가 일부만 하역하고, 12월 21일에는 다시 흥남으로 돌아왔다. 메리디스 빅토리호는 피란민을 태워야 할 책임은 전혀 없었다. 그들의 병력과 장비만 싣고 떠나면 그만이었다.

그러나 한국군 지휘관들은 매우 비장한 표정으로 항의하였다.

"우리가 어떻게 저 피란민들을 그대로 두고 이 배에 탈 수가 있겠는가. 우리는 걸어서 떠날 터이니 피란민들을 태워야 하지 않겠는가."

이때 나서서 미군 해병대 사령관 아몬드 장군을 설득하는 일에 큰 공을 세운 사람이 바로 현봉학이었다. 그의 논리는 간단하였다.

"미군은 아직도 기동력이 있으니 군인들과 장비를 수송할 길이 있다. 그러나 북한에서 살 수 없어 남한으로 가겠다는 피란민들을 버리고 떠나면 이들은 피란도 가지 못하고 다 죽은 목숨이 된다."

목사의 아들 현봉학은 한국에 선교사를 보내 준 나라 장군의 기독교적 양심에 호소한 것이었다. 아몬드 사령관은 현봉학의 그 말에 느낀 바가 있어 미군수송을 단념하고, 1만 4천여 명의 피란민을 그 배에 태우도록 명령했다. 그리고 17명의 한국 헌병으로 하여금 승선한 난민들을 경호하도록 했다. 193척의 선박이 동원돼 미군과 한국군은 무사히 철수할 수 있었고, 10만 명의 피란민들까지 구해내는 기적을 일궈냈다.

작전이 완료되어 마지막 배가 흥남부두를 떠난 날이 마침 12월 24일 크리스마스 이브였다. 그래서 이 놀라운 사건엔 '크리스마스의 기적'이란 별칭이 붙었다. 중공군 27사단은 크리스마스 날 아침에 흥남을 점령했다.

현봉학과 헤이그(1995)

한국 해병대 소속이던 현봉학을 1950년 10월 중순 함흥에 주둔 중이던 미 제10군단 사령부의 민사부 고문으로 일하라는 발령장을 갖고 온 이는 알렉산더 헤이그(Alexander Haig, 1924~2010)였다. 그는 유엔군사령관 맥아더 원수의 참모장이기도 했던 10군단 사령관 아몬드 소장의 전속부관으로 맥아더 원수에게 매일 전황보고를 올리고 있었다. 나중에 나토군사령관, 미국 국무장관에 올랐던 헤이그를 현 박사는 그로부터 45년 뒤 한국전쟁기념비 건립기념 행사에서 다시 만날 수 있었다(자서전 《현봉학》, 2017, 167~183쪽 참조).

1950년 겨울, 그 '크리스마스의 기적' 덕분에 북한을 탈출하여 남한으로 온 사람들 중에는 우리가 모두 아는 유명인사의 부모도 있었다. 다름 아닌 대한민국의 19대 대통령 문재인이다. 그때 문재인의 아버지인 문용현과 어머니 강한옥, 누나 문재월이 그 배에 타고 있었다고 한다.

만일 그때 현봉학이 아몬드 사령관을 설득하지 못하였다면 그의 부모와 누나는 혹독했던 그 겨울 독재자 김일성 밑에서 살아남을 수 있었을까? 설사 문재인이 북한 땅에서 태어나 무사히 성장했다 하더라도 김정은을 제치고 위원장 자리에 올라앉아 미국 대통령과 정상회담을 하는 영광을 누리지는 못했을 것이다.

문재인은 물론 대한민국을 사랑하는 동포들은 다 목사의 아들 현봉학에게 경의를 표하지 않을 수 없다. 그런 의미에서 현봉학은 대한민국의 역사를 바꾼 사람이라 해도 지나친 말은 아닐 것이다.

— 2019. 1. 26.

김수환

金壽煥, 1922~2009

대구 출생
일본 조치대학 철학과 졸
가톨릭 신부, 대주교, 추기경

"내가 가장 잘하는 말은 거짓말 … "
성직자의 투명한 고백이 찡했다

김수환이 가난한 집안에서 자란 것은 사실이지만 '개천에서 자란 용'은 아니다. 그는 뼈대 있는 집안의 후손이었다.

그의 할아버지는 1868년 무진박해 때 순교한 김보현이다. 아버지와 어머니는 8명의 아이들을 고생하며 키워 순교자의 후손답게 아들 둘을 천주교회 성직자로 만들었다. 김수환은 옹기장사를 하던 아버지를 생각하고 그의 아호를 '옹기'라고 했다. 그러나 그 아버지조차 김수환이 대구에서 소학교에 다닐 때 별세했다. 그 많은 식구를 먹여 살려야 하는 책임을 어머니 혼자 걸머져야 했던 것이다.

김수환은 초등학교를 마치고 서울에 있는 동성상업학교(현 동성중·고교)에 진학했다. 어느 해 일왕 생일(천장절)인 4월 29일에 축하의 글을 쓰라는 학교 당국의 지시가 있었지만 김수환은 그런 글을 쓰지 않았다. "나는 황국 신민이 아닙니다"라는 것이 당당한 이유였다. 동성상업학교에서는 작은 소동이 일어났다. 당시 교장이었던 장면(제2공화국 국무총리)이 아무리 설득해도 듣지 않고 그는 끝까지 버티었다. 아마도 순교한 자신의 할아버지를 늘 생각했던 것 같다.

그럭저럭 동성상업학교를 졸업하고 난 뒤 김수환은 일본 도쿄에 있는 조치대학 철학과에 입학했다. 학병으로 징집될 것이 뻔했기 때문에 아예 일본육군 간부후보생에 지원해 훈련받던 중 한국인이 일본인에게 불온한 발언을 했다는 이유로 쫓겨났다는 말이 있다. 해방 후 귀국한 그는 성신대학(현 가톨릭대)에 입학해 1950년 졸업하고, 1951년에는 대구 계산성당에서 서품을 받고 성직자의 삶을 시작했다. 당시 다음과 같은 일화 한 토막이 있다.

김수환이 성신대학 학생일 때 부산 범일동에 있는 그의 형 김동환 신부가 시무하는 성당에 들른 적이 있었다. 그런데 그 성당 유치원에 근무하던 어떤 젊은 보모로부터 뜻밖의 청혼을 받았다고 한다. 김수환이 미모 여성의 청혼을 받을 만큼 미남 청년이었다고 생각하기는 어렵지만 "제 눈에 안경"이라는 말이 있으니 있을 법도 한 일이 아니었을까.

그가 어떻게 그런 유혹을 물리치고 평생 독신을 서약해야 하는 신부가 될 수 있었을까. 그 여성에게 '노'라고 할 수 있었던 것은 그 여성이 엘리자베스 테일러나 최은희 같은 절세의 미인이 아니었기 때문일 것이라고 나는 믿는다. 인간의 판단은 자기를 기준으로 삼을 수밖에 없는데 입장을 바꿔 생각해 볼 때 내가 그런 미인의 청혼을 받았다면 '노'라고 하지 못했을 것 같기 때문이다.

김수한이 가톨릭대학 노천강당에서 열린 KBS〈열린 음악회〉에 참석한 적이 있었다. 미리 부탁을 해두었는지 모르나 사회자가 추기경에게 노래를 한 곡 부탁했다. 그때 그는〈등대지기〉를 불렀는데 청중이 추기경의 노래를 더 듣겠다고 뜨거운 박수를 보내자 그는 김수희의〈애모〉를 불렀다. 사실 그 노래에는 성직자가 부르기에는 아슬아슬한 부분이 더러 있지 아니한가?

"그대 가슴에 얼굴을 묻고 / 오늘은 울고 싶어라"라는 말도 추기경 입에서 나오긴 어려운 말이다. 특히 마지막에 "사랑 때문에 침묵해야 할 나는 당신의 여자 / 그리고 추억이 있는 한 당신은 나의 남자여"라는 가사도 어색하다. 그런데 그가 이 노래를 꼭 한마디만 바꾸어 부른 것도 추기경답다고 하겠다. 그는 "당신은 나의 남자여" 대신 "당신은 나의 친구여"라고 고쳐 불렀다. 김수환 아니고는 불가능한 특유의 재치였다고 생각한다.

이런 일화가 또 하나 있다. 추기경은 여러 나라의 말을 다 잘한다는 소문이 있어 기자들이 무슨 계제에 물었다고 한다.

"추기경님은 여러 나라 말을 다 잘하신다고 들었는데 어느 말을 가장 잘하십니까?"

추기경은 즉석에서 이렇게 대답했다.

"내가 가장 잘하는 말? 내가 가장 잘하는 말은 거짓말이지."

그 말을 신문지상에서 읽고 가슴이 찡했다. 역시 성직자다운 투명한 고백이었다. 김수환도 나도 부득이 독신으로 한평생을 살면서 이성의 유혹이 없었다고 할 수는 없다. 그 유혹에 빠지고 싶은 마음이 전혀 없었겠는가! 그럴 때마다 독신자들이 할 수 있는 위선은 거짓말밖에 없다. 그런데 성직자인 그가 그런 고백을 했기 때문에 이 세상이 한결 흥미진진하게 느껴지는 것이 아닐까?

김수환과 더불어 군부독재의 어려운 한 시대를 살면서 그가 한국 민주화에 이바지한 커다란 공적을 말하지 않을 수 없다. 군사독재를 반대하는 젊은 학도들이 명동성당에서 농성하는데 경찰이 성당에 치고 들어가 농성에 가담한 자들을 모두 검거하겠다고 그에게 통보한 적이 있다. 그때 그는 단호한 태도로 이렇게 말했다고 한다.

"추기경인 나를 먼저 끌고 가고 그다음에 신부와 수녀들을 끌어가고 그 뒤에야 학생들을 끌어갈 수 있을 것이오."

경찰은 그 말을 듣고 끝내 쳐들어가지 못했다. 그는 군사정권이 잘못된 정권이고, 유신헌법이 잘못된 헌법이고, 유신체제가 잘못된 체제인 것을 명백히 밝히면서도 박정희의 공은 공대로 인정했다.

추기경 김수환은 말년에 오랜 투병생활을 해야 했지만 지친 기색을 보이지 않았고 맑은 두 눈에는 총명한 기운이 사라지지 않았다. 그는 웃으면서 육체의 아픔을 이겨냈다. 아직 살아 있는 우리를 위하여! 2009년 2월 어느 추운 날 그는 하늘나라로 조용히 떠났다.

마지막 숨을 거두기 전에 남긴 한마디는 "감사합니다. 서로 사랑하세요"였다. 그 유언 한마디가 천주교 신자뿐 아니라 개신교 신자, 불교 신자, 심지어 무신론자의 마음까지도 뭉클하게 했다. 그의 죽음을 슬퍼하는 속인들이 명동성당으로 모여들어 장사진을 이루었다. 5일간이나!

요단강 건너가 꼭 만나고 싶은 사람 김수환, 나라사랑의 본보기 김수환, 주님의 충실한 종, 그의 이름은 김수환!

— 2017. 12. 23.

이범석

李範錫, 1922~1983

서울 출생

일본 호세이대학 중퇴, 고려대 경제학과 졸

남북적십자회담 수석대표, 대통령비서실장, 외무부 장관

매사에 긍정적, 낙관적이던 호남아…
미얀마에 가기 싫다더니 결국 아웅산에서 순국

이범석은 평양 만수대 기슭에서 평양고보에 다니던 때 나보다 상급반이던 선배였고, 월남하여 각기 다른 대학에 다니긴 했지만 사회에 나와서도 여전히 나의 선배였다. 평양고보 교정에서 처음 마주쳤던 그의 모습이 지금도 생생하다. 1941년의 일이었다고 기억한다. 그때 이범석은 대대장이었고 생김새도 잘생겼고 체격도 늠름하여 감히 접근하기도 어려운 형님이었다.

그는 일제 때 일본에 가서도 교육을 받았고 귀국해서는 고려대에 편입하여 김성수, 현상윤 등 이 시대의 어른들로부터 교육을 받아 이미 지도자의 자세와 자질을 다 갖춘 몸으로 사회에 진출하였다. 처음에는 대한적십자사에서 활약하다가 외무부에 들어가 의전실장 등을 역임한 뒤에 인도 대사를 지냈다. 이후 국토통일원 장관, 대통령비서실장, 외무부 장관 등을 역임하면서 명성을 날렸다.

그런데 1983년 10월 9일 뜻밖의 소식이 전해진다. 대통령을 모시고 동남아 6개국 순방길에 올라 미얀마 아웅산 묘소를 참배하던 그가 북한 공작원들에 의한 테러로 일행 17명과 함께 순국하였다는 것이다. 한창 일할 나이에 세상을 떠났으니 통곡할 일이었다.

그 숙명적인 여행을 떠나기 전날 이범석은 누님 김옥길과 나를 신라

호텔 일식당으로 초대하여 저녁을 같이하였다. 그때 그는 그 순방여행을 정말 떠나고 싶지 않다고 하였다. 그리고 건강상의 이유로 일정을 하루 늦추어 남들보다 늦게 떠난 것이 사실이었다. 왜 그는 그토록 그 여행을 가기 싫어했을까, 뒤늦게야 안 사실이지만 일제 때 그의 아버지가 사업차 미얀마 여행을 갔다가 갑자기 세상을 떠났기 때문에 그곳에 가는 것을 그토록 꺼려했다고 한다.

이범석은 1922년 서울에서 출생하였다. 무슨 사연으로 평양에 살게 되었고 또 거기서 학교에 다녔는지는 잘 모른다. 그의 집안도 상당했지만 그가 그토록 사랑하여 마침내 결혼한 이정숙은 부잣집 맏며느리처럼 잘생긴 데다 유명한 아버지를 둔 여인이었다. 그녀의 아버지는 전국적으로 명망이 높던 감리교 목사 이윤영(李允榮)이었다. 이윤영은 정치에도 뜻이 있어 해방 후 조선민주당에도 관계했고 월남하여서는 제헌국회에 나가 의장에 선출된 이승만의 뜻을 받들어 법에도 없던 개회기도를 한 사람으로 이름이 알려져 있다.

내가 아는 이범석은 무슨 일에나 자신만만한 사람이었다. 그의 입에서는 '안 된다'라는 말이 나온 적이 없다. 그는 매사에 긍정적이었고 낙관적이었다. 인도 대사로서 나가 있으면서는 다른 나라의 대사관저들은 추종을 불허하는 대단한 관저를 지었다. 오늘도 주인도 한국 대사는 어떤 강대한 나라의 관저보다도 더 훌륭한 그곳에서 근무하고 있을 것이다.

이범석의 부인도 보통 여인은 아니다. 하루는 관저의 피아노 밑에 고양이가 대변을 봤다. 인도는 일하는 사람들 간의 분업이 확실한 나라라서 이범석의 부인은 관저에 와서 일하는 우두머리 하인에게 그 고양이 대변을 치우라고 당부하였다. 그는 곧 그러겠다고 여주인에게 약속하였다. 그런데 한참 후에 피아노 밑을 들여다보니 고양이 대변이 여전히 거기 있기에 어부인께서 자기 손으로 직접 그것을 치워 버렸다. 얼마 후 그 하인이 와서 피아노 밑에 들여다보고 물었다.

"그 대변은 어디 갔습니까?"

대사 부인은 태연하게 대답하였다.

"내가 치웠어요!"

그러자 그는 얼굴이 파랗게 질렸고 마침내 한마디를 남기고 관저를 영영 떠나 버렸다.

"이런 집에서 일 못 합니다."

이 이야기를 듣고 우리는 박장대소하였을 뿐이다.

이범석은 한창 일할 나이에 악의에 가득 찬 북의 공작원 손에 무참하게 살해되었다. 하지만 이범석을 아는 사람들은 누구나 오늘도 그를 그리워할 것이다. 그해 10월 13일, 다른 순직자들과 함께 그가 현충원에 잠들던 날, 그의 비석 비문을 써 달라고 미망인이 나에게 부탁하였다. 나는 그 비문에 이렇게 적었다.

갈라진 내 땅 하나 되고 피차에 등진 이 겨레
서로 얼싸안고 기쁨의 눈물 흘리는 그날 위해
밤과 낮 가리지 않고 애쓰다 쓰러진 님이여
단군전에 두견 울고 기자묘에 궂은비 내리면
임진강 나루터의 강물도 목메어 흐느끼리
아아 그 어느 날에는 통일의 큰 꿈 이루어져
평양 가는 첫 기차 서울 떠나는 기적소리 울릴 때

님이여! 일어나소서 무덤 헤치고 일어나소서
그 밝은 아침에 일어나소서

나는 오늘도 평양 가는 첫 기차가 서울 떠나는 기적소리 울릴 때 의롭게 살다 간 그가 반드시 무덤 헤치고 일어나기를 바라는 마음으로 붓을 놓는다.

—2019. 5. 4.

황장엽

黃長燁, 1923~2010

평남 강동 출생
모스크바대학 철학과 졸
김일성대학 교수, 총장, 한국으로 망명(1997년)

주체사상, 황장엽 작품이라지만 그는 결코 공산주의자가 아니었다

내가 한평생 살며 알고 사귄 인물 가운데 황장엽은 유독 친형처럼 느껴지던 사람이다. 그가 태어난 평안남도 강동이 내가 태어난 맹산에서 그리 멀지도 않다. 황장엽은 내 형보다 1년 먼저 태어났기 때문에 징병을 면했으나 그 대신 징용에 끌려갔다. 일본 주오대학에 다니다가 징용으로 끌려가 삼척 시멘트 공장에서 일하다 해방을 맞았다.

그는 서울에 와서 일자리를 찾았으나 구하지 못하고 고향으로 돌아갔다가 평양에 있는 모교 평양도립상업학교에서 교편을 잡게 됐다. 똑똑한 사람이라 노동당은 그를 당원으로 끌어들였고 어쩔 수 없이 당의 명령을 따라 움직일 수밖에 없는 정당인이 됐다. 그는 김일성대학에서 수학하고 우수학생으로 선발돼 러시아 모스크바국립대학에서 철학을 전공했다. 1955년에는 철학 박사학위를 받고 평양에 돌아와 김일성대학 교수로 취임하였고 나중에는 총장 자리까지 올랐다.

나는 이 나라의 격동기를 살면서, 공산주의에 물들었던 사람이 그 사상을 완전히 포기하는 것을 본 적이 없다. 우리나라 정부가 공산주의 활동을 하던 자들의 전향을 권하고 전향한 그 사람들을 '보도연맹'에 포섭한 것이 사실이지만, 그런 과정을 거친 자들조차도 낡은 이념을 좀처럼 버리지 않았다. 그렇다면 황장엽은 사상적으로 전향한 뒤 당의 요직을 버리고 남쪽으로 망명한 것일까?

그가 일본에서 열린 세미나에 참석했다가 그길로 베이징 한국대사관을 찾아가 망명 의사를 밝혔다는 것을 나는 믿을 수가 없었다. 그를 한국으로 직송하기 꺼린 중국 정부 요청에 따라 우리 정부는 그를 일단 제3국인 필리핀에 잠시 보냈다. 황장엽이 서울에 도착한 것은 1997년 4월 20일이었다. 어떻게 그런 '활극'이 가능했을까? 내가 그런 의심에 젖어 있던 어느 날, 우리 육군 한 정보기관의 전화를 받았다.

"우리가 황장엽 선생의 신변을 보호하고 있는데, 황 선생이 김동길 교수를 한번 만나게 해줄 수 없냐고 하셔서 연락드립니다."

나는 그를 만나고 싶다고 전했고 우리 만남은 군의 한 막사에서 곧 이루어졌다. 그를 처음 만났을 때 내가 받은 강한 인상은 두 눈이 바이칼호수처럼 맑다는 것이었다. 단둘이 앉아 장시간 이야기를 주고받는 가운데 나는 그가 본디 공산주의자가 아니라는 사실을 깨달았다. 망명 후 그와 함께 철학 공부를 여러 해 함께한 이동복 씨의 생각도 나와 비슷한 것이었다.

황장엽은 모스크바국립대학에 가서 공부를 시작한 초기에 이미 마르크스·레닌주의의 모순이 무엇인지 파악할 수 있었다고 했다. 변증법대로 설명하자면 '테제'〔正〕와 '안티테제'〔反〕 사이의 갈등은 영원히 계속되어야 한다는 것이 그 철학의 논리라 할 수 있다. 계급 없는 사회가 실현되고 그런 사회가 출현함과 동시에 변증법적 충돌이 끝난다는 주장이 허구라는 것을 황장엽은 깨달았던 것이다. 철학박사 학위를 받고 돌아오긴 했으나 그는 인생 어느 때에도 마르크스·레닌주의를 신봉한 적이 없었다.

황장엽은 김일성대학에서 가르치던 때 자신의 철학과 사상을 집대성해 원고지 1,600장에 옮겨 김일성에게 먼저 한번 읽어 달라고 부탁했다. 그런데 몇 달이 지나도 소식이 없었다. 이후 그가 김일성을 만났을 때 물었다.

"제 글을 읽어 보셨나요?"

"한두 장 읽어 보니 지루해 못 읽겠더라."

김일성이 웃으며 대답했다. 그 뒤 황장엽의 논문을 김정일이 가져다가 황장엽이 주창한 '인간중심'을 빼고 그 자리에 '주체사상'을 집어넣어 황장엽의 이론처럼 선전했다. 그뿐 아니라 권력세습 가능성까지도 삽입해 황장엽의 생각과는 전혀 상관없는 이념으로 개조했다고 한다.

내가 황장엽을 마지막으로 만난 것은 내 생일인 2010년 10월 2일 우리 집 마당에서였다. 손님들이 많았던 탓에 오래 함께하지도 못했다. 그는 젊었을 때 모스크바에서 교육받은 탓인지 헤어질 때 우리 풍습에는 없는 포옹을 했다. 친형처럼 느껴지던 그의 양복 겉저고리 안주머니에 내가 얇은 봉투를 넣어 드리면서 "안녕히 가세요"라고 했을 때 나를 바라보던 그의 맑은 두 눈에는 수심이 가득했다.

내가 강연차 해외에 나가 있던 그해 10월 10일, 아침마다 좌욕을 즐기던 그는 좌욕 도중 심장마비로 세상을 떠났다. 외국에 있던 나는 그의 빈소를 찾아보지도 못하였다. 마르크스·레닌주의자가 아님에도 유물론자처럼 살아야 했던 그의 비극적 삶을 되새겨본다. 김일성 눈에 들어 그 대학 총장까지 지냈지만, 그는 김일성을 존경한 적이 없었다.

그가 스스로 조국이라고 불렀던 대한민국조차 그를 자유롭게 살게 하지 못했다. 그는 자유가 있다고 믿었던 남쪽으로 넘어왔지만 뒤따라 탈

북을 시도했던 그의 아들은 붙잡혀 총살당했고 아내와 딸은 그 행방을 아무도 모른다고 들었다. 그는 자유와 민주주의가 반드시 승리할 날이 온다고 확신하고 있었기에 그 모든 희생을 각오했을 것이다.

그 결과, 88년의 파란만장했던 삶을 조용히 마감하고 하염없이 험하고 먼 길을 홀로 떠난 것이었다. 인생의 가시밭에 쓰러져 피 흘리던 황장엽, 오로지 죽음만이 그에게 안식을 안겨 준 것이라고나 할까.

— 2017. 12. 2.

김대중

金大中, 1924~2009

전남 신안 출생

목포상고 졸

국회의원, 야당총재, 대통령

그의 입엔 지퍼가 …
친했던 시절에도 자신에 대해 털어놓지 않았다

김대중을 아느냐고 누가 물으면 나는 안다고 대답할 것이지만 잘 아느냐고 캐물으면 잘 모른다고 대답할 수밖에 없다. 나만이 아닐 것이다. 대한민국에 사는 많은 사람이 그를 알긴 하지만 잘 모르는 것이 사실이다. 미국 16대 대통령 링컨을 두고 "그는 입에 지퍼를 단 사람이었다"고 말한 평론가가 있었다. 김대중도 자기 자신에 관해서는 말하지 않았다. 그의 입에도 지퍼가 달려 있었고 그 지퍼를 전혀 열지 않았다. 나와 친하게 지내던 세월에도 그는 자기 자신에 대해 털어놓지 않았다.

세상사람들이 내가 김대중에게 불만이 많은 줄로 잘못 알고 있지만 나는 그에게 아무런 불만도 품고 있지 않다. 조국의 근대사에서 그가 아니면 안 됐을 일이 여러 가지 있었기 때문이다. 다만 한 가지 불만으로 여기는 일이 있다면, 왜 그가 생전에 후계자를 한 사람도 키우지 않고 떠났는가 하는 것이다. 그의 주변에서 한평생 받들던 사람들 — 예컨대 한화갑, 한광옥 같은 준비된 인물들 — 이 있었는데 그는 어느 한 사람을 택하여 후계자로 삼고 키우지 않았고 그것이 잘못된 처신이었다고 나는 지금도 생각한다.

그러고 보면 우리나라 역대 대통령 중에서 후계자를 키우고 힘이 있을 때 밀어주어 훗날 청와대 주인이 되게 한 대통령은 한 사람도 없었다. 만일 박정희가 재임 중에 김종필을 후계자로 삼았다면 10·26 사태는 일어나지 않았을 것이다. 김영삼이 대통령일 때 감사원장으로 발탁했던 이회창을 정치인으로 키우고 끝까지 밀어주었다면 김영삼 다음 대통령은 누가 되었을지 뻔한 일이 아니겠는가!

김대중과 나의 인연은 특별하다. 1972년 당시 중앙정보부가 각 대학 문제학생 명단을 만들어 문교부를 통해 대학총장들에게 보내면서 학생들을 제적하라고 지시한 적이 있었다. 나는 당시 연세대 박대선 총장을 찾아가 사표를 내면서 "그 학생들을 제적하면 나도 이 학교를 떠나겠습니다"라고 한마디 던졌다. 집에 돌아왔더니 그 사실이 석간신문에 보도되었다.

당시 국회의원이었던 김대중은 그런 나에게 전화를 걸어 점심을 같이하자고 제의했다. 그다음 날 점심시간 서울시청 앞 어떤 식당에서 그를 처음 만났는데, 그때 김대중은 빠릿빠릿하고 잘생긴 40대 후반의 멋있는 사나이였다.

김대중이 일본에서 납치돼 생사가 불투명할 때 나의 동지들은 조마조마했다. 그가 구사일생으로 살아나 동교동 자택에 돌아왔다는 소식을 듣자마자 먼저 달려가 그 문전에 진치고 있던 사람들을 물리치고 안에 들어가 면회한 사람 중에는 나도 있었다. 박정희가 가고 전두환이 등장해 김대중이 내란음모 사건(1980)으로 재판을 받아 사형을 선고받았을 때 내가 이 세상에서 가장 미워한 사람은 전두환이었다.

사형에서 무기형으로 감형된 그는 특별사면되어 '자의 반 타의 반'으로 미국 망명길에 올랐다. 나는 그가 워싱턴 DC에서 우거하고 있던 때 강연차 미국을 방문했다가 워싱턴까지 갔다. 문동환(문익환 목사 동생) 박사가 거기서 나에게 "김대중 선생을 한번 만나 보고 가시겠습니까?" 라고 물어서 그러겠다고 대답했다.

그렇게 문 박사가 주선하여 김대중이 부인과 함께 머물던 교외의 한 아파트에서 그를 만날 수 있었다. 만일 그 사실을 전두환 심복들이 알았다면 나를 살려두지 않았을 것이다. 벤츠를 갖고 있던 교포 한 사람에게 부탁해 김대중이 칩거하던 아파트 주소만 일러주고 데려다 달라고 했다. 누구를 찾아가는지 말하지도 않고 그렇게 은밀하게 만남을 강행하였다.

두 분은 기쁜 낯으로 나를 맞아 주었고 이희호 여사는 우리가 밀담을 나누는 그 자리에 앉아서 성서를 펴놓고 읽었다. 김대중은 정치 이야기는 전혀 하지 않고 종교적 체험만을 늘어놓기에 "앞으로 정치는 안 하실 건가요"라고 한마디 하고 그 자리를 떴다.

세월이 가고 세상도 바뀌어 묶였던 김영삼과 김대중이 정치를 재개할 수 있게 됐다. 그때 김대중은 나와 정치판에서 함께 일하기를 원했지만 그때만 해도 나는 정치와 인연이 멀었기에 거절했다. 내가 〈한국일보〉에 '3김 낚시론'이라는 칼럼을 기고함으로써 김대중과 거리가 멀어졌을 뿐 아니라 그의 부하들과 원수가 된 것도 사실이다.

김대중은 대통령 후보에 여러 번 출마했지만 자신이 당선될 수 있는 가능성은 희박하다고 믿었다. 다만 노벨평화상을 받을 가능성은 있다고 생각하고 있었던 것이 확실하다. 그랬던 그가 1998년 대통령에 취임하였고, 2000년에는 노벨평화상을 받았다. 한 인간이 이 세상에 태어나 누릴 수 있는 최고 영예를 다 누렸다. 대통령이 된 그가 나를 보자고 한 적이 한 번도 없고 어디서 나를 만나더라도 아는 척하지 않았던 것은 내가 보기에는 매우 당연한 일이었다. 그가 들고 나온 햇볕정책을 내가 정면으로 반대하고 나섰으니 아무리 생각해도 그가 나를 좋게 생각할 까닭이 전혀 없었다.

우리 두 사람 사이의 오해를 풀 생각도 하지 않고 나는 '석양에 홀로 서서' 조용히 나의 노년을 보내고 있다. 요다음 세상에서 그를 만나도 나는 할 말이 없다.

— 2017. 11. 25.

차범석

車凡錫, 1924~2006

전남 목포 출생
연세대 영문학과 졸
극작가, 연출가, 극단 산하 대표

대한민국을 대표하는 연극인이자 극작가 …
꼬장꼬장한 성격에 선비정신 투철

차범석은 1946년 여름, 해방과 더불어 대학으로 승격한 연희대학의 전문부 문과 1학년에 함께 입학하여 그가 세상을 떠난 2006년까지 장장 60년 동안 나와 매우 가까운 친구였다. 그는 1924년 목포 한 명문가의 아들로 태어나 그곳에서 교육을 받았고, 본디 문학청년이어서 상급학교에 진학할 생각도 안 하고 있었다. 하지만 해방이라는 조국 역사의 큰 전환점을 맞으며 그는 진학을 결심하게 되었고, 상경하여 연희대학에 입학한 것이었다.

그때 이미 그는 결혼한 몸이었을 테지만 부인을 동반하고 나다니는 일이 없어 그 집 안주인은 본 적이 없었다. 어느 해 11월 그의 생일날 자기 집에 친구 몇 사람을 초대하여 저녁을 같이하였을 때 처음 그의 부인을 만나 볼 수 있었다. 젊은 여성은 아니었고 잘 모르긴 하지만 남편과 나이가 비슷하거나 한두 살 위가 아닌가 싶었다. 가구도 음식도 살림도 매우 깨끗하고 단정하여 안주인의 정성을 느낄 수 있었다. 내외가 다 한복을 깔끔하게 차려입은 데다 모든 것이 일류여서 그가 한 번도 자기 집안을 자랑한 적은 없지만 소문대로 대대로 잘사는 집안에서 태어났다는 사실은 짐작할 수 있었다.

대학 1학년 어느 날, 학생들 몇 명이 글을 써 와서 각자 자신의 작품을 낭독한 적이 있다. 당시 나는 차범석의 낭독을 들으면서 그가 뛰어난 문학청년임을 알아차렸다. 얼마 뒤 그의 작품과 이름은 신문에 게재됐고 그는 한국 문단에서 일찌감치 자기 자리를 마련했다. 1955년 〈조선일보〉가 주최한 신춘문예에 가작으로 희곡 〈밀주〉가 당선됐고, 그 이듬해엔 희곡 〈귀향〉이 당선돼 극작가로서 우리나라 연극계의 큰 별이 됐다. 나도 한 번 보러 간 적이 있지만 그의 〈산불〉은 장기공연을 할 만큼 유명하여 우리 시대엔 그 작품을 안 본 사람이 없다고 해도 과언이 아니다.

차범석은 성격이 하도 꼬장꼬장해 중년에 접어들어서도 몸에 군살이 붙은 적이 없었고 언제나 깡마른 몸집이었다. 그는 누구에게도 굽히지 않는 당당한 기질을 가지고 한평생을 살았다. 이런 일이 있었다. 언젠가 KBS에서 어떤 프로그램에 출연해 달라고 요청하여 그가 시간에 맞추어 찾아간 적이 있다. 그런데 방송국 출입구를 지키는 직원이 신분증을 제시하라면서 매우 까다롭게 굴었다.

그런 태도가 그의 눈에 교만하게 보였는지 그는 직원에게 한마디 던지고 집으로 돌아와 버렸다.

"나한테 오라고 해서 여기에 왔는데, 마치 와선 안 될 사람이 온 것처럼 나를 다루니 출연할 생각이 없다."

아마도 그 프로그램 PD는 낭패를 보았을 것이다.

그는 그처럼 선비정신이 투철한 사람이었다. 자존심 하나로 살아온 차범석, 어떤 인간도 그의 앞에서 교만한 태도를 취했다가는 큰 코 다치게 마련이었다. 그가 그 카랑카랑한 목소리로 따지고 들 때에는 어느 누구도 감당할 수 없을 만큼 매서웠다. 하지만 친구들에게 의리를 지키는 일엔 언제나 최선을 다하는 사람이었다.

같은 해 대학에 입학하여 우리는 본 교사에서 강의를 받지 못하고 연희동산의 한구석에 서 있는 치원관이라는 2층 목조건물에서 배울 수밖에 없었다. 우리는 젊었던 그 시절이 그리워서 '치원회'라는 모임을 마련하여 한 달에 한 번씩 주로 서울 시내의 호텔 식당에 모여 점심을 함께하고 담소를 나누었다.

그 모임은 극작가인 차범석과 롯데민속박물관장을 여러 해 맡았던 권태선, 농구선수 황재구, 스웨덴 대사를 지낸 임명진, 그리고 양녕대군 후손이며 그 묘소의 넓은 땅과 큰 집을 물려받아 살던 이황, 이화여대 교수 이근섭, 그리고 내가 지켜나갔다. 그러나 워낙 나이가 많이 들어서 시작한 모임이라 회원들 대부분이 세상을 떠나고 나와 임명진이 살아남았지만 이젠 그럭저럭 사라지고 말았다.

일전에 임명진이 나에게 전화를 해서 "우리 둘이서라도 만나야 되겠어요"라고 말했지만 막상 둘만 만날 것을 생각하니 기가 막혀 마음이 내키지 않았다. 살아남은 임명진도 늙고 나도 늙어 시내 호텔 식당에 가기도 어렵고, 뷔페에 가면 음식을 떠다 먹어야 하는데 그런 기력도 없으니 처량한 느낌이 더 강하게 들었던 것 같다.

차범석은 82세에 세상을 떠났고 임명진과 나는 92세인데 아직 살아 있다. 우리 시대의 극작가로 손꼽히는 몇 사람 가운데 차범석이 있다. 그는 대한민국을 대표하는 연극인이었고 극작가였다. 아마 작품 수를 따지더라도 그를 따를 사람이 없으리라. 〈껍질이 깨지는 아픔〉, 〈환상여행〉, 〈학이여 사랑일레라〉, 〈거부하는 몸짓으로 사랑했노라〉, 〈목포행 완행열차의 추억〉 등 그의 수많은 작품이 대중의 사랑을 받았다.

차범석은 상도 많이 받았지만 내가 그 상의 이름을 열거하기 시작하면 그는 일어나 이렇게 말할 것만 같다.

"김 형, 그 상들이 무슨 가치가 있는 것이라고 그걸 다 되새겨요!"

그래서 친구로서 자랑스럽게 생각하지만 그가 1991년에 '대한민국 문학상 본상'을 수상했다는 말만 한마디 하고 친구 차범석에 대한 추억을 여기서 접을까 한다. 그는 오늘도 간절히 보고 싶은 친구다.

— 2019. 5. 11.

천관우

千寬宇, 1925~1991

충북 제천 출생
서울대 국사학과 졸
사학자, 언론인, 동아일보 주필

유신에 맞섰던 강직한 언론인 …
땅 문제로 신군부에 발목 잡혔다

1972년 10월 초 대학가에 손바닥만 한 전단이 나돌았다. 민주수호국민협의회가 주최하는 대강연회가 10월 5일 저녁 5시 30분에 서울 시내 대성빌딩 대강당에서 열린다는 내용이었다. 그 강연회 개회사는 〈동아일보〉 천관우가 하고 인사말은 한신대 김재준, 그리고 연사는 함석헌을 비롯하여 세 사람인데, 그중에는 내 이름도 끼어 있었다. 천관우는 이 나라 민주주의가 호흡 곤란하던 그 답답하던 시절 우리 모두의 매우 가까운 친구였다.

그는 1925년 충북 제천에서 출생하였다. 어렸을 때 신동이라는 소문이 자자했다. 그런 사실이 당시 〈동아일보〉에 기사화된 것을 나도 몇십 년 뒤에 읽어 본 적이 있다. 그는 청주고보를 졸업하고 일제 말기에 경성제대 예과에 입학하였는데, 해방이 되고 교명과 학제가 바뀌는 바람에 서울대 국사학과를 졸업하였다. 그때 쓴 논문 제목이 "반계 유형원"이었다.

6·25 전쟁이 터진 뒤 부산으로 피란 간 천관우는 〈대한통신〉 기자로 언론계에 첫발을 내디뎠다. 워낙 글솜씨가 뛰어나 서른 전에 〈한국일보〉 논설위원으로 발탁되었고, 2년 뒤엔 〈조선일보〉 편집국장 자리에 올라 명실공히 이 나라의 저명한 기자가 된 것이었다. 1963년에는 〈동

아일보〉로 자리를 옮겨 주필로 활약하다가 월간지 〈신동아〉에 실린 그의 글이 필화로 번져 한동안 자리에서 물러난 적도 있다.

그러다 3선개헌을 계기로 박정희 독재가 표면화되자 언론인으로서 보고만 있을 수 없다고 판단해 그는 민주화 운동의 일선에 나섰다. 함석헌이 창간한 〈씨알의 소리〉 편집위원으로 장준하, 이태영, 계훈제, 법정 등과 더불어 자유언론 수호에 앞장섰다. 그 잡지에 내가 "용감한 백성이라야 산다"는 제목의 글을 한 편 올렸는데, 며칠 뒤에 만났을 때 그는 내 손을 잡고 나를 두둔하였다.

"매우 무서운 글을 쓰셨습니다. 국민이 모두 안중근 같은 용감한 사람이 돼야 한다고 하셨으니!"

군사정권은 드디어 발악하여 유신체제를 선포하고, 언론을 탄압하였다기보다 봉쇄하기에 이르렀다. 말 한마디 잘못 해도 글 한 줄 잘못 써도 남산 중앙정보부의 그 흉악한 지하실에 끌려가 곤욕을 치러야 했던 참담한 세월이었다.

은인자중하며 한동안 침묵을 지키던 국사학자 천관우는 두문불출하며 본업인 한국사 연구에 몰두하였다. 특히 고조선과 삼한 시대를 깊이 있게 연구하였고 가야사 발굴에도 기여한 바가 크다. 그가 비록 〈동아일보〉를 물러났지만 해직당한 젊은 기자들에게는 '가장 존경받는 언론인'이었고 흠모의 대상이기도 하였다.

그러나 전두환 신군부가 들어서 그를 국토통일원 고문으로 추대하고, 평통자문위원회 요직을 떠맡기자 젊은 기자들의 태도는 돌변하였다. 〈한겨레〉 초대 사장이 된 송건호도 천관우가 변절했다고 공언하였고, 〈문화일보〉 사장 남시욱은 내가 은거하던 문경새재에 들렀을 때 "천 선배의 처신이 매우 유감스럽다"고 털어놓은 적이 있다.

천관우가 그런 비난을 받게 된 데는 말 못할 사연이 있었다. 그는 〈동아일보〉를 물러날 때 받은 퇴직금을 가지고 서울 어디에 몇 평 안 되는 땅을 구입한 적이 있었는데, 소유권이 복잡하여 명의변경이 불가능한 줄 모르고 샀기 때문에 팔 수 없는 땅이 되었다. 그런데 어느 날 중앙정보부에서 사람이 찾아와 "그 땅을 천 선생님 명의로 꼭 바꿔드리겠습니다"라고 했단다. 그러나 그런 말에 쉽게 넘어갈 천관우가 아니었다.

그는 그 자리에서 거절했다.

"당신들 도움을 받으면서까지 그 땅을 찾을 생각은 없습니다."

그러나 그 사람은 끈질기게 졸랐다.

"될지 안 될지 모르는 일이지만 한번 맡겨 보는 것이 어때요?"

옆에서 한평생 그를 받들던 부인도 허락할 것을 은근히 종용하였다.

"우리는 앞으로 뭘 먹고 살 겁니까?"

부인은 가난한 살림을 걱정하고 있었던 것이다.

마음이 약해진 천관우는 그 이상 버틸 수가 없어서 그자에게 한번 해보라고 승낙하였다. 그런데 얼마 뒤에 그 사람은 천관우 명의로 된 완벽한 토지문서를 만들어 그에게 바친 것이었다.

신문이나 잡지에 게재된 그의 글을 읽어 보면 그가 왜 한때 신동이라고 불렸는지 깨닫게 된다. 명문이고 논리가 정연할 뿐 아니라 은은한 여운도 남긴다. 그러나 그의 재능은 역사학자로서 더 두드러졌다. 연세대 사학과 교수 홍이섭, 민영규, 손보기 등이 천관우를 연세대에 데려가려 합의를 보았지만 남산의 호랑이(중정요원) 들이 허락하지 않았다.

그는 젊은 기자들을 거느리고 편집국장으로, 주필로 일하면서 밤늦게까지 술을 마셔야 하는 힘겨운 나날을 보냈다. 살림만 어려운 것이 아니라 그의 건강도 무너지기 시작했다. 의사의 무서운 경고를 받았으나 이미 때가 늦었다. 그는 60대도 다 살지 못하고 그 고달픈 일생을 마감하였다.

천관우의 여러 권의 저서 중에서도《한국사의 재발견》은 나의 애독서다. 1974년 출간되자마자 안양교도소에서 즐겁지 않은 나날을 보내던 나에게 곧 전달된 이 책에는 아직도 '도서열독 허가증'(1974년 10월 21일)이 붙어 있고, 나의 수인 번호 '95'와 내 이름 석 자가 적혀 있다.

그의 얌전한 교사출신 부인과 예쁜 외동딸은 지금 어디서 어떻게 살아가고 있을까. 궁금하지만 알아볼 생각도 못하고 나는 나이만 먹었다. 인생이란 다 그런 것이다.

–2018. 9. 8.

신상옥

申相玉, 1925~2006

함북 청진 출생

일본 도쿄미술학교 중퇴

영화감독, 신필름 대표

대표작 〈사랑방 손님과 어머니〉, 〈로맨스 그레이〉, 〈빨간 마후라〉

납북·탈북 이어진 '풍운아 영화인'…
겨레 아픔의 상징이었다

신상옥의 본명은 신태서(申泰瑞)다. 그는 매우 매력적인 얼굴에 맑은 눈동자와 신선한 표정을 가진 남성다운 사나이로 그를 따르는 여성이 무척 많았다. 나는 피카소를 직접 만난 적은 없지만 그의 사진을 아마도 수백 장은 보았을 것이다. 피카소는 여성 아닌 남성도 끌려들어갈 만한 용모를 지녔다고 생각해서다. 한국 남성 중에서 매력적인 한 남성을 고르라면 신상옥의 이름을 들 것이다.

신상옥은 1925년 함경북도 청진에서 부유한 한의사의 아들로 출생하였다. 그가 1926년 태어났다는 기록도 있지만, 1928년생인 나보다 세 살 위임을 몇 차례 말한 적이 있다. 그는 어릴 적부터 그림을 잘 그리기로 소문났고, 중학교 2학년 때 조선미술전람회에 입선하였다. 1944년 도쿄미술학교에 진학했으나 일본군의 학병으로 끌려가는 것을 피하기 위해 학업을 중단하고 고국으로 돌아와 8·15 해방을 맞이하였다.

해방 후 그는 〈수업료〉와 〈집 없는 천사〉로 잘 알려진 한국 영화계의 개척자 최인규 감독 문하에서 영화 일을 배우기 시작하였다. 그가 독립적으로 영화를 제작한 것은 1949년부터였는데 그의 첫 작품 〈악야〉는 전쟁 때문에 개봉되지 못하고 있다가 몇 년 뒤에야 빛을 볼 수 있었다. 1954년에는 자신이 만든 〈코리아〉라는 영화로 인연을 맺은 여배우 최은희와 결혼하였다.

이즈음 '신상옥 프로덕션'이 출범하였고, 〈꿈〉, 〈젊은 그들〉, 〈무영탑〉, 〈어느 여대생의 고백〉, 〈독립협회와 청년 이승만〉, 〈로맨스 파파〉 등 인기작품을 연이어 연출하였다. 전쟁으로 폐허가 된 조국 땅에서 실의에 빠졌던 민중들은 영화에서 위로받고자 했고 영화산업은 폭발적으로 성장하였다.

신상옥은 '신상옥 프로덕션'을 '신필름'으로 확장하였다. 〈성춘향〉, 〈사랑방 손님과 어머니〉, 〈연산군〉, 〈로맨스그레이〉, 〈빨간 마후라〉, 〈벙어리 삼룡이〉 등 쟁쟁한 작품을 제작하면서 신영균, 최은희, 신성일, 엄앵란 같은 당대의 유명배우들을 배출하였다. 그러나 무리한 확장으로 '신필름'은 벽에 부딪혀 엄청난 어려움을 겪어야 했으며, 마침내 1975년에는 영화사의 허가가 취소되는 지경까지 이르렀다.

1978년 예기치 않았던 사건이 하나 발생하였다. 무슨 일로 그때 홍콩에 갔던 최은희가 마카오에서 자취를 감춘 것이다. 무서운 소문들이 떠돌기 시작했다. 그가 자진하여 월북했다는 낭설도 있었다. 얼마 뒤에 최은희가 평양으로 납치되었다는 사실이 국제적으로 알려져 우리는 더욱 긴장하였다.

신상옥은 최은희가 납북되고 6개월 뒤에 평양에 돌연 나타났다. 김정일이 영화광이라는 것은 알려진 사실이었다. 김정일이 신상옥, 최은희를 주축으로 북의 영화산업을 발전시키려고 했다는 말도 있었다. 신상옥의 납북 2년 뒤에 평양에 '신필름'이 설립됐고 그들이 북에 체류한 8년 동안에 〈돌아오지 않는 밀사〉, 〈소금〉, 〈탈출기〉 등이 제작되었다.

신상옥과 최은희가 1986년 오스트리아 빈의 미 대사관을 통해 탈출에 성공했다는 보도는 당시 매우 충격적인 뉴스였다. 대한민국의 저명인사가 납북되었다가 탈북할 수 있다는 것은 상상하기도 어려운 일이었다. 모종의 영화를 제작한다는 명목하에 김정일이 마련해 준 자금 백만 달러를 가지고 탈북하였다는 것이다. 그러나 뒤에 밝혀진 바로는 제작비 백만 달러는 모처를 통해 북에 돌려줬다고 한다.

그러나 그 두 사람의 신변은 미국이 아니고는 지켜줄 수 없었다. 미국은 그 두 사람이 김정일과 가까이 지냈고 따라서 북의 수뇌부 사정을 누구보다도 잘 알고 있다고 판단하고 그 두 사람을 초청하여 신변을 보호해 줬다.

나는 그들이 체류하고 있던 LA에 해마다 강연을 가게 되면 반드시 두 사람과 함께 냉면집에서 식사를 같이하였기 때문에 특별하게 가까운 사이가 되었다. 신상옥은 자발적으로 평양에 갔지만, 최은희는 강제로 납치됐다는 게 이들의 말이었다. 두 사람의 납북은 민족역사의 비극이었다. 나는 두 사람이 이 시대 겨레의 아픔의 상징이라고 생각하게 되었다.

한국에 돌아왔을 때 이미 신상옥은 지쳐 있었다. 그는 여전히 영화 제작에 대한 큰 꿈을 갖고 있었지만, 뜻을 이루지 못하고 2006년 4월 11일 조국 품에 돌아온 지 6년 만에 세상을 떠났다. 봄빛이 어리는 쌀쌀한 날씨였다. 신상옥의 영결식은 서울대병원 영안실 앞마당에서 거행되었는데 최은희의 요청으로 내가 추모사를 하였다. 영어로 된 시지만 작자는 미상이다.

나의 무덤가에 서서 울지 마세요
나 거기 없어요, 나 잠들지 않았어요
나는 천의 바람이 되어 불고 있으리라
나는 흰 눈 위에 반짝이는 다이아몬드
나는 무르익은 곡식 위에 비치는 햇빛
나는 부드럽게 내리는 가을날의 보슬비

이 시는 마릴린 먼로와 존 웨인의 장례식에서 누군가가 낭독하였다고 들었다. 내가 우리말로 그 시를 읊으면서 마지막 한마디를 끝맺기가 어려웠다. 이 나라 영화인들과 문화인들이 다 한자리에 모인 것 같은 느낌이었다. 아름다운 꽃이 장례식장을 꽉 메웠고 봄이 온 것은 확실했지만 아직 봄 같지 않았던, 그런 아침이었다고 기억한다. 추억은 언제나 아름답다.

가톨릭으로 영세를 받은 그는 천주교 묘지의 매우 높은 언덕에 자리 잡고 있다. 그의 기일이 되면 최은희와 이장호 등 여러 영화인과 그 언덕을 찾아가 함께 묵념하면서 우리 영화계를 비춰 준 큰 별 신상옥을 그리워한다. 인간의 생명이 죽음으로 아주 끊기는 것은 아닌 것 같다.

— 2018. 10. 13.

김종필

金鍾泌, 1926~2018

충남 공주 출생
서울대 사범대 중퇴, 육군사관학교 졸
국회의원, 국무총리, 야당총재

낭만적 기질의 그에게 권력 넘어갔다면, 정치판 달라졌을 수도

새벽녘 김종필에 관한 글을 한 편 쓰려고 책상 앞에 앉았더니 1940년대에 내가 즐겨 부른 뒤 그동안 한 번도 부르지 않은 이 노래가 갑작스레 생각났다.

반월성 넘어 사자수 보니
흐르는 붉은 돛대 낙화암을 감도네
옛 꿈은 바람결에 살랑거리고
고란사 저문 날에 물새만 운다
물어보자 물어봐 삼천 궁녀 간 곳 어데냐
물어보자 낙화 삼천 간 곳이 어데냐

김종필은 1926년 충남 부여의 비교적 부유한 한학자 집안에서 태어났다. 그는 공주에 가서 중학교를 마치고 대전사범학교를 거쳐 어느 초등학교에 부임했지만 얼마 뒤에 그만뒀다. 그리고 들어가기 어려운 경성사범학교 연수과에 입학했는데, 그 학교가 서울대 사범대학으로 개편되는 바람에 3년쯤 공부하다 집안사정이 어려워져 학교를 그만두고 돈을 버느라 전전하는 신세가 됐다.

내가 김종필에 대해 아는 것은 대부분 그의 절친한 친구이면서 나의 친구이기도 한 평양사범학교 출신 육사 8기생 석정선에게 들은 것이다. 석정선은 1960년대 후반 가족과 함께 보스턴으로 가 살았는데, 그의 말에 따르면 김종필은 다재다능한 사람이었다. 말을 잘하는 것은 타고난 재능이겠지만 그는 어려서 한학을 공부했고 서예도 상당한 수준으로 익혔다.

그래서 조금은 거친 목소리로 엮어나가는 그의 이야기에서는 유식한 면이 엿보였다. 중후한 몸매에 잘생긴 얼굴, 학생 때부터 말도 타고 그림도 그려 어지간한 수준이었다. 골동취미도 대단해 만일 그가 고미술에 전념했다면 전형필의 간송미술관 못지않은 미술관을 하나 만들 수 있었을 것이다. 하지만 그는 어느 한 가지 일에도 집착하지 않는 낭만적 기질의 소유자였다.

석정선의 말에 따르면 육사 8기생들이 김종필의 정치기반을 마련하는 데 도움이 될 것으로 믿고 한 가지 일을 꾸며 놓으면 김종필은 그 기회를 자기를 위해 쓰지 않고 자기가 모시던 박정희에게 가져다 바치곤 했다고 한다. 그래서 김종필은 대권에 도전하지도 않았고 대권을 휘어잡을 수도 없었다. 다만 그에게 특이한 버릇이 하나 있었는데, 가까운 친구를 아무도 없는 데서 만나면 손을 내밀어 악수하는 대신 남자 신체의 가장 중요한 부분을 꼭 잡는다는 것이었다.

무료한 날들을 보낼 수밖에 없었던 그가 친구들과 함께 육사 8기생으로 군에 입대한 사실은 김종필 한 사람만의 운명이 아니라 조국의 운명을 바꾸는 큰 계기가 된 것이 사실이다. 소위로 임관하고 정보계통 장교로 요직을 맡았던 그는 진급도 가장 빨랐다. 다른 육사 8기생들은 자신들

싱크탱크로서 한국교육개발원 설립을 골자로 했다.

그가 대한적십자사 총재로 취임하고 나서 재임 중에 남북 적십자회담 대표로 평양을 방문한 일도 있다. 그런 공로가 인정되어 국무총리로 발탁되었을 것이다.

이영덕과의 인연은 우리가 함께 일제하에 평양고보의 선후배로 지냈다는 것만이 아니다. 그보다 더 깊은 인연으로 그는 평생 내가 잊을 수 없는 사람이 되었다.

이영덕의 부인 정확실의 어머니 김영성 권사를 모시고 나는 나의 어머니 방신근 권사와 같은 날 같은 시간에 38선을 넘어 월남하였다. 그때가 1946년 6월 중순이었다. 달빛도 없는 어두운 밤에 논두렁길을 따라 38선 부근의 논에서 개구리들의 합창소리가 요란하였던 것이 기억난다.

그때 정확실은 평양 서문고녀의 교복을 입고 있었다. 교복을 입은 모습이 신변보호에 도움이 되리라고 그의 어머니가 판단하였던 것 같다. 우리 일행은 같은 월남 안내자의 안내를 받으며 경기도 연천을 지나 미국 헌병들이 관리하는 피란민 수용소에 도착했다. 거기서 DDT 세례를 한바탕 받고 나서야 공산독재의 땅을 벗어나 자유의 땅에 왔다는 사실을 실감하였다.

두 집 가족은 일제하에 서울 화신상회에서 근무하기 위하여 서울에 정착했던 나의 삼촌댁을 찾아가 며칠 동안 한집에 살았다. 김영성 권사와 그의 딸은 친척집을 찾아 떠나갔고, 나는 어머니를 모시고 명륜동 그 집에 여러 날 더 묵다가 셋집을 얻어 이사를 갔다.

나와 정확실은 같은 때 대학에 입학했는데 나는 연희대학에, 정확실은 이화여대에 들어가 또다시 가까운 이웃으로 살았다. 대학을 졸업한 정확실은 이영덕이 창설한 한국교육개발원에 취직하여 '하빈저'라는 여성 고문관 밑에서 일하게 되었다. 그리고 그런 인연으로 다른 사람보다 더 일찍 미국 유학길에 올라 한동안 그의 소식은 이영덕을 통해 들을 수밖에 없었다.

38선을 넘던 그날 밤, 어두운 밤하늘과 끊임없이 울어대던 개구리 소리가 아직도 생생히 기억나는데 벌써 73년의 오랜 세월이 덧없이 흘러갔다니! 이영덕과 결혼한 정확실은 아들딸을 낳아 잘 키웠다고 들었다. 정확실은 집안 살림만 하지 않고 이화여대에서 여러 해 가르쳤고, 뒤에는 사범대학에 속한 부속초등학교 교장으로 여러 해 봉직한 것으로 기억한다.

정확실이 빌려주어 읽은 로맹 롤랑의 《내면의 여로》라는 수상집 일본어판은 내 인생에 적지 않은 영향을 주었다. 몇 년 전에 보스턴 한인교회에서 시무하는 목사가 서울에 와서 옛날 보스턴 교회 교인들을 연세대 알렌관으로 초청하여 저녁을 같이한 적이 있었다. 그 목사의 옆자리에 앉아 서로 이야기를 나누는데, 이영덕 총리가 그 목사의 장인이라는 말을 듣고 내가 이렇게 물었다.

"그럼 목사님 부인 이름이 성혜인가요?"

"제 아내의 이름도 기억하십니까!"

목사가 내게 되물었다.

그뿐이 아니다. 아득한 옛날 정확실이 나에게 가르쳐 준 영어 노래 〈How Can I Leave Thee?〉(나 어찌 그대 곁을 떠날 수 있나?)를 지금도 기억한다.

How can I leave thee?

How can I from thee part?

Thou only hast all my heart,

Dear one, believe.

Thou has this soul of mine,

So closely bound to thine,

No other can I love,

Save thee alone!

나 어찌 그대 곁을 떠날 수 있나!

나 어찌 그대와 헤어질 수 있나!

내 사랑을 그대가 다 차지했으니 사랑하는 이여 믿어 주소서

내 영혼을 그대가 차지했으니 내 영혼은 그대에게 얽혀 있다오

나 다른 사람 사랑할 수 없어요 그대 말고 누구를 내가 사랑하리까

오로지 그대만을 사랑합니다

—2019. 6. 15.

이동원

李東元, 1926~2006

함남 북청 출생
연세대 정경학과 졸
대통령비서실장, 외무부 장관, 동원학원 이사장

30대 외무장관으로 한일국교 정상화 추진 …
칭찬도 많이 받고, 욕도 많이 먹어

같은 때 함께 대학에 다닌 친구들 중에서 제일 출세가 빠르고 가장 높은 데까지 올라간 거물은 외무부 장관을 지낸 이동원이었다. 그는 1926년 함경남도 북청이라는 유명한 고장에서 태어났다. 그러나 부모가 일찍이 서울로 이주하여 집이 관철동에 있었던 것으로 기억한다. 중학교는 개성에 있는 송도고보를 마치고 한때 조선신학교에 다녔지만 도중에 그만두고 해방 후 연희대학 전문부에 입학하였다.

그 당시는 모든 대학가에서 자유민주주의를 추구하는 학생들과 공산주의를 고집하는 학생들 간에 살벌한 투쟁이 벌어졌다. 그런 혼란기에 이동원은 학생들의 빈번한 충돌 속에서 언제나 공산독재를 반대하고 자유민주주의를 추종하는 학생집단의 우두머리 노릇을 하면서 캠퍼스에서 두각을 나타냈다.

한판 싸움이 벌어지면 그는 동지들을 비교적 부유했던 자기 집에 데리고 가서 밥을 먹이고 격려한 뒤에 일선으로 투입하였다. 그런 경우는 대개 타 대학들과도 어울려 한판 싸움을 벌일 때였다. 그는 키가 큰 편도 아니었고 체구도 비교적 왜소했지만 두 눈에서는 불이 나고 있었다. 연설이 유창한 편은 아니었지만 병력의 조직이나 전투대열의 정비에는 일가견을 가진 전략가로 알려져 있었다.

그는 어른들의 사랑도 많이 받았다. 백낙준 총장의 주선으로 그는 우리들 중에서 가장 빨리 도미 유학길에 오른 학생 중 하나였다. 당시 이런 일화가 있다.

백 총장이 유학길에 오르는 그를 붙잡고 걱정했다.

"자네 이렇게 영어를 못해 가지고 어떻게 미국 가서 공부하겠나?"

이동원이 그 자리에서 대답했다.

"배를 타고 가면서 영어는 공부하겠습니다."

그 말을 듣고 백 총장은 웃음을 터뜨릴 수밖에 없었다.

이동원은 젊어서부터 남다른 배짱을 가지고 인생을 살았던 사나이였다. 그는 1950년 미국의 어느 대학에서 학사학위를 받고 켄트주립대학에서 마침내 박사과정을 끝냈지만, 학위논문이 뜻대로 통과되지 않아 영국 옥스퍼드대학으로 옮겨가 박사학위를 받았다고 들었다. 처음엔 그 말을 믿는 사람이 거의 없었다. 그래서 어떤 기관에서 옥스퍼드에 조회해 보니 박사학위 수여가 사실이라고 전해왔다. 대단한 실력이다.

그는 여자를 보고 고르는 눈도 뛰어나 당대의 저명한 재원이자 미인인 이경숙과 결혼하는 영광을 차지하였다. 이경숙은 이화여대 김활란 총장 비서실에 근무하였는데, 그가 박사학위를 취득한 일에 그의 아내의 공이 크다는 말도 있었다. 아들딸이 몇이나 되는지는 잘 모르지만, 내가 아는 바로 자녀 교육을 잘 시켜 아들은 연세대 정치학 교수로 있고 딸은 한때 그가 설립한 동원대 총장으로 시무하였다.

학업을 마치고 귀국한 이동원은 박정희의 혁명정부에 비서실장으로 발탁되어 마침내 대사 발령을 받았다. 1964년부터는 그 정부의 외무부 장관으로서 박정희 외교의 큰 몫을 차지하였다. 아마도 이동원이 없었더라면 한일국교 정상화가 그렇게 조속히 완결되지는 못했을 것이다. 그때 한국이 일본으로부터 받아낸 배상금이 박정희의 조국 근대화 밑천이 된 것도 사실이다. 그것을 비난하는 사람들도 많지만 박정희 대통령과 이후락 비서실장 사이에서 그 일을 해낸 것은 이동원의 탁월한 실력이라고 믿는다.

남이 하는 일은 비난하기는 쉽다. 그러나 누군가가 결단력 있게 대처하지 않으면 될 일도 안 되는 경우가 많고, 안 될 것 같던 일도 되는 경우가 있다. 그가 외무부 장관으로 있을 때 한일회담뿐 아니라 베트남 파병도 단행되었다. 아시아태평양 각료회의에서 한미 행정협정을 타결시킨 것도 그의 공로였다고 평가된다.

1965년 대통령의 특명을 받은 그는 한일협정에 서명하였고, 그 뒤로는 관계를 떠나 정계로 진출하면서 네 번이나 전국구 국회의원으로 당선되었다. 그것도 놀라운 실력이 아니겠는가. 보통 전국구 비례대표는 일생에 한 번도 어려운데 혼자서 네 번이나 그 자리를 거머쥐었던 것이다. 네 번째는 정당을 바꾸고 새정치민주연합 비례대표로 국회의원 노릇을 하였다.

매우 총명했던 그는 1979년 10·26 사태를 겪고 나서 미련 없이 정계를 은퇴하였다. 그의 나이 겨우 53세였다. 출세도 빨랐지만 은퇴도 남보다 빠른 셈이었다. 해방 후에 함께 연세대에 다닌 친구들 중에 이병용과 전상진은 학생시절 이미 고등고시에 합격하였다. 이후 이병용은 민완 검사가 되어 이름을 날렸고, 전상진은 외무부로 발령받아 외무차관까지 올랐다.

어느 날 전상진이 나를 만나 이렇게 털어놓은 적이 있다.

"이동원이 장관이 아니었다면 차관 자리가 내게 올 수 있었겠는가?"

그렇게 말하면서 전상진은 웃었다.

관계와 정계에서 출세하는 것도 별다른 의미가 없다는 사실을 깨달은 이동원은 교육사업에 착안해 한영 중·고교를 인수하여 대학시절 친구를 교장으로 모시고 학교발전을 위해 전력투구하였다. 또 힘을 다 모아 대학설립에 동분서주해 동원대학교 법인인가를 받은 것이 1995년의 일이었고, 동원공업전문대학으로 개교한 것은 그 이듬해였다. 1998년에는 동원대학으로 이름을 바꾸었는데, 경기도 광주 곤지암에 종합대학으로 만들어도 손색이 없을 훌륭한 캠퍼스를 마련하였다.

이동원은 가만히 있지 못하는 성격의 소유자로서 일도 많이 했지만 고생도 많이 했고, 칭찬도 많이 받았지만 욕도 많이 먹었다. 그러나 이 시대를 함께 살아온 그 누가 이동원을 가리켜 평범한 사람이라고 하겠는가? 그는 이 시대의 영웅 중 한 사람이다.

— 2019. 3. 23.

최은희

崔銀姬, 1926~2018

경기도 광주 출생
경성 기예여자고보 졸
영화배우, 안양영화예술학교 교장 겸 이사장, 극단 청봉 대표

영화 같았던 미녀 여배우의 파란만장한 일생…
그녀도 꽃이 되어 해마다 봄이 되면 다시 피어날 건가

1977년 12월 크리스마스가 며칠 남지 않았고 연말을 맞이하여 사람들의 기분이 약간 들뜬 때였다. 나의 누님이자 이화여대 총장이던 김옥길이 연세대 백낙준, 경방 회장이자 경제인협회 회장인 김용완, 천우사의 전택보 등 유명한 노인들 몇 분을 우리 집 2층에 초대하여 점심을 함께 한 적이 있었다.

그때 그 자리에 놀랍게도 영화배우 최은희가 초대받아 자리를 같이 했다. 그 주선을 맡은 분은 경방의 김용완이었는데, 그때 이미 우리 눈에는 노인으로밖에 보이지 않던 그는 녹음기 같은 것을 준비해서 그 자리에 나타났다. 이 어른은 재담의 명수이고, 사람들을 웃기는 천재였다. 얼마나 우스운 소리를 잘하는가 하면 그분의 사모님이 인촌 김성수의 여동생인데 두 분이 매우 행복하게 산다는 소문이 자자했다.

언젠가 그의 사무실에 찾아간 어떤 기자가 한마디 던졌다.

"회장님께서는 이다음 세상에 다시 태어난다면 지금의 사모님과 결혼하시겠지요?"

그 기자를 노려보던 김용완 할아버지가 뭐라고 대답했을 것 같은가?

"내가 미쳤어!"

오늘도 그 일화가 많은 사람들을 웃기고 있다.

그날 점심에 경방 김용완은 최은희에게 강제로 노래를 부르게 했다. 그녀의 레퍼토리는 무궁무진하여 그 자리에 앉았던 많은 노인들은 물론 젊은 나 또한 무척 즐거웠다. 최은희는 그날을 기억하면서 내 누님과 나에게 제 손으로 그림을 그리고 글씨를 써서 연하장을 보내왔다. 최은희의 그림과 글솜씨는 뛰어나게 훌륭하였다.

그런데 얼마 뒤 1978년 1월 14일에 무슨 일로 홍콩에 갔던 최은희가 납치되어 마카오로 이송되었다가 북에서 파견한 사람들에 의해 배로 압송되어 평양에 갔다는 소식이 전해졌다. 그를 다시는 만날 수 없게 되었다는 슬픈 생각에 우리 집 2층에서 그와 같이 즐거운 시간을 가졌다는 사실도 애절한 그리움으로 남게 되었다.

물론 가정주부로 일생을 마치는 숨은 미인들도 많을 것이고, 두메산골에서 김이나 매다 인생을 마치는 아름다운 여인들도 적지 않을 것이다. 그러나 우리 사회에서 여러 매체를 통해 자주 볼 수 있는 멋있고 교양 있는 여성들 가운데서 가장 아름다운 여인이 누구냐고 물으면 그 시대를 함께 산 대부분의 남성들은 입을 모아 '최은희'라고 대답할 것이다.

예로부터 이집트의 클레오파트라나 당나라의 양귀비가 절세미인이었다는 이야기가 전해진다. 우리 시대에는 미국의 엘리자베스 테일러나 마릴린 먼로를 미인이라고 꼽았다. 그러나 한국의 미인 최은희를 빼놓을 수 없다. 그는 한국 영화계를 대표하는 여배우로서 누구도 따를 수 없는 다양한 역할들을 하며 많은 사람들을 감동시켰다. 1947년 영화 〈새로운 맹서〉로 영화배우로 데뷔한 이래, 〈사랑방 손님과 어머니〉, 〈성춘향〉 등 훌륭한 명작에 출연하며 많은 한국인들에게 깊은 인상을 남겼다.

최은희는 1926년 11월 9일에 경기도 광주에서 5남매 중 셋째로 태어났는데, 살림 걱정은 안 해도 되는 비교적 부유한 집안이었다. 엄격했던 아버지는 자신의 딸이 영화나 연극에 출연하는 것을 매우 싫어하였다고 한다. 그러나 그는 아버지의 딸에 대한 지극한 사랑을 느끼고 있었다. 깔끔한 성격이어서 이성관계가 복잡하지도 않았고 결혼한 감독 신상옥과 열심히 살아 보려고 최선을 다했다는 사실을 나는 알고 있다. 신상옥이 세상을 떠난 뒤에도 그에 대한 최은희의 사랑은 식지 아니하였다.

최은희가 납치된 뒤 우리는 한동안 그의 소식을 모르고 살았다. 그러다 남편 신상옥이 최은희와 함께 평양에 그 모습을 드러냈다고 들었을 때 두 사람이 어떻게 다시 만났는지 정말 수수께끼 같은 이야기라고 생각했다. 영화광으로 알려진 김정일이 인민공화국 영화산업에 박차를 가하기 위해 신상옥 감독의 납치를 획책했을지도 모르는 일이다.

어쨌건 두 사람은 합심 협력하여 북에서 여러 편의 영화를 제작하였다. 그러던 중 1986년에 영화제작을 목적으로 두 사람이 함께 오스트리아에 출장 갔다가 북을 탈출하는 일에 성공하였다. 그러나 한국으로 곧장 돌아오지 못하고 미국 관계당국의 신변보호를 받으면서 여러 해 LA에 체류하였는데, 그 기간 중에도 신상옥은 영화를 제작하였다.

그 두 사람이 북한을 탈출했다는 사실에 감격한 많은 사람들 중에는 나도 끼어 있었다. 나는 LA에 강연을 갈 때마다 틀림없이 그 내외를 만났고 같이 냉면을 먹으러 다녔다. 1999년 그들이 영구히 귀국하고 난 뒤에는 형제처럼 가까이 지낸 것이 사실이다. 신상옥이 세상을 떠나고는 최은희를 위로하기 위해 나는 장례식장까지 가서 〈천의 바람이 되어〉라는 영시를 읊으며 그의 죽음을 애도하였다.

최은희는 신상옥을 기념하는 사업에 최선을 다했지만 뜻대로 되지 않았고, 그는 병고에 시달리며 만년을 보내다가 2018년 4월 16일 92세를 일기로 조용히 세상을 떠났다. 영국 시인 존 키츠가 이렇게 읊었다.

눈물짓지 마, 눈물짓지 마
꽃은 새해에 다시 피려니

최은희도 꽃이 되어 해마다 봄이 되면 다시 피어날 건가.

— 2019. 4. 13.

채명신

蔡命新, 1926~2013

황해도 곡산 출생

육군사관학교 졸

육군중장, 주베트남한국군사령관, 주브라질대사

베트남전의 영웅 채명신 장군,
그는 왜 장군 묘역 대신 사병 묘역 원했나

내가 아는 장성이 몇 있었다. 그러나 내가 형님처럼 가까이 대하던 장군은 오직 채명신이 있었을 뿐이다. 황해도 곡산 사람인 그는 경상북도 영덕의 명문가 규수 문정인을 만나 그 가문의 사위가 됐다. 문정인의 오빠 문태준은 보건복지부 장관이 되어 세계가 감탄하는 우리나라의 건강보험제도를 만든 일등공신이기도 하다. 시골 사람 채명신이 어떻게 그런 부잣집 딸의 손목을 잡을 용기를 냈을까. 아마도 산신령을 방불케 하는 그의 눈썹에 그 처녀가 먼저 반한 것은 아닐까.

그는 1948년 목사가 되려던 꿈을 접고 조선경비사관학교(육군사관학교의 전신)에 입학하여 5기생으로 졸업하였다. 그 사실이 그의 일생과 조국의 역사에 큰 영향을 미쳤다고 할 수 있다. 그는 5기생으로 박정희와 특별한 관계를 맺게 되었고, 그때부터 박정희는 채명신이 유능하고 패기 있는 군인인 것을 알았기 때문에 그를 존중하기도 하였고 경계하기도 하였다.

채명신과 박정희 사이 의견충돌이 불가피했던 경우가 세 번 있었다. 우선 채명신은 군인의 정치참여를 절대 용납할 수 없다는 입장이어서 군사쿠데타에 가담할 수 없었다. 박정희는 5·16 전날 밤에야 조창대 중령을 보내 '여기까지 왔기 때문에 물러설 수 없다'는 뜻을 밝히고 협조를 부탁하는 친서를 전달하였다. 채명신은 그 군사혁명이 실패했을 때 국가가 겪게 될 혼란을 상상하고 아찔하였다. 그는 즉시 1군 사령관 이한림을 만나서 설득하였고, 주한미군 사령관 매그루더를 찾아가 협력을 요청했으며, 자신도 죽을 각오를 하고 국가재건최고회의에 뛰어들었다.

두 번째는 박정희가 2·18 민정불참 선언을 번복하고 군 본연의 업무로 돌아가지 않겠다고 했을 때 그는 국민과의 약속을 저버리는 것은 군인답지 않다고 항의했다. 그러나 이미 엎질러진 물을 다시 그릇에 담을 수 없음을 깨닫고 줄곧 침묵을 지켰다.

세 번째는 박정희가 국민에게 유신체제를 강요하면서 "유신헌법은 찬성할 자유는 있지만, 반대할 자유는 없다"고 못 박았을 때였다. 채명신은 그런 독재체제에 순응할 수는 없다고 하였고, 박정희는 노발대발하였다. 그래서 채명신은 별을 하나 더 달지 못하고 준장으로 군을 떠날 수밖에 없었다. 그런 억울한 대접을 받았지만, 그는 한 번도 박정희를 원망하거나 못마땅하다고 말하지 않았다. 박정희는 자기를 반대하는 능력 있는 군인이 군에 있다는 사실을 불안하게 생각해서인지, 직업외교관도 아닌 채명신을 스웨덴이라는 먼 나라의 대사로 보냈다.

채명신의 군생활은 험난하기 짝이 없었다. 1948년 소위로 임관한 그는 제주도 9연대로 발령받아 4·3 사건으로 뒤숭숭할 뿐 아니라 남한 정부 수립에 반대하는 여론이 비등한 가운데 소대장으로 위험천만한 나날을 보냈다. 1949년에는 보병중대장으로 승진하여 송악산 전투에 참여하였고, 그해 11월에는 남파된 게릴라를 토벌하기 위하여 태백산에 투입되기도 하였다. 전쟁 중에는 '백골병단'이라고 불리던 유격부대를 이끌고 여러 번 인민군의 간담을 서늘케 했다. 전쟁이 휴전으로 마무리 지어진 뒤에는 제3군단의 작전참모 그리고 이듬해에는 논산 제2훈련소 참모장으로 부임하여 비리 척결에 전심하며 훈련소의 면모를 일신하였다.

채명신은 베트남전에 한국군이 참여하는 것을 부당하다고 여겼고 베트남 사람들의 우상인 호치민의 군대와 싸우는 것은 지혜롭지 못하다고 주장했으나, 대통령은 그를 청와대로 불러 주베트남 한국군사령관으로 임명하였다. 단호한 참전의지를 표명한 박정희는 그에게 베트남전 참전의 필요성을 역설하였다. 그런 연유로 하여 채명신은 뜻하지 않았던 길을 또 한 번 걷게 된 것이었다.

그가 늘 식구들에게 당부한 말이 있다.

"내가 장군이 된 것은 전쟁터에서 조국을 위해 목숨을 버린 사병들이 있었기 때문이니, 내가 죽으면 나를 국립묘지의 장군묘역에 묻지 말고, 베트남에서 전사한 사병들의 묘역에 묻어 달라."

당국은 절대 그럴 수 없다며 완강하게 거절하였다. 그러나 미망인 문정인이 대통령에게 직접 탄원서를 올려 마침내 그는 베트남전의 사병 전사자들과 함께 거기 잠들어 있다.

흔히들 말하기를 '베트남전은 명분 없는 전쟁이었다'고 하지만 대한민국으로서는 명분이 뚜렷한 전쟁이었다. 김일성은 우리의 참전을 극구 비난했지만, 인민군의 재침을 사전에 봉쇄하는 일에 큰 공을 세웠다. 한미 군사동맹은 한층 더 공고해졌고 미군은 한국군을 세계 최강의 군대라고 극찬하였다. 베트남전에서 한국군 사령관을 지낸 채명신에게는 닉슨 대통령이 공로훈장을 수여하였다.

끝으로 화랑도의 화신이며 우리 시대의 모범적인 군인 채명신에게 일제하에 만주벌판을 누비던 독립투사들이 즐겨 불렀고 나도 좋아하는 시 한 수를 띄운다.

> 공중 나는 까마귀야 시체 보고 울지 마라
> 몸은 비록 죽었으나 혁명정신 살아 있다.

채명신의 정신은 지금도 살아 숨 쉬고 있을 것이다. 그래서 "노병은 죽지 않는다"는 말이 생겼을 것이다. 채명신은 죽지 않았다.

—2018. 8. 18.

박경리

朴景利, 1926~2008

경남 통영 출생
진주여고, 수도여사대 가정과 졸
중학교 교사, 작가
대표작《김약국의 딸들》,《파시》,《토지》

"난 몸이 쑤시고 아파야 글이 나와요"
《토지》의 작가가 털어놓았다

작가 박경리의 82년 삶을 한 줄로 요약하면 나는 이렇게 얘기하고 싶다.

'악령들과 결투의 일생.'

이런 판단에 동의하지 못할 사람들도 있겠지만 나름대로 심사숙고 끝에 내린 결론이다. 그의 일생은 천사로 이 세상에 태어난 자기를 방어하기 위한 엄숙한 투쟁의 연속이었다. 박경리는 순수함을 지키기 위해 태어난 사람이었기에 하루하루가 그런 숨 가쁜 투쟁으로 이어질 수밖에 없었다.

그가 본디 부모로부터 물려받은 천진난만한 아름다운 얼굴을 죽는 날까지 간직하면서 이 세상에 가득 찬 사탄을 퇴치하는 일에 몸과 마음을 다 바쳤지만, 사탄들의 막강한 힘을 혼자 감당할 수는 없었다. 영국 시인 셸리 말대로 "나 인생의 가시밭에 쓰러져 피 흘리노라"고 울부짖으며 쓰러졌지만, 박경리는 자기의 천사 같은 얼굴을 지켜내는 한 가지 일에는 성공했다고 나는 믿는다.

박경리는 1926년 10월의 어느 날 경상남도 통영에서 태어나 진주여고를 마치고 시집가서 딸 김영주를 얻었다. 학창시절 박경리는 무슨 일에도 두각을 나타내지 못한 평범한 학생이었다. 일생에 새로운 전기를 마련해 준 사람은 중진작가로서 명성이 자자하던 〈무녀도〉의 김동리였다. 박경리가 진주여고 동창인 한 친구를 통해 그에게 보여 준 작품은 소설이 아니라 몇 편의 시였는데, 박경리에게 시보다 소설을 쓰는 것이 어떻겠냐고 권한 이가 김동리였다. 그리하여 〈현대문학〉에 세 차례 그의 단편이 추천 게재되고 박경리는 작가로서 새로운 삶을 시작하게 됐다.

그러나 1950년 수도여자사범대학 가정과를 마치고 황해도에서 중학교 교사로 재직하던 그에게 시련이 밀어닥쳤다. 겨레의 재앙이라고 할 수 있는 6·25 전쟁이 터진 것이다. 사상 문제로 당국의 감시를 받았던 남편은 서대문구치소에 수감돼 있다가 목숨을 잃었고, 3살밖에 안 되던 영주의 남동생 또한 세상을 떠나니 20대 중반의 박경리는 앞으로 살아갈 길이 막막할 수밖에 없었다.

그런 고민과 고통 속에서 글을 쓰고 싶어했던 잠재적 욕구가 차차 꿈틀거리기 시작했을 것이다. 박경리는 단편 〈흑흑백백〉으로 본격적인 작품활동을 시작하였고, 1957년 단편 〈불신시대〉로 제3회 현대문학 신인문학상을 받기에 이르렀다. 붓 한 자루를 들고 자기 한 몸을 질곡의 수렁으로 몰아넣은 원수들을 소탕하기 시작했다고나 할까.

박경리가 우리 시대의 대표적 작가로 두각을 나타내게 된 것은 소설 《김약국의 딸들》이 출판되면서부터였다. 초판도 어지간히 팔리기는 했지만 재판이 나오면서부터 그 소설은 '낙양의 지가'를 치솟게 하는 전무후무한 작품으로 변신했다. 해당 출판사는 빌딩 한 채를 지을 수 있었다는 말도 있다. 후에 그 작품이 TV 드라마가 돼 작가 박경리는 누구나 이름을 기억하는 당대의 가장 저명한 명사 중 한 사람이 되었다. 박경리가 필생의 대작으로 시작한 《토지》는 1969년에 집필하여 1994년까지 장장 26년간 200자 원고지 3만 1,200장에 수록된 21권의 대하소설이다. '불후의 명작'으로 손꼽힌다. 그가 옮겨가 살게 된 원주는 그 덕분에 유명한 도시가 되고 토지문화관도 세워졌다.

이 모든 놀라운 성공이 박경리를 행복하게 만들었던가. 그로 하여금 조금이라도 미소 짓는 눈초리로 자기와 세상을 바라볼 수 있게 하였는가. 안타깝게도 그는 조금도 행복해지지 못했다. 첫째는 자신의 건강 때문이었다. 그는 젊어서 유방암 선고를 받았다. 다행히 재발하지 않았는데, '오진이었던 것 같다'고 생각했다.

또한 예쁜 딸 영주가 시집가서 손자 원보가 태어난 것은 할머니에게 있어 더할 나위 없는 기쁜 일이었지만, 원보의 아버지 김지하는 단란한 가정을 이루기에는 부적절한 인물이었다. 사흘이 멀다 하고 중앙정보부에 붙잡혀 가거나 또는 재판을 받고 감옥에 갔으니 설사 돈 걱정은 안 하는 신세가 됐어도 행복하게 잘 살 수는 없는 일이 아니었을까.

원주에 자리한 작가의 자택을 방문했을 때 그는 나에게 이렇게 말했다.

"저는 몸 어디가 쑤시고 아프지 않으면 안 돼요. 심지어 치통이라도 있어야 글이 써집니다."

우리 보통사람들은 그 말을 듣고 깜짝 놀랄 수밖에.

박경리는 본디 애연가여서 담배를 피우지 않고는 아무 일도 할 수 없는 사람이었고 그 때문에 병을 얻어 사경을 헤맬 수밖에 없었다. 그가 입원하고 있던 큰 병원의 병실에서 이 폐암 환자는 누구도 용서할 수 없는 큰 '범행'을 하나 저질렀다. 자기 병실에서 마지막으로 담배 한 대를 피운 것이다.

이 세상 누구도 할 수 없는 짓을 박경리는 감히 한 것인데 나는 그 얘기를 들으면서 인간 박경리를 한층 더 깊이 이해할 수 있었다. 뜻과 내용은 판이한 것 같지만, 예수가 자기 삶의 마지막에 "너희가 세상에서는 환란을 당하나 담대하라. 내가 세상을 이기었노라"고 하신 것을 나는 왜 되새겨 보았을까. 박경리는 그 많은 악인과의 싸움에서 내가 승리한다고 한마디 선언하고 싶었던 것이 아닐까.

통영시가 엄청난 노력을 기울여 통영의 딸을 통영으로 모셔다 묘역을 크게 조성한 사실을 박경리는 조금도 자랑스럽게 생각하지 않을 것이다. 이제야 그는 모든 원수의 온갖 만행을 다 용서하고 영원의 안식을 누리고 있을 것이다. 그의 일생은 승리한 일생이었다.

—2018. 2. 10.

김남조

金南祚, 1927~

대구 출생
서울대 사범대 졸
시인, 숙명여대 교수
대표작 〈정념의 기〉, 〈겨울바다〉, 〈설일〉

한국문단 3대 여성 시인 …
자연과 인간, 나라 사랑은 늘 간절했다

한국 현대사에 등장한 여성 시인 세 사람을 고르라고 하면 나는 서슴지 않고 모윤숙, 노천명, 김남조 세 시인을 거명하겠다. 김남조는 틀도 크고 생각도 큰 특이한 시인이다. 언어구사에 남다른 재능을 타고난 것도 사실이지만 자연과 인간에 대한 넘치는 사랑을 품고 있고 나라를 걱정하는 마음이 늘 간절하다.

내가 시인 김남조의 이름을 처음 들은 것은 아마 그의 첫 시집 《목숨》이 햇빛을 보게 된 1953년이었을 것이다. 김남조는 1927년 9월 대구에서 태어났다. 그는 국민학교를 마치고 일본 후쿠오카 규슈여고에 입학하였다. 학업을 마치고 일본에서 돌아온 그는 서울대 사범대학 국문과에 입학하였고, 1950년엔 〈연합신문〉에 두 편의 시를 발표하여 문단에 올랐다. 1951년 피란 중에 대학을 마치고 이화여고 교사를 거쳐 숙명여대 전임강사가 되고 정년퇴임할 때까지 숙명여대에서 문학을 가르쳤다.

1955년에 많은 여성들의 선망의 대상이던 조각가 김세중과 결혼한 김남조는 나이 90을 넘은 오늘도 여성으로서의 아름다움을 그대로 간직하고 있다. 젊은 시절 사진을 보면 그는 정말 매력적이었다. 대구여자답게 〈굳세어라 금순아〉의 금순이보다 더 굳센 여성인 동시에 감성 또한 풍부하여 웃기도 잘하고 울기도 잘하는 특이한 품성을 지녔다. 그가 우리말

구사에 천재적 소질을 타고났음은 주지의 사실이거니와 그가 내쏟는 시어(詩語) 한마디의 뜻에는 다년간 문학적 연수의 흔적이 깃들어 있다.

그가 공부를 많이 하는 시인 중 한 사람이라는 사실을 부인할 사람은 없을 것이다. 하도 개성이 강하여 김남조는 고립될 가능성이 많았지만, 점차 아집의 경지를 벗어나 남과의 교감이 가능한 시인으로 변모하게 되었다. 그의 시집 《나무와 바람》이 그런 역할을 하였다고 보는 평론가가 많고 그 작품으로 한국자유문학자협회상을 받기도 했다. 1960년 정양사가 펴낸 시집 《정념의 기》에서 그는 이렇게 읊었다.

보는 이 없는 시공에서
때로 울고 때로 기도드린다

김남조만큼 많은 문인과 사귀어온 시인도 드물 것 같다. 근년에 낙상으로 다리를 다쳐서 휠체어 신세를 지고 있지만, 문인들의 모임에는 가능한 한 참석하는 성의를 보여 준다.

이 시인의 나라를 사랑하는 정신은 특별하다. 오래전 LA에 강연을 갔다가 만난 적이 있는데, 나에게 시국에 관한 이야기를 듣고 싶다고 하여 아침식사에 그를 초대하였다. 김남조는 여느 시인보다 국가에 대한 깊은 관심과 우려를 가지고 있었다. 나의 해답은 "걱정하지 마라"는 그 한마디뿐이었다. 이 시인은 대한민국 제1의 국시는 자유민주주의를 사수하는 일이라고 믿고, 그렇지 않은 인간들을 한심하다고 여긴다.

나는 재무부 장관을 지낸 이용만과 3년 전에 '장수클럽'을 시작할 때 김남조를 우리 모임의 회원으로 하고 싶어 그와 합의를 보고 그를 회원으로 초빙하였다. 한 달에 한 번씩 우리가 모이면 반드시 시국을 진단한다. 그런데 우국지사 김남조가 먼저 조국이 직면한 위기를 언급하면 반드시 회원 이인호가 이에 호응하여 노장들이 모두 말문이 막혀 침묵이 흐르는 때가 있다. 그럴 때는 90이 넘은 신촌의 김 노인이 한마디 할 수밖에 없다.

"하늘이 무너져도 솟아날 구멍은 있다. 《신약성서》에는 내일 일을 위하여 염려하지 말라. 내일 일은 내일 염려할 것이요, 한 날의 괴로움은 그날로 족하다는 말씀도 있다. 《구약성서》 예언자들의 사명이 무엇이었는가? 내 백성을 위로하라, 바로 그것이었다."

내가 한마디 하면 내 말에 찬성하는 회원들도 있어 시인 김남조의 근심과 걱정이 다소 누그러지는 것 같다.

2005년 발간된 《김남조 시전집》은 평론과 연보를 합치면 1,170쪽에 이르는데 하루에 한 편씩 읽어도 1년은 더 걸릴 것 같다. 첫 시 〈남은 말〉로부터 마지막 시 〈시에게 잘못함〉에 이르기까지 '아름다운 영혼의 고백'이라고 나는 말하고 싶다.

김남조는 1986년 사랑하는 남편을 잃고 밀어닥친 고독과 끊임없는 에로스의 욕망으로 흔들리고 방황하는 날도 있었을 것이다. 하지만 그럴수록 그는 자기의 종교적 신념에 집착하여 구원의 길을 모색하였을 것으로 나는 믿는다. 그는 예수라고 하는 그리스도를 위해 어제도 살았고 오늘도 살고 있다. 아마도 내일도 그리스도를 위해 살고 있을 것이다. 아니, 생명의 영원함을 믿는다면 시인 김남조는 영원히 그리스도의 품에서 살아 있을 것이다.

결점이 없는 인간은 이 지구상에 단 한 사람도 없다. 나이 90을 넘고 보니 이 시대를 함께 살아온 이들의 단점은 보이지 않고 내 눈에는 장점만 보인다. 김남조의 얼굴에는 언제나 속세를 떠난 깨끗한 모습이 보인다. 그리고 세월의 파도에 씻겨도 변하지 않는 여성만의 아름다움이 있다는 사실을 그의 모습에서 느끼게 된다.

사람의 영혼은
너무 오래
기쁨에 굶주리면 안 된다고
암암한 절망에
위안의 꿀을 섞으시는
능하신 그 어른이
옷소매 잠시
스치신 일로
여기 지금
애처로이 장한
한란 벙그는구나

이제는 김남조 자신이 애처로이 장한 한란(寒蘭) 한 그루가 아닐까. 그 은은한 향기가 늘 방 안에 가득하다.

—2018. 10. 20.

박태준

朴泰俊, 1927~2011

경남 양산 출생
일본 와세다대학 중퇴, 육군사관학교 졸
포스코 회장, 국회의원, 국무총리

"우리가 박태준 수입할까"
일본 제철소에 간 중국 덩샤오핑이 말했다

박태준은 1927년 경남 양산에서 태어났다. 6살 때 부모를 따라 일본으로 건너가 와세다대학 기계공학과에 입학했으나 해방을 맞아 조국으로 귀환했다. 1948년 육군사관학교 6기생으로 입학해 소위로 임관했는데, 사관생도 시절 제1중대장이 박정희 대위였다.

그렇게 맺어진 두 사람의 인연은 포스코(POSCO)로 꽃을 피워 열매를 맺었다. 포스코가 한국 경제에 미친 영향은 어마어마하다. 제철업에 꿈을 품고 있던 박정희에게 박태준은 절대적으로 필요한 일꾼이었고, 박정희는 박태준을 전적으로 밀어줘 누구도 군소리를 못하게 했다.

나도 두서너 번 포스코 시찰을 간 적이 있는데, 제철소 시설이 엄청날 뿐 아니라 사원들을 위한 교육과 복지시설도 대단했다. 포스코 하면 박태준을 생각한다. 그는 한국뿐 아니라 세계적으로 명성이 자자한 '강철왕'으로 군림했다.

마오쩌둥의 뒤를 이어 중국의 정권을 장악한 오뚝이 덩샤오핑이 일본을 방문해 제철계 거물들을 만나 얘기하다가, 제철업을 하려면 그 일을 할 수 있는 인물이 꼭 필요한데 그가 포스코의 박태준이라는 결론을 얻었다고 한다. 덩샤오핑은 그 말을 듣고 "그럼 중국이 박태준을 수입할 수 없을까"라는 말을 한 적이 있다.

한국에서는 박정희 이후 그를 정치판에 끌어들이려는 정당인이 적지 않았다. 대통령으로 추대하자는 사람보다 국무총리로 모시려고 정당 대표들도 군침을 삼키고 있었다. 통일국민당 대표 정주영은 자기가 집권하면 반드시 박태준을 국무총리로 모시겠다고 공언한 적이 있다. 김대중 정부 시절인 2000년에 그는 국무총리에 취임했으나 중상과 모략 때문에 4개월 만에 물러나고 말았다.

내가 보기에 박태준은 정치할 사람이 아니었다. 그는 누구라도 미소 짓는 얼굴로 대했으며 남에게 싫은 말을 하는 법이 없었다. 본디 군인으로 시작한 인물이지만 군인 같지 않고 선비 같았다. 강철왕이라는 별명을 가지고 있었지만 성격은 부드러웠다. 아는 사람들을 식당에서 만나면 점심값을 내주려 하고 누구에게도 교만한 태도를 보인 적이 없었다. 남들을 자기보다 못하다고 생각하는 일이 없는 겸손한 성격의 소유자였다.

박태준이 언젠가 우리 집에 냉면과 빈대떡을 먹으러 온 일이 있다. 그는 경상도 사람이지만 냉면에 매력을 느끼고 똑같은 시설을 포스코 어딘가에 설치해 놓고 많은 손님을 대접했다고 한다. 정치에 몸을 던지는 사람은 남을 비틀 줄도 알고 밟을 줄도 알아야 하는데, 박태준에게는 그런 모진 성품이 전혀 없었다. 40년이라는 긴 세월 동안 포스코를 건설하던 무렵부터 박태준이 숨을 거둘 때까지 그를 모신 측근 중 측근으로 알려진 여상환이 이런 말을 했다.

"회장님께서는 매사에 절차와 순서를 확정하고 나서 일을 시작했다. 그의 삶에서 가장 소중했던 것은 국가와 민족이었고 개인은 그 서열의 맨 마지막에 있었다. 입버릇처럼 결과 못지않게 과정이 중요하다는 것을 강조하면서 결과만 문제 삼는 사회가 잘못된 사회라고 했다."

조정래라는 작가는 박태준을 인도의 마하트마 간디에 비유했지만 나는 그가 오히려 도산 안창호를 닮은 점이 많다고 말하고 싶다. '무실역행'(務實力行) 같은 도산이 내세우던 인생의 가치들을 누구보다도 강조한 박태준이 아니었던가. 그는 33년 동안 포스코를 일선에서 진두지휘했고 이후 7년간은 후견인 역할을 했다. 그리고 그 임무가 다하였을 때 그것이 하늘의 뜻이었던 것처럼 눈을 감고 저세상으로 떠났다. 그의 나이 84세 때 일이다.

연세대 사회학과 교수였던 송복이 이런 말을 했다.

"우리나라 역사에 매우 뜻 깊은 만남이 두 번 있었는데 그 하나는 서애 류성룡이 이순신을 만난 일이고, 또 하나는 박정희가 박태준을 만난 일이다."

곰곰이 생각하면 매우 의미심장한 견해다.

이순신을 백의종군 후 삼도수군통제사에 재임명케 하여 마침내 명량해전에서 일본의 배를 수없이 격침하고 노량해전에서 마지막 승리를 거두게 한 그의 배후에는 류성룡이 있었던 것 아닌가. 그 두 사람의 인연이 그렇게 맺어지지 않았다면 우리가 과연 임진왜란에서 일본의 침략을 물리칠 수 있었을까.

만일 박정희와 박태준의 만남이 없었다면 포스코는 우뚝 선 세계적 기업이 되지 못했을 것이다. 박정희는 누가 뭐라 해도 박태준을 믿었다. 박태준에게 직접 물어본 적이 있다.

"박정희의 전적인 후원이 없었다면 오늘의 포스코가 있을까요?"

박태준이 얼굴에 미소를 지으면서 대답했다.

"그분이 없었다면 포스코도 없습니다."

박정희의 절대적 지원으로 회사를 키웠기에 박태준은 자기 자신의 시간과 정력, 희망과 욕망, 기쁨과 고통을 포스코에 모두 쏟았다고 해도 지나친 말은 아닐 것이다.

오늘 박태준을 회고하는 것 자체가 내게는 매우 감동적이다. 박태준이 없었다면 우리나라 철강업뿐만 아니라 경제가 세계 10위권을 향해 달려갈 수 있었을까. 포스코에서 박태준을 도와 일하던 사람들은 지금 어디서 무슨 일을 하든지 모두가 이 시대의 바람직한 일꾼들이다.

—2018. 3. 17.

김영삼

金泳三, 1927~2015

경남 거제 출생
서울대 철학과 졸
국회의원, 야당총재, 대통령

칼국수만 먹는 그에게 묻고 싶었다 "아드님이 먹은 건 먹은 것 아닙니까"

태어날 때부터 시인이 있다. 태어날 때부터 음악가도 있다. 어려서부터 운동을 잘하는 사람이 있고 그림에 능한 사람도 있다. 그런데 김영삼이라는 사람은 정치인으로 태어났고 정치인으로 살다가 정치인으로 세상을 떠났다. 중학생 때 책상머리에 "나는 대통령이 되겠다"고 써 놓고 날마다 바라봤다니 여느 아이와는 달랐다.

김영삼은 정치적 본능이 뛰어난 사나이였다. 인사동에 있던 신민당사가 경찰습격을 받게 된다는 정보가 들어왔을 때, 어느 방향으로 도망가면 살 수 있다는 것을 그는 정확하게 알았다. 감각이 둔한 사람은 경찰이 달려드는 방향으로 가다가 붙잡혀 유치장 신세를 지게 되는데 그런 면에서 김영삼은 재능을 타고난 사람이었다.

학문적 깊이는 없었다고 비난하는 이들도 있다. 그러나 대통령이 되기 위해 필요한 것만 알면 되지 모든 분야에 능통할 필요는 없다는 게 그의 생각이었다. 한동안 그를 보좌했고 그가 대통령이 된 뒤 통일부 장관을 지낸 한 모 교수가 나에게 이런 말을 했다.

"김영삼이라는 정치인은 덕장이라고 부를 만한 인물입니다."

어떤 정치인은 돈이 생기면 자기가 세어 보고 금고에 넣는 것이 관례였다는데, 김영삼은 돈이 생기면 대개 주변사람들에게 맡겨 처리했다고 한다. 25세에 3대 국회의원에 당선된 김영삼은 정치적으로 매우 성숙한 사람이었다.

그가 한때 대통령이 될 꿈을 포기한 적이 있었다. 나와 단둘이 점심을 먹으며 그런 말을 주고받았다.

"김 교수, 나도 마음을 비웠어요. 김 교수처럼 젊은 후배들에게 민주주의를 가르치다 그렇게 끝내는 생이 됐으면 합니다."

그 말을 듣고 하도 감동스러워 밥을 먹다 말고 일어나 그의 손을 잡고 말했다.

"훌륭한 결단입니다."

내 기억에 그 말을 하던 때는 그의 정치활동이 금지돼 있던 때였다.

그러나 1년 사이 김영삼이 정치활동을 재개할 수 있는 때가 왔다. '마음을 비웠다'는 말은 내게만 털어놓은 게 아니었던 것 같다. 기자들에게도 같은 말을 했다. 기자들이 김영삼에게 물었다.

"마음을 비웠다고 하셨는데, 왜 다시 대통령 출마를 꿈꾸십니까?"

"내가 마음을 비웠다고 한 것은 앞으로 대통령이 되지 않겠다는 말이 아니오. 만약 그런 기회가 와서 대통령이 되면 빈 마음을 가지고 대통령직을 수행하겠다는 뜻이었소."

누구도 무슨 소리를 할 수 없었다.

그러나 김영삼은 야당을 해서 대통령 자리에 오르기는 불가능하다는 사실을 잘 알고 있었다. 김영삼은 김종필과 함께 노태우가 운영하는 민정당과 합당하기로 결심했다. 아마도 김종필은 정권장악 기회가 자기에게 오리라는 것을 생각조차 안 했겠지만 김영삼은 자신이 있었던 것 같다. 김대중만 야당에 혼자 내버려 두고 나이도 먹을 만큼 먹은 두 사

방우영

方又榮, 1928~2016

평북 정주 출생
연세대 경영학과 졸
조선일보 기자, 조선일보 회장, 연세대재단 이사장

언론계의 거목 … 조선일보 사장으로 용전분투, 나와는 대학시절 이래의 절친

방우영은 해방이 되고 1946년에 나와 같은 대학에 같이 입학하여 그가 세상을 떠날 때까지 나와 매우 가까운 친구였다. 그가 캠퍼스에서 유명한 학생으로 부각된 데는 까닭이 있다.

6·25 전쟁이 터질 때까지 남조선의 모든 학원에서는 좌우익 학생들의 대립과 충돌이 빈번하였는데 그는 우익 학생들의 선봉장이었다. 박갑득, 홍영철, 정태성 등 힘깨나 쓰는 학생들이 모두 그를 따랐고 그와 함께 각종 '전투'에 참여했다. 그러나 그는 완력가는 아니었으며 친구들에게 밥과 술을 잘 사 주는 의협심 있는 사나이였다.

38선 이북에서 김일성의 포악한 정치가 차차 드러나는 것을 보고 월남하여 대학에 입학했던 우리들은 그와 의기투합하였다. 그의 가정환경이나 배경은 전혀 몰랐고 그가 계초 방응모의 손자라는 사실은 졸업한 뒤에야 비로소 알았다. 그는 그런 자랑을 우리에게 한 번도 한 적이 없었다.

6·25가 터지기 전에 총학생회장(학도대장)에 출마하여 캠퍼스에서 선거유세를 한답시고 기염을 토하는 나를 향해 "너는 제 명에 죽기 어렵겠다"고 한마디 던진 친구가 바로 방우영이었다. 그 뒤에 우리는 전란 때문에 모두 피란민이 되어 남한 일대를 헤맸다. 중공군의 남침이 9·28

수복을 무색케 하여 동족상잔의 비극은 3년이나 계속되었다.

그 전쟁 와중에 방우영은 〈조선일보〉의 견습생으로 입사하여 1962년에는 〈조선일보〉의 상무가 되었다. 그의 형 방일영이 1970년 사장 자리를 그에게 물려준 그날부터 그는 〈조선일보〉를 한국 최고의 신문으로 만들기 위해 밤낮을 가리지 않고 용전분투하였다.

나는 미국에서 공부를 끝내고 돌아와 편집부의 청탁을 받고 〈조선일보〉에 시론을 몇 편 쓴 적은 있지만, 〈조선일보〉와는 비교적 먼 거리에서 살아온 것이 사실이다. 타고난 기질이 좀 저항적이고 전투적이기 때문에 〈조선일보〉와는 생리적으로 꼭 맞는 필자가 아니었던 것 같다. 〈조선일보〉의 논설위원이나 고문이 될 자격은 없었다고 생각한다.

그러나 뜻밖의 사건이 하나 언론계에서 발생하였다. 나는 어느 일간지에 '동창을 열고'라는 제목의 칼럼을 연재하고 있었는데, 때는 박정희는 가고 전두환이 들어선 그런 시기였다. 그 신문에 "나의 때는 이미 지났다"라는 제하에 그동안 한국 정치를 휘어잡고 좌지우지하던 김 씨 세 사람에게 "이젠 제발 정계를 떠나 조용히 낚시나 하면서 여생을 보내는 것이 좋겠다"라는 내용의 글을 한 편 올렸다.

짧은 칼럼 하나가 폭탄처럼 터져 나는 하루에 100통 이상의 독자 편지를 받는 유명논객이 되었다. 그 편지들은 분류하면 "속 시원한 이야기며, 내가 하고 싶었던 이야기다"라는 내용이 98통이었고, 2통은 "왜 갑자기 그런 글을 썼는지 이해하기 어렵다"는 일종의 투정이었다.

바로 그 시기에 〈조선일보〉에서 잔뼈가 굵어진 나의 후배 정광헌이 그 신문사 공무국장이었는데 사장 방우영과는 매우 가까운 사이라서 사장의 부탁을 받고 나를 찾아와 간청하는 것이었다.

"형님, 이젠 〈조선일보〉에 와서 글을 좀 써 주세요. 형님의 친구인 방 사장의 간곡한 부탁입니다."

그런 인연으로 하여 방우영을 만났고 친구의 간청을 못 이겨 〈조선일보〉의 논설위원실로 자리를 옮겼다. 그리고 여러 해 칼럼을 연재하던 신문사에 '마지막 칼럼'이라는 제하의 글 한 편을 써서 보냈다. 그 신문의 장 모 기자는 내가 강연차 가 있던 캐나다까지 나를 찾아와 칼럼을 중단하지 말아 달라며 '마지막 칼럼'은 낼 수 없다고 하여 나는 진퇴양난의 궁지에 몰렸던 것도 사실이다.

그러나 〈조선일보〉로 자리를 옮긴 것은 나의 매우 잘못된 판단이었다. 논설고문이라는 직함도 여러 해 가지고 있었지만 칼럼은 이래저래 두서너 편밖에 쓰지 못하였다. 신문사에 이미 자리를 잡은 평화주의자들이 내 원고를 신문에 싣기 어렵다고 난색을 표명한 것이다. 결국 언론계의 미아나 고아처럼 된 나는 '3김 낚시론'으로 한 번 세상을 소란케 했던 그 신문사에 대해서 한평생 죄책감을 떨쳐 버릴 수 없게 되었다.

한때 방우영과 김동건 사이에서 이야기가 되어 TV조선의 〈낭만논객〉이라는 프로그램을 아나운서 김동건, 가수 조영남과 함께 시작하고 2년간 100회를 이어간 것도 나에게는 참 힘겨운 일이었다. 도중에 끝내야겠다는 말들이 편성부에서 여러 차례 오갔지만, 100회를 간신히 마치고 물러났으니 불행 중 다행이라고나 할까.

나는 한평생 '을'의 자리에 계속 만족하고 살지는 못하는 사람이다. 심지어 대한민국 군사재판에서 15년형을 구형받고도 "재판장, 나는 항소를 포기합니다"라는 한마디로 바로 그 순간 '갑'을 제치고 그 자리에 올라앉아 한참 '갑'을 노려보는 의기를 발휘할 수 있었다. '백년의 사람들'이라고 신문사가 지어 준 타이틀 아래 인물 에세이를 쓰기 시작하면서 100명은 쓸 수 있겠다고 생각했던 것은 나의 어리석은 판단이었다.

나는 앞으로 방우영이 없는〈조선일보〉와는 거리를 두고 조용히 살 것이다. 한 시대 언론계의 거목이던 나의 친구 방우영과 여러 해 사장을 도와 그 신문사의 공무국장으로서 심혈을 기울여〈조선일보〉가 체제나 내용에 있어 명실공히 대한민국 최고의 신문으로 탈바꿈하게 한 후배 정광헌과 8천 명에 달하는 그 많은 일꾼들에게 나는 경의를 표한다.

어떤 잘난 한국인도 올해 92세가 되는 이 늙은이의 자존심을 밟는 일이 없기를 바란다. 앞으로 어떤 개인도 어떤 집단도 어떤 정치권력도 신촌에 사는 이 노인의 자존심을 건드리지는 못할 것이다.

— 2019. 1. 5.

조 순

趙淳, 1928~

강원도 강릉 출생
서울대 상대, 미국 버클리대학 졸
서울대 교수, 경제부총리, 서울시장

한국 현대 경제학 초석 세우고 정계 입문한 '조자룡'…
민선 서울시장 등 역임

1941년, 일본이 진주만을 급습하여 미국이 일본에 대해 선전포고를 하던 바로 그해 봄, 나는 평양에 있는 한 중학교에 입학하였다. 만수대에 우뚝 솟은 그 학교에 같이 입학한 학생들은 220명이나 되었는데, 그중에도 조자룡(趙子龍)이라는 이름의 귀공자처럼 잘생긴 의젓한 소년은 유독 눈에 띄었다.

고향이 강원도 강릉이라는 것과 그의 부친이 한학자라는 것 외에는 그에 관해 아무것도 아는 바가 없었다. 그는 일제의 강요에 못 이겨 많은 한국인이 창씨개명을 하던 그 잔인한 계절에 조상이 물려준 성을 바꾸지 않고 그대로 유지한 특이한 집안의 아들이었다. 해마다 학급과 담임이 바뀌었기 때문에 자주 만나지 못했지만 간혹 그의 얼굴을 봤었는데 3학년에 올라가 둘러보니 그는 보이지 않았다.

일제하에서 학창시절을 보낸 우리는 억지로 황국신민이 되어 잠자리에서 일어났는지조차 모르는 일왕의 거처를 향해 조회 때마다 '궁성요배'를 해야 했고 '황국신민 서사'를 읊조려야 했다. 매우 암울한 세월이었다. 공부도 제대로 하지 못하고 근로봉사에 끌려다니다가 겨우 졸업장을 받았다. 그해에는 문과 지망생들의 대학진학의 길이 막혀서 나는 평안남도의 어느 시골 국민학교의 교사로 부임하여 3학년 담임을 맡고 있다가 돌연 청천벽력 같은 해방을 맞이하였다.

그러나 해방의 감격도 잠시였고 남북이 38선으로 분단되고 독립의 꿈도 일단 접어야 했다. 나는 소련군과 함께 평양에 입성한 김일성에게 한동안 시달리다가 뜻하는 바가 있어 월남하여 연희대학에 입학하였다. 그렇게 대학에 자리 잡은 나는 교수가 되었다. 친구 조자룡은 다시 만나고 싶었지만 만날 길이 없었다.

그러던 어느 날 뜻밖에 그를 다시 만나게 되었다. 1970년대 어느 해 가을이었다. 순화동에 있던 풀브라이트 하우스에서 서울대 상대의 조순이라는 교수의 강의가 있다는 연락을 받고 그 모임에 참석하였는데 그 교수가 어디서 본 듯한 얼굴이었던 것이다. 그러나 그때는 조자룡이 조순으로 이름을 바꾸었으리라고는 상상도 하지 못했다.

나는 계속 강릉사람들을 만나면 조자룡을 아느냐고 물었다. 그러다 '천우신조'로 연희전문을 졸업한 강릉출신 선배를 한 사람 만나 조순이 조자룡이라는 사실을 알게 됐다. 비로소 나는 몇십 년 만에 보고 싶던 어릴 적 친구 한 사람을 찾을 수 있었던 것이다.

중학생 시절부터 공부를 잘하던 조순은 한국 경제학계의 한 학파를 이룰 만큼 대가가 되어 있었다. 그는 유교적 소양을 단단히 쌓아 올린 인물이라 과거에 급제한 선비처럼 벼슬을 하여 나라에 충성을 다한다는 일을 매우 당연하게 여기고 있었다. 공교롭게도 한때 육사의 교관으로서 생도이던 노태우를 가르친 인연으로 노태우 정권에 발탁되어 1990년 부총리 겸 경제기획원장관의 자리에 올랐고, 1992년에는 한국은행 총재로 임명되기도 하였다.

그의 정계입문은 1995년 민주당에 입당하여 민선 1기 서울시장에 당선되면서 이루어졌다. 당시 시장 선거운동에서는 정운찬을 비롯한 그의 제자들이 대거 발 벗고 뛰었다. 친구인 나도 아현동 굴레방다리 근처에서 실시된 그의 유세를 돕기 위해 그곳에 가서 찬조연설을 한 기억이 있다. 그가 시장에 당선되고는 프라자호텔 일식집에서 마주앉아 창밖 시청건물과 광장을 바라보면서 우리의 중학생 시절 추억을 새롭게 나누기도 하였다. 어렸을 때 그를 보고 장차 큰 인물이 되리라고 예견했던 나의 짐작이 적중하였다는 생각에 그때 무척 흐뭇했었다.

그러나 그의 정치인으로서의 행로는 순탄치가 않았다. 김대중의 정계복귀 후 조순은 민주당을 탈당하였고 그로 인하여 많은 시련과 고통을 겪어야만 했다. 자신의 소신을 제대로 펴 보지도 못하고 정계를 은퇴한 셈이다. 왜 그에게 대통령이 되고 싶은 꿈이 없었겠는가. 하지만 한국의 정치판이 그런 꿈을 짓밟아 버렸기 때문에 그것은 결국 이룰 수 없는 꿈이 되고 말았다.

어떤 유명한 정치인이 자기 자신을 경제에 능통하다고 자랑하여 장차 경제대통령이 되겠다고 큰소리치던 때 내가 그에게 한마디 물은 적이 있다.

"그 사람이 과연 경제를 잘 아는가?"

조순이 그 자리에서 대답했다.

"경제를 알긴 뭘 알아."

케인스학파의 전통을 이어받은 경제학 교수 조순 앞에서 경제를 안다고 큰소리친 것은 몰상식한 일이었을지도 모른다.

그는 경기중에서 졸업장을 받았지만 그들의 동창회는 별로 가는 일이 없었고 평양의 우리 중학교 동문회에 자주 참석하였다. 시장에 출마했을 때 '산신령'으로 불린 것은 산에 다니는 것이 취미일 뿐만 아니라 근엄하게 생긴 얼굴에 눈썹이 길고 그 긴 눈썹에 흰서리가 내렸기 때문이었다.

그는 또한 한학의 대가라고도 불릴 만큼 한학에 능통할 뿐만 아니라 한시도 꽤 많이 지었다고 들었다. 서예 솜씨도 뛰어나 단아하면서도 힘 있는 그의 붓글씨는 많은 사람들을 감탄케 한다. 중학생 시절에도 그의 붓글씨는 탁월하였다. 한때 이름 모를 병에 걸려 땀이 자꾸 흐르는데 현대의학으로 고치지 못한다고 그가 우스갯소리처럼 말한 적도 있지만 그 병은 그럭저럭 치료되고 건강을 되찾았다고 들었다. 그런데 근년에는 1년에 한 번 모이는 우리 동문회에서도 그를 볼 수 없다.

만수대에 우뚝 서서 그 위용을 자랑하던 속칭 '평양고보' 출신의 절반은 아마도 38선을 넘어 월남하였을 것이다. 지금도 해마다 가을이면 동문회가 열리고 〈대동강〉이라는 두툼한 교지를 한 권씩 나누어 주는데 그것은 미국 국회도서관에 정기적 납본이 허락되어 있다. 몇백 명이던 동문회 회원들이 해마다 줄어들어 이제는 100명 정도밖에 모이지 못한다. 40회 졸업생이 최연소인데 아마 그도 86세는 되었으리라. 다들 나이가 들었지만 올해 가을에도 우리는 또 모일 것이다.

월남한 동문들 중에는 국무총리를 지낸 현승종, 이영덕, 노신영도 있고, 노진설은 대법관을, 이태희는 검찰총장을, 이익흥은 법무장관을 지냈다. 김래성, 오영진은 저명한 작가였고, 박종홍, 안병욱, 김흥호, 지명관은 알 만한 사람들은 다 아는 철학자들이다. 1941년에 입학한 동기생들 중에는 단연 서울시장을 지낸 조순이 가장 출세한 사람이다.

우리가 같이 다니던 평양의 중학교, 그 넓은 교정의 스탠드에 앉아 '초시류'(趙子龍)와 담소하던 그 시절이 무척 그립다. 78년 전의 옛일이건만 그날이 한없이 그립고야!

— 2019. 1. 12.

천상병

千祥炳, 1930~1993

일본 효고현 출생
서울대 상대 중퇴, 시인
대표작 〈새〉, 〈저승 가는 데도 여비가 든다면〉, 〈귀천〉

"이 세상 소풍 끝내는 날,
가서 아름다웠다 말하리라"

천상병을 알고 친하게 지내게 된 것이 우연만은 아니다. 우리 역사에 드물게 나타나는 기인이라고 일컫는 인물들을 나는 그리워한다. 사육신이 처형되었다는 소식을 듣고 삼각산에 들어가 글을 읽던 김시습이 책을 다 태워 버리고 미치광이짓을 하며 살았다고 들었다. "술 한 잔에 시 한 수"라는 한마디로 널리 알려진 김삿갓 또한 많이 흠모했지만, 그가 살았다는 유적지를 한 번 둘러보았을 뿐이다.

1967년 속칭 '동백림 간첩사건'이 터졌을 때 유럽 등지에서 혐의자들을 잡아오려고 혈안이 된 정보원들이 추태를 부리기도 하였다. 천상병의 이름을 그 사건을 계기로 기억하게 된 사람들이 많을 것이다.

언젠가 그를 종로에서 마주친 것이 첫 만남이었다. 나를 알아보고 "선생님, 돈 가진 게 있으면 200원만 주세요"라며 미소 짓던 그가 시인 천상병이라는 사실을 나도 알아보고, 그에게 천 원 한 장을 건네준 것이 우리 만남의 시작이었다. 그는 동백림 사건에 관련되었다는 혐의를 받고 6개월이나 고문을 당하고 겨우 풀려났지만, 그로 인하여 몸이 망가지고 정신이 혼미해져 앞으로 오래 살지는 못할 것이라는 소문도 자자하였다.

그는 나보다 두 살 아래였다. 좀 더듬기는 했지만 매우 교양 있는 말로 언제나 형님처럼 나를 대해 주었다. 그를 초대한 것은 얼마 뒤의 일이었다. 내 집에 와서 그는 자기의 형편과 처지를 대강 알려주었다.

"선생님, 저는 전기고문을 너무 심하게 받아서 정자가 다 죽었답니다. 그래서 결혼은 해도 애를 낳지는 못한답니다."

그는 투박하게 말을 이어갔다. 억울하게 짓밟힌 비참한 젊은 날을 살아야 했지만, 그의 마음은 순진하다 못해 순결하였다. 그는 누구도 원망하지 않았다. 그러나 남들에게 신세지는 것이 싫어 천상병은 누구에게도, 심지어 잘사는 형제들에게도 손을 벌리는 일이 없었다. 그는 언제나 막걸리 한두 잔 살 수 있는 돈이면 족하였다. 나는 술을 마시지 않는 사람이기 때문에 그와 한잔 나누는 자리도 못 가졌다. 대신 집에 있던 '조니워커' 양주 한 병을 그에게 선사하면서 "술을 몹시 좋아한다며?" 라고 했더니 멋쩍은 웃음만 보여 주고 대답은 하지 않았다.

천상병은 언젠가 이런 시를 읊은 적이 있다. 제목은 〈저승 가는 데도 여비가 든다면〉.

아버지 어머니는 고향 산소에 있고
외톨배기 나는 서울에 있고

형과 누이들은 부산에 있는데
여비가 없으니 가지 못한다

저승 가는 데도 여비가 든다면
나는 영영 가지도 못하나?

생각느니,
아 인생은 얼마나 깊은 것인가

이 시 한 수를 읽으면서 나는 겉으로는 웃었지만 속으로는 울었다. 그는 얼마 뒤에 내 집에 또다시 찾아와 서로 만나게 되었다.

"선생님, 지난번 주신 양주는 제가 한 모금도 못 마셨습니다. 우리 집 사람이 '이건 비싼 술이니 팔아서 막걸리나 마시는 게 옳다'고 하여 저는 맛도 못 보고 그 술을 아내가 팔았답니다."

천상병은 일본 효고현 히메지에서 태어나 거기서 초등학교를 마치고 중학교 2학년 때 해방을 맞아 가족과 함께 귀국하여 마산에 정착하였다. 중학교 5학년 때 유치환의 추천을 받아 〈강물〉이라는 시를 〈문예〉라는 잡지에 발표하였고, 1952년에는 〈갈매기〉가 시인 모윤숙의 추천으로 또다시 〈문예〉에 게재되어 시인으로서 추천받는 일이 완료되었다.

그는 전쟁 중에 서울대 상대에 입학하였지만 졸업은 하지 못했다. 학생 때부터 영어에 능하던 그는 미군 통역으로 일하기도 하였고, 영어 서적들을 여러 권 번역하기도 하였다. 아마도 그가 정식으로 취직하여 직장을 가져 본 것은, 뒤에 서울시장이 된 김현옥이 부산시장이었을 때 그의 공보비서로 2년간 근무한 기간뿐일 것이다.

그리고 그에게 밀어닥친 '동백림 사건'이라는 무서운 재앙은 그의 몸과 마음을 완전히 망가뜨렸다. 그 아픔을 술로 달래다가 영양실조까지 겹친 술꾼이 되어 길거리에 쓰러진 채로 발견되기도 하고, 행려병자로 오인받아 급기야 서울시립정신병원에 수용되었다. 그러나 그 사실이 전혀 세상에 알려지지 않아서 친구들은 그가 사망한 것으로 잘못 알고 멀쩡하게 살아있는 사람의 시들을 유고집으로 발간하였으니 웃을 수만도 없는 일 아니겠는가.

천상병은 언젠가 나를 만나 이렇게 말한 적이 있다.

"선생님, 예수님은 매우 가난하셨지요. 저도 가난합니다."

태연하게 그런 말을 하던 천상병이 목사들보다 훨씬 예수의 제자다운 삶을 살았다고 생각한다.

어느 시인이 이보다 더 아름답고 눈물겨운 시를 남기고 이 세상을 떠날 수 있을까. 1993년 어느 화창한 봄날이었다. 천상병은 훨훨 날아 하늘에 올라가면서 "고얀 놈들아, 그래도 내가 다 용서한다"라고 웃으며 한마디 던지고 멀리멀리 구름 헤치고 저 하늘나라로 돌아갔을 것이다.

나 하늘로 돌아가리라
새벽빛 와 닿으면 스러지는
이슬 더불어 손에 손을 잡고,

나 하늘로 돌아가리라
노을빛 함께 단 둘이서
기슭에서 놀다가 구름 손짓하면은,

나 하늘로 돌아가리라
아름다운 이 세상 소풍 끝내는 날,
가서, 아름다웠더라고 말하리라 …

해가 가장 짧다는 동지가 한 달 앞으로 다가와 가을날의 하루하루가 처량하게만 느껴지지만, 천상병이 살고 간 이 땅이기에 봄은 반드시 온다고 나는 믿는다.

— 2018. 11. 24.

노신영

盧信永, 1930~2019

ⓒ 국무총리 비서실 홈페이지

평남 강서 출생

서울대 법대 졸

외무부 장관, 국가안전기획부장, 국무총리

대통령도 시험 보고 되는 것이라면 그는 진작 대통령 했을 것

'텔레파시'라는 말이 있는데 나는 그 말의 정확한 뜻이 무엇인지 잘 모른다. 좀처럼 상상하거나 연상하기 어렵던 어떤 일이 돌발적으로 일어났을 때 사람들은 뜻도 잘 모르면서 이 낱말을 쓰게 되는 것 같다.

〈조선일보〉의 부탁을 받고 내가 만난 인물 이야기를 쓰기 시작한 지도 오래되었다. 토요일마다 한 사람씩 썼으니 그럭저럭 2년의 세월이 흘렀다. 내가 아는 사람들 중에 다른 사람들도 알 만한 사람 100명을 고르는 일은 그리 쉬운 일은 아니다. 내가 가깝게 아는 사람들 중에 이 나라의 국무총리까지 오른 사람이 세 사람 있다. 모두가 평양고보 출신인데 노신영도 그중 한 사람이다.

그의 소식을 들은 지 하도 오래라 잘 지내는지 연락을 해볼까 하다 차일피일 세월만 보냈다. 그러다 며칠 전에는 '오늘은 꼭 알아보리라' 마음먹던 차에 '노신영 서거'라는 슬픈 소식을 전해 들었다. 그래서 새삼 '텔레파시'라는 생소한 낱말을 되씹어 본 것이다. 내가 좀더 부지런한 선배였다면 이미 그의 근황을 알아보았을 텐데, '내가 살아 있는 동안은 저도 살아 있겠지'라는 안이한 생각으로 허송세월하던 나 자신이 부끄럽게 느껴졌다.

우리는 자주 보진 못했지만 어쩌다 만나면 노신영은 매우 반가워했다. 그는 워낙 공부를 잘하고 시험을 잘 보는 사람으로 소문이 자자해서 이런 말을 하는 사람도 있었다.

"대통령도 시험을 보고 되는 것이라면 노신영은 벌써 대통령이 됐을 것이다."

그는 1953년, 약관 23세에 고등고시에 합격하였는데, 모교인 서울대 법대를 졸업하였을까 말까 하는 그런 나이였다. 때는 6·25 전쟁이 전국을 휩쓸던 매우 어지러운 시절이었다.

노신영은 본디 평안남도 강서사람이다. 나는 평안남도 맹산에서 태어났지만 나의 아버님과 조상들은 다 강서에 살았다. 족보를 캐 보지 않아서 자세히는 모르지만 그와 나의 조상들은 강서에서 서로 이웃이었을 수도 있다.

그는 이미 부산 피란시절에 제4회 외무 고등고시에 합격하였지만 군복무 중이어서 외무부로 직행할 수 없었다. 그러다 미국 유학을 이유로 제대가 허락되어 도미해 미국 켄터키주립대학에서 정치학 석사학위를 받았다. 그 후 1955년부터 외무부에서 근무를 시작하며 과장, 국장, 실장 자리를 다 거치고 1968년에 LA 총영사가 되었다.

그가 언젠가 LA 총영사 시절 있었던 웃지 못할 이야기를 나에게 들려준 적이 있다. 한국에서 매우 유력한 국회의원이 LA를 방문하였는데 그때 노신영이 마중을 나가 총영사라고 자기소개를 하자 이 유명인사가 정색하고 대뜸 하는 말이 "대사는 좀 못 나오나"라고 하더라는 것이다. 대사는 워싱턴에 근무하고, LA 총영사는 LA에 있는데 아무리 귀한 손님이더라도 그건 무리한 부탁 아닌가. 그가 나에게 얘기하기를, 한국의 이 유명인사는 각국에서 파견된 대사들이 어디서 근무하는지도 모르는 완전히 무식쟁이더라는 것이다.

이후 그는 뉴델리 총영사를 거쳐 외무부 차관이 되었고, 1980년에는 외무부 장관에 취임하였다. 그리고 신군부의 전두환이 노신영의 역량을 알아보고 그를 안기부장으로 기용하였고, 마침내 국무총리의 자리에 앉게 되었다. 그는 총리가 되어 나를 총리공관에 저녁초대를 한 적도 있다. 공관에서 저녁을 먹으면서 그는 이런 말을 하였다.

사형선고를 받았다가 겨우 목숨을 건진 김대중이 수중에 가진 한화를 미화로 바꾸어 달라고 부탁한 적이 있는데, 그가 원하는 액수가 백만 달러나 되더란 것이었다. 노신영은 그 말을 듣고 야당 지도자가 어떻게 그런 큰돈을 가졌을까 적잖이 놀랐다고 한다. 당시 정말 백만 달러를 만들어서 떠났는지는 확인하지 않았지만, 김대중이 미국에 자의반타의반 망명할 수 있는 길을 열어 준 것은 노신영이었다고 들었다. 그의 정치적 수완도 만만치 않았던 것이다.

내가 듣기로 전두환은 노신영을 차기 대통령 후보로 옹립하고 싶어 했다고 한다. 만일 그때 군부가 강력하게 노신영을 반대하지 않았다면 그는 아마도 민정당 대통령 후보가 되어 당선되었으리라고 믿는다. 그러나 반대에 부딪친 전두환은 어쩔 수 없이 입후보할 마음이 없다는 노태우를 후보로 내세워 이 나라의 대통령이 되게 하였다. 그리하여 우유부단한 '물태우'라는 비난 속에 5년의 세월이 흘렀고, 3당통합으로 야당의 골수이던 김영삼이 등장한 것이 아닌가.

노태우는 착한 군인으로 모진 데가 하나도 없어, 김영삼을 엎어치지 못하고 그에게 대통령 자리를 내주었다. 그 일 때문에 전두환과 노태우는 둘 다 감옥신세를 진 것 아닌가. 그뿐 아니라 "한반도의 유일무이한 합법정부"라고 인정됐던 대한민국이 두 동강이가 났고, 북의 인민공화국도 UN에 가입하는 비극의 날이 다가온 것이다.

만약 노신영이 이 나라의 대통령이 되었다면, 그의 머리와 그의 능력을 총동원하여 대한민국은 한강의 기적을 이룬 위대한 민주국가로서 오늘도 전진하고 있으리라는 생각 때문에 내 마음은 괴롭다. 정계를 깨끗이 떠난 그는 롯데장학재단 이사장으로 조용한 생을 살다가 평온하게 눈을 감았다. 그러나 노신영을 잘 아는 나는 왜 그런지 아쉬운 마음이 너무 크다.

— 2019. 11. 2.

함태호

咸泰浩, 1930~2016

함남 원산 출생
홍익대 경제학과 졸
풍림무역 대표, 오뚜기 명예회장

식품사업으로 번 돈 모두 사회에 환원 … 사후 그의 통장엔 잔고 0원

함남 원산사람 함태호가 1960년대 말 풍림상사를 창업하고 식품산업에 첫발을 내딛었을 때, 업계의 풋내기로 자본이 넉넉한 것도 아니어서 말 못할 고생을 하였다는 사실을 나는 잘 안다. 가까운 거리에서 그를 지켜보았기 때문이다.

이화여대 의과대학 교수이자 부속 동대문병원 원장이던 박이갑의 여동생이 그에게 시집을 갔기 때문에 함태호의 가족을 만날 기회가 자주 있었다. 함태호와 그의 부인은 매우 매력적인 사람들이었기에 가깝게 지내며 한 시대를 더불어 살았다고 해도 과언이 아니다.

함태호를 한 번 만나 이야기해 본 적 있는 사람은 누구나 그가 얼마나 알차고 단단한 사람인지 알 것이다. 그가 키워낸 '오뚜기식품'이 오늘날 한국에서 유명한 회사일 뿐만 아니라 세계적으로 널리 알려진 기업체라는 사실에 나도 자부심을 느낀다.

한국인이 가진 일반적 결점은 무슨 일을 시작하든 빨리빨리 큰 성공을 거두길 바라는 것이다. 식당에 가서도 메뉴를 잘 들여다보지 않고 빨리 되는 것이 무엇이냐고 웨이터에게 묻는 경우가 많이 있는 줄 안다. 5천 년 역사상 처음 민주공화국을 세우고도 이 겨레의 병은 여전하다. 이 공화국을 빨리빨리 세계에서 제일가는 공화국이 되게 하려는 꿈을 버리지 못하고 서두르는 것이다. 그 가운데 기초를 제대로 다지지 못하고 내실을 기하지 않은 탓에 오늘의 대한민국은 중병에 걸린 환자나 다름없다. 기초공사가 전혀 없다고 해도 지나친 말은 아니다. 모래 위에 세운 으리으리한 집이라고 해도 반박할 사람은 없을 것이다.

그런 사람들이 모여서 사는 이 나라에서 오뚜기 사장 함태호는 매우 특이한 사람이었다. "돌다리도 두들겨 보고 건너라"는 속담이 있는데 그런 기질의 사나이가 바로 함태호다. 많은 식품회사에서 식품의 기준을 판단하는 세계적 기구인 ISO나 HACCP의 인증을 받아 보려고 서두르고 애썼지만 그는 달랐다. 그는 오뚜기의 일꾼들을 모아 놓고 그런 국제기구들의 인증을 받는 일에 주력하지 말고, 먼저 그들이 원하는 수준의 식품을 만드는 일에 만전을 기하라고 당부하였다.

또한 함태호 자신도 매주 금요일 시식회에 직접 참석해 식품의 맛을 보고 다른 직원들에게도 테스트하게 한 후에 진지한 토론을 나누는 것이 관례였다. 그는 해외출장을 나가지 않은 한평생 반드시 그 모임에 참석하여 맛을 보았을 뿐 아니라 각자 자기 가족에게 권할 수 있는 식품만 만들자고 격려했다. 이어서 내놓은 혁신적 마케팅 기법인 시식판매 및 판매여사원제도 역시 그의 뛰어난 아이디어였다.

기업이 크게 성장하여 회장 자리에 앉은 함태호가 입버릇처럼 하던 말은 "벌어서 사회에 환원해야 한다"는 것이었다. 그는 장학사업과 학술연구 지원에도 정성을 다하였다. 재단을 설립하여 2016년까지 이미 687명의 대학생과 대학원생들에게 장학금을 지급했다. '오뚜기학술상'도 만들어 지금까지 매년 시상하고 있다. 그뿐 아니라 심장병 어린이들을 후원하기 시작해 4,242명의 어린이들에게 새로운 생명을 불어넣기도 했다.

함태호는 그의 부인이 세상을 떠난 후 은퇴하고 싶은 마음이 간절하여 누구도 만나지 않았다. 내가 점심이나 같이하자고 청하였을 때도 그는 거절하고 나오지 않았다. 그러나 미리 밑에 거느린 채 연수에 연수를 거듭하게 한 아들 함영준에게 오뚜기 총수 자리를 물려주고 그는 뒷자리 앉았다. 상장된 오뚜기의 주가는 날마다 껑충껑충 뛰어올라 오뚜기 주식을 샀던 사람들은 큰돈을 벌게 되었다.

그는 약속한 대로 자기가 가졌던 주식 3만 주를 '밀알복지재단'에 기부하였는데 당시에 이미 300억 원이 넘는 큰돈이었다. 2016년 그가 세상을 떠난 후 나는 그의 영결식에 참석했고 1년 후에는 추모예배에도 나갔다. 그때 내가 그의 아들을 만나 이야기를 나눈 적이 있다.

"함 회장은 늘 우리에게 자기가 가진 돈을 사회에 환원하겠다고 했었는데… ."

옛날을 추억하며 한마디 했더니, 그의 아들이 이렇게 대답하였다.

"주식은 다 사회에 환원했을 뿐만 아니라, 아버지 통장의 잔고는 '0'이었습니다."

함태호는 훌륭한 사업가였을 뿐만 아니라 훌륭한 기독교인이요 모범적 시민이어서 그의 얼굴을 생각하면 그리움과 더불어 밝은 미소가 떠오른다. 그는 깨끗하게 열심히 살다가 하늘나라로 떠났다. 거기서도 그는 가만히 있지 못하고 같이 사는 사람들에게 유익한 일을 찾아서 하고 있을 것이다. 비록 천국이지만 할 일은 있을 것으로 여겨지기 때문이다.

차돌같이 단단하던 사람, 허튼 일은 한평생 한 번도 해보지 않은 자랑스러운 사나이, 엷은 웃음을 띤 그의 얼굴을 떠올리면 그가 무척 그리워진다. 나도 며칠 후, 며칠 후 요단강 건너 그를 만나게 될 것을 확신한다.

— 2019. 4. 27.

전두환

全斗煥, 1931~

경남 합천 출생
육군사관학교 졸
보안사령관, 국보위상임위원장, 대통령

집 냉면 초대에 측근 50명 몰고 와…
그의 '보스 기질' 참 굉장했다

1979년 10·26 사태가 벌어졌을 때, 군사독재는 끝나고 민주화의 새 시대가 올 거라고 우리 모두 착각하고 있었다. 그러나 뜻밖에도 민주화의 꿈은 산산조각 나고 새로운 군부가 등장했다. 그 짧고 허무했던 민주화의 꿈속에서 나는 연세대 부총장으로 추대됐다. 머지않아 이우주 총장 뒤를 이어 총장이 될 것이라고 기대하는 이가 많았다.

그러나 전두환 장군이 이끌던 신군부는 나를 남산 중앙정보부 지하실에 데려가 여러 날 가뒀다. 그의 부하들은 그 지하실에서 나에게 부총장직과 교수직 사표를 동시에 쓰라고 강요했다. 그리하여 석방은 되었으나 나는 졸지에 무직자가 됐다. 그러고는 이화여대 총장을 지내고 물러난 누님(김옥길)이 지내던 경북 조령산 기슭에서 10년 가까이 누님이 지어 주는 밥을 먹으며 연명하는 암울한 세월을 보냈다.

그럼에도 불구하고 나는 훗날 대통령 전두환과 가까운 사이가 됐다. 그의 과보다 공에 더 관심을 갖게 되고 또 그의 인간성에 매력을 느꼈기 때문이다. 그가 보안사령관이 되어 권력의 정상을 향해 가고 있다고 여겨질 때 항간에 나돌던 말이 있다. 그가 연대장이 되면 그의 연대에 끼어들기를 바라는 대대장이 많았고, 사단장이 되면 그 사단에서 연대장 노릇을 하고 싶어하는 대령이 많았다는 것이었다.

그것은 무엇을 뜻하는 것일까? 그의 밑에 있으면 신분이 보장되고 진급도 빠르다는 뜻이 아니었을까. 그와 손잡고 일해 본 경험이 있는 사람은 모두 "그는 한 번 믿은 사람은 죽는 날까지 믿어 주고 밀어 준다"고 한결같이 말했다. 그가 '의리의 사나이'라는 칭호를 받은 까닭도 없지 않다. 그는 전문지식을 가진 전문가들을 존중해, 전문가들에게 부탁했다고 한다.

"나는 한평생 군인이라 이 분야에 대해 전혀 모릅니다. 나라의 발전을 위해 제발 이 일을 전적으로 맡아 주세요."

그는 모르는 일에 나서지 않았고 엘리트들을 전적으로 신임하였다.

그의 집권과정에서 불상사가 적지 않았다. 5·18 광주민주화운동을 예로 들 수밖에 없다. 당시 그는 보안사령관이었다. 설령 그가 발포 명령자가 아니라 해도 그 일에 대해 책임을 느끼지 않을 수 없을 것이다.

또 하나의 큰 비극은 1983년 10월 9일 미얀마 아웅산에서 벌어진 속칭 '아웅산 테러'였다. 그것은 북한의 하수인들이 벌인 천인공노할 만행이었다. 서석준(당시 부총리), 이범석(당시 외무장관), 김재익(당시 경제수석)을 비롯해 정부요인 17명이 졸지에 목숨을 잃은 비극은 오늘도 살아 있는 전 씨에게 어두운 그림자로 남아 그를 괴롭히고 있을 것이다.

나는 어떤 인연으로 전두환 씨와 가깝게 되었는가. 막역한 친구이던 노태우 씨를 전적으로 밀어 대통령에 앉힌 뒤 전 씨 내외가 백담사 유배를 갈 수밖에 없었던 그때부터 나는 그에게 큰 관심을 갖게 됐다. 그 뒤에 벌어진 정가의 3당통합은 이 나라에 야당정치가 없음을 극명히 드러냈다. 그런데 14대 대통령은 두 전직 대통령을 법정에 세웠고, 법정은 각각 무기징역과 징역 17년을 선고했다. 그 광경을 지켜보며 이제부터 한국 정치는 원칙도 의리도 없다고 판단하고 크게 실망했다. 15대 대통령이 탄생하기 직전 두 전직 대통령은 사면 복권됐지만 상처는 그대로다.

지탄의 대상이 된 그를 내가 만난 것은 한참 뒤의 일이다. 그가 나를 한 번 자기 집에 초대했기에 나도 그를 초대하면서 우리 집 마당에서 대접할 수 있는 것은 빈대떡과 냉면밖에 없다고 했다. 몇 사람 같이 와도 좋다고 말했더니 약속한 날짜가 가까웠을 때 그는 참석자 명단을 보내왔다. 거기에는 50명의 이름이 적혀 있었다.

그 엄청난 숫자는 나에게 통쾌한 느낌을 주었다. 그때부터 나는 그를 보통사람으로 생각하지 않게 됐다. 그날 장세동 씨를 비롯해 그의 측근으로 알려진 사람 중 오지 않은 이는 한 명도 없었다. 그는 식성도 좋아 냉면 3인분을 해치웠고 빈대떡도 여러 장 즐겼는데, 다 먹고 나서는 물었다.

"이 빈대떡 맛이 참 좋습니다. 몇 장 싸 줄 수 없어요?"

큰 인물은 그렇게 대범하고 대담하다는 걸 처음 알았다. 내 생일마다 매년 그는 장안에서 제일 큰 난 화분을 보냈고, 경호원 여러 명과 함께 와서 냉면을 같이 먹은 적도 있다.

치욕의 계절을 다 이겨낸 인간 전두환은 아직 건재하다. 정초에나 그의 생일에는 많은 하객이 찾아가는 것이 사실이고 1년 내내 그를 예방하는 사람도 적지 않다고 한다. 누구에게나 공이 있고 과도 있기 마련이다. 민주화의 훈풍을 기대하던 온 국민에게 찬바람이 불게 한 그의 잘못은 두고두고 역사가 흘겨볼 가능성이 농후하지만 그가 조국 경제발전에 크게 공헌한 사실은 앞으로도 높이 평가될 것이다. 누가 뭐라 해도 전두환 씨는 죽는 날까지 누구를 만나도 당당한 인간으로 살 것이 분명하다.

— 2017. 12. 9.

백남준

白南準, 1932~2006

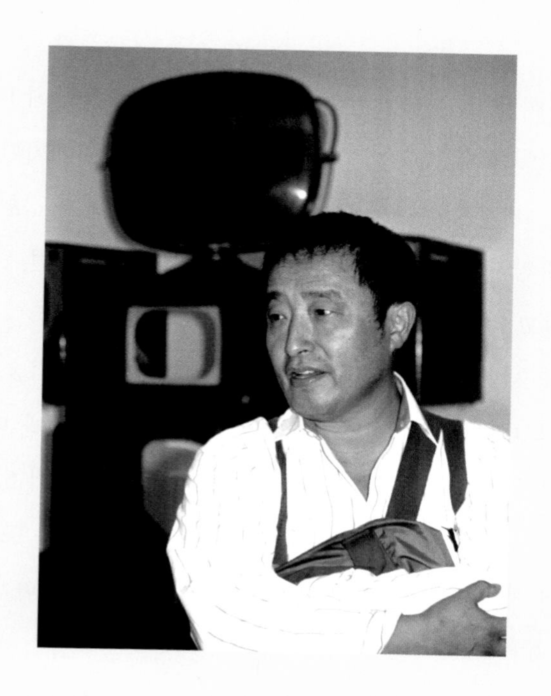

서울 출생
일본 도쿄대학 미술사학과 졸
비디오아티스트, 뒤셀도르프 아카데미 교수

세계적 명성의 행위미술 천재 …
좀 모자란 듯한 외모의 천진난만한 사람

백남준이 설치미술 또는 행위미술이라는 특이한 예술분야에 뛰어들어 세계적 명성을 얻게 된 것은 아마 조지 오웰의 〈1984〉가 계기가 되었지 싶다. 오웰은 19세기에 살면서 장차 20세기에 인류 전체가 경험할 독재 그리고 통제와 감시의 세계적 추세를 예언한 바 있는데, 그런 우울한 미래상에 반발하고 나선 예술가가 바로 백남준이었다.

그는 1932년 서울에서 출생하여 수송소학교를 거쳐 경기중·고등학교를 졸업하였고, 이어 홍콩으로 건너가 로이든고등학교에 다니면서 영어와 중국어를 익혔다. 그의 아버지는 부유한 사업가여서 당시 서울 시내 두 대밖에 없었다는 캐딜락 한 대를 소유하고 있었다. 또 집에 피아노가 있어서 백남준은 신재덕에게 사사하여 어려서부터 피아노를 연주하기 시작했다.

6·25 전쟁이 터지자 미리 여권을 발급받았던 그는 일본에 유학하여 도쿄대학 미술사학과를 졸업하였다. 그 후 그의 음악적 재능을 키우기 위해 독일 뮌헨에 유학하였고, 대학에서 음악사학 박사학위를 취득하였다.

내가 1980년에 독일 함부르크로 강연을 갔을 때, 거기서 유명한 여성 화가이자 독일 병원 간호사인 노은님을 만났다. 그는 독일 화단의 저명한 작가로 독일의 미술관치고 그의 작품을 한 점 소유하지 않은 곳이 없다는 말도 나돌았다. 그때 노은님은 "백남준만큼 조국을 빛낸 예술가는 없다"며 "백남준의 특이하고도 경이로운 작품활동이 독일 땅에서 먼저 시작되었다"고 말했다.

그러나 백남준에 대해 더 자세히 알게 된 것은 그를 한평생 스승으로 모신 강익중(姜益中)을 만나게 되면서부터였다. 2009년 백남준과 강익중은 전위미술의 선봉장이 되어 국립현대미술관에서 그들의 작품전시회를 공동으로 개최하고 있었다. 나는 그때 그 전시회를 통해 미술의 세계가 그토록 화려하고 다채로우면서도 엄숙하다는 것을 새삼 깨달았다.

내가 백남준과 자리를 같이하여 이야기를 나눌 수 있었던 것은 그의 경기 동창인 염보현이 강원도의 한 지역구에서 국회의원 후보로 출마하여 우리 두 사람을 유세장에 초대하였기 때문이다. 백남준은 옷차림이 우선 독특하였고 표정이 천진난만하여 얼핏 보면 좀 모자라는 사람 같기도 하였다. 특히 그의 두 앞니가 약간 벌어져 균형을 잃은 듯 보여서 그런 생각을 하였는지도 모른다. 나는 그가 조선조의 김시습이나 김삿갓과 같은 기인의 모습을 하고 있다고 느꼈다.

누군가가 다음과 같은 놀라운 얘기를 전해 주었지만 믿을 수는 없었다. 그런데 한 가지 사실만은 확실하다. 클린턴 대통령 시절 백악관에 백남준이 초대받은 적이 있는데 그때 그가 한 짓이 하도 기상천외하여 그 말이 사실이라고 믿는 사람은 몇 되지 않는다는 것이다. 당시는 클린턴이 르윈스키와의 성추문에 시달리며 그의 탄핵이 불가피하다는 소문이 떠돌고 있었던 때였다. 그런데 백남준이 백악관에서 다른 손님들도 보고 있는데 자기 아랫도리를 노출시켰다는 것이다.

"그런 물건을 클린턴 당신만 가진 게 아니고 나도 가지고 있어."

이런 뜻이 숨겨져 있었다고 하는데 그 현장을 보았다는 사람은 아직 한 사람도 만나지 못했다. 굳이 말하자면 그가 연출한 일순간의 행위예술의 한 장면으로만 여기고 그 사실 여부를 더 추궁하지 않았으면 한다. 이 엉뚱한 에피소드에 뒤따르는 얘기도 한마디 들었다.

"백남준 같은 손님은 절대 백악관에 초청해서는 안 된다."

누군가의 이런 한마디도 잊히지 않는다.

그러나 누가 뭐라 해도 백남준은 그의 조국인 대한민국을 전 세계에 보여 준 천재적 미술가였다는 사실만은 의심의 여지가 없다. 그는 마흔이 넘어 뇌졸중으로 쓰러졌지만 불굴의 투지로 다시 일어나 작품활동에 전념하였다. 1974년에는 일본의 저명한 행위예술가 구보타 시게코와 결혼하였고, 끝까지 그 한 여성을 극진히 사랑하다가 2006년 미국 마이애미에서 조용히 세상을 떠났다.

어떤 기자가 백남준에게 비판적 어조로 질문한 적이 있다.

"선생께서는 조국인 대한민국을 무대로 활동하지 않고, 왜 세상을 떠돌아다니십니까?"

백남준이 태연한 표정으로 이렇게 대답하였다.

"나는 한국의 예술을 전 세계에 수출하는 일을 도맡은 한국미술의 세일즈맨입니다."

그는 자신의 신분을 '문화상인'으로 규정하고 전 세계를 무대 삼아 70평생을 그 한 가지 일에 바쳤던 것이다. 그가 '괴테상'의 수상자가 된 것도 결코 우연한 일은 아니었다.

내가 백남준을 가깝게 느끼게 된 것은 강익중 때문인데, 강익중은 대학시절에 나를 따르던 후배인 동시에 나와 친한 이은현의 사위다. 그러고 보면 사람과 사람의 인연이란 것은 헤아릴 수 없이 복잡하고 신기한 것이다.

대한민국 대통령들의 이름은 인류의 역사에서 자취를 감출지 모른다. 하지만 행위미술의 천재 백남준의 이름은 앞으로도 인류의 미술사에 길이길이 남을 것이다.

—2019. 6. 8.

노태우

盧泰愚, 1932~

대구 출생
육군사관학교 졸
보안사령관, 국회의원, 대통령

'물태우' 놀림 받으면서도, 그는 박정희나 전두환처럼 될 수 없었다

한 나라의 대통령이 된다는 것은 결코 쉬운 일은 아니다. 대한민국 대통령 자리에 오른 사람들 가운데 세 사람이 팔공산의 정기를 마시며 자랐다고 들었다. 그렇다면 대구의 팔공산은 위대한 산이라고 할 수밖에 없다.

경북고교를 마친 청년 노태우가 육군사관학교를 지망한 것은 꼭 군인이 되고 싶어서가 아니었다. 그는 음악을 좋아하고 작곡도 할 수 있었을 뿐 아니라 노래를 곧잘 불렀고 운동에도 소질이 많았다. 성적도 좋은 편이라 일반대학 진학이 가능했지만, 그가 국비 장학생만 모집하는 육군사관학교를 선택한 것은 집안사정 때문이었다.

소위로 임관한 그는 군인으로서 탄탄대로를 걸었다. 거기서 사귄 전두환, 김복동, 정호용과 절친한 사이가 됐고, 김복동의 미인 누이동생과 결혼할 수 있는 행운도 누렸다. 그는 순조롭게 대령까지 올라갔고 별을 달았다. 12·12 사태에 적극 가담한 노태우는 전두환이 권력을 장악하자 보안사령관을 거쳐 육군대장으로 예편, 내무장관 등을 지내고 여당인 민주정의당(민정당) 대표가 되었다.

상당한 무리수를 두면서 전 장군이 11대 대통령이 되고 12대 대통령도 됐는데 가장 유능한 장군 중 한 사람이던 노태우는 어쩔 수 없이 거기에 휘말려 들어간 것뿐이다. 1987년 민주화 열기 속에 대통령 직선이 불가피하게 됐을 때 노태우는 "대통령 후보로 출마할 생각이 없다"고 전두환에게 통보한 적이 있었다. 성격이 불같은 전두환은 매사에 차분하고 합리적인 노태우와 충돌이 가끔 불가피했을지도 모른다.

그러나 군부가 밀어주면 당선이 확실시된다며 노태우로 하여금 민정당 대통령 후보를 수락하라고 강요하면서 선거자금과 인력동원을 약속한 것도 사실이다. 그가 13대 대통령이 된 것은 자의만도 타의만도 아니었다.

청와대에 들어가 그 주인이 된 유능인사가 열두 사람이나 된다. 그중에서 나에게 가장 큰 호감을 보인 사람은 대통령 노태우였다. 노 대통령은 나를 두 번이나 단독으로 청와대 점심에 초대해 줬고 친절한 말을 아끼지 않았다. 뿐만 아니라 내가 하루는 "며칠 뒤 미국으로 강연을 떠나야 한다"고 했더니 비서를 시켜 조그마한 돈 봉투를 건네주기도 했다. 그러나 그런 일들이 나를 감동시킨 것은 아니었다.

두 번째 초청을 받았을 때 나는 대통령의 초청을 거절할 수밖에 없었다.

"나를 부르시는 그날 공교롭게도 대학동창 아들의 결혼식이 있는데 그 결혼식 주례를 맡았으니 그 시간에 가기가 어려운 형편입니다."

청와대에서 곧 답이 왔다.

"그날이 아니라도 좋으니 다른 날 다시 모시겠습니다."

나의 두 번째 청와대 행차는 일주일쯤 뒤 이뤄졌다. 그는 다정다감한 사람이었다.

3당통합으로 여당의 안방에 들어간 김영삼이 여당인 민주자유당(민자당)의 공천을 받고 대통령이 됐다. 국민의 예상과 달리 당선된 14대 대통령은 엉뚱한 결단을 하나 내렸다. 전직 대통령 두 사람을 뇌물수수 혐의 등으로 구속해 법정에 세운 것이었다. 노 대통령 재임 중의 부정을 김영삼은 미리 알고 있었단 말인가. 그렇다면 김영삼의 부정과 잘못을 대통령이 모르고 있었을 리 없다. 하지만 그는 법정에서 김영삼의 부정에 관해 언급하지 않았다. 나도 국회에서 일하던 때였다. 보좌관을 시켜 노 대통령에게 편지 한 장을 전했다. 그 편지는 틀림없이 전달되었으나 그는 내가 당부한 대로 하지 않았고 일방적으로 당하기만 했다.

"모든 일을 가슴에 묻고 가시면 안 됩니다. 사실대로 법정에서 다 털어놓으세요."

그런 내 부탁을 그는 묵살하고 침묵을 지켰다.

그는 누구와도 싸우기 싫어하는 사람이었다. 그가 육사를 지망한 것은 집안사정 때문이었다고 이미 말했다. 그런데 노태우라는 한 인간의 타고난 재능은 문학과 음악에 있었다. 그는 군인을 할 사람으로 태어나지 않았다. 정치를 할 사람도 아니었다. 육군대장이 안 되고 대통령이 되지 않았더라면 녹초가 될 때까지 권력에 의해 그렇게 두들겨 맞아야 할 까닭이 전혀 없는 사람이었다.

많은 사람이 그가 평생의 친구요 동지인 전두환과 그 댁의 안주인을 백담사로 유배시킨 것은 의리가 없었기 때문이라고들 비난하지만 나는 그렇게만 생각하진 않는다. 그는 고민하였을 것이고 전두환이 국민 앞에 욕볼 것을 뻔히 알고 있었기 때문에 눈물을 머금고 그런 조처를 했을 것이다. 그렇지 않았다면 노태우를 "손봐야겠다"던 전두환이 얼마 뒤에 다 용서한다고 했겠는가. 법원에서 선고한 추징금 2,628억 원을 다 갚으려고 안간힘을 쓰고 마침내 완납한 노태우 대통령은 정말 양심적인 인간이라고 나는 칭찬하고 싶다.

전직 대통령인 그가 퇴임하고 받은 충격이 하도 엄청나기 때문에 그는 오늘도 병상에 누워 있다. 사회적 활동을 하지 못하게 된 지가 어언 10년이라고 들었다. 얼마나 심중에 고통이 심했으면 운동과 훈련으로 다져진 그의 단단한 육체가 그토록 쉽게 무너졌겠는가.

그를 생각하면 인생은 조금도 아름답지 않고 괴로움만 가득 찼다는 생각밖에 할 수가 없다. 그리고 군인이 정치에 뛰어드는 일이 결코 바람직한 것이 아니라는 생각이 든다. 같이 팔공산 정기를 마신 것은 사실이지만 그는 박정희나 전두환처럼 될 수가 없었다. 왜? 노태우는 소질이 전혀 없는 직업을 택한 것이다. 목적을 위해 잔인해야 했을 때 그는 그러지 못했다. '물태우'라고 놀림을 받으면서도 노태우는 양심 하나만은 지키고 살아온 훌륭한 한국인이다.

—2018. 1. 20.

법정

法頂, 1932~2010

전남 해남 출생

전남대 중퇴

불교승려, 수필가, 길상사 창건

수필가로 유명했던 스님 …
한평생 부처님을 닮아 보려고 험난한 수도의 길 걸어

어느 해인가 강연초청을 받고 전라남도 해남에 갔던 적이 있다. 그때 강연이 끝나고 지방유지들과 함께 저녁식사를 하게 되었다. 그런데 그 지역의 병원 원장인 어떤 사람이 "제가 법정과 국민학교 동창입니다"라고 하여 나는 깜짝 놀랐다.

법정 스님의 출생지도 모르고 학력도 모르던 내가 놀란 것은 당연한 일이었다. 부처님에게 몸을 바친 사람에게 생년월일이나 고향 혹은 학력을 묻는 것은 실례가 된다고 믿었기 때문에 나는 그에게 그런 것을 물었던 적이 없었다.

글 쓰는 재주가 뛰어났던 그는 〈샘터〉에서 연재하던 글들을 모아서 《영혼의 모음》이란 책을 출간하였으나 처음엔 판매가 저조하였다. 그러나 얼마 뒤부터 그 책이 잘 팔리기 시작하여 법정은 일약 유명한 수필가로 알려졌다. 그 후 발간된 책들이 여러 권 베스트셀러가 되면서 그는 전국적 명사가 되었다. 그 무렵에 내가 해남을 방문한 것이었다.

이 글을 쓰게 된 최근에 이르기까지 나는 그의 고향을 몰랐을 뿐 아니라 그가 목포상고 출신이고, 그 뒤에 전남대 상과대학을 다녔다는 말을 들어본 적이 없었다. 오늘 그에 관한 글을 한 편 쓰고자 붓을 들었기에 그의 학력도 자세히 알게 된 것이다.

내가 법정과 가까워진 것은 스승 함석헌을 모시고 〈씨알의 소리〉라는 독특한 월간지의 편집위원으로 함께 일하면서부터다. 장준하, 이태영, 천관우 등이 그 시절 그 잡지 편집위원이었다. "나는 새도 떨어뜨린다"고 하던 군사정권의 중앙정보부가 가장 싫어하고 가장 미워하던 잡지 중 하나였던 그 잡지를 위해 우리는 매달 모임을 가졌다.

그 모임에서 한 달에 한 번씩 나는 법정을 만났다. 거기서 우리는 중앙정보부의 혹독한 검열에 따를 것이냐 말 것이냐 하는 문제를 놓고 격론을 벌이기도 하였다. 그때 그 편집위원들이 다 가고 오늘 나 혼자 남아 이 글을 쓰고 있다.

지금도 기억한다. 검열을 받을 때 당국에서 집필자들에게 "'정보부'라는 한마디는 좀 빼 줬으면 좋겠다"고 한 적이 있었다. "정 안 되면 정보부라는 세 글자 중에서 그 가운데 한 글자 '보'라도 빼 달라"고 애원해서 "그럽시다"라고 대답하였다. 그리하여 그달에 발간된 〈씨알의 소리〉에서는 정보부가 정부로 둔갑하여 정보부를 겨냥했던 필자의 필봉은 급기야 '정부'의 가슴에 화살로 꽂혔던 것이다.

생각거늘 이 얼마나 한심하다 못해 처량한 시절이었던가! 정세가 매우 긴박하던 어느 해 겨울, 장준하가 주동하여 '개헌청원 백만인 서명운동'이 시작되었고 우리는 모두 그 운동에 참여해 서명을 받느라 고생했다. 장준하는 "서둘러 빨리 받읍시다"라고 했지만, 나는 "되도록 천천히 받으면서 왜 우리 운동에 잘 응하지 않느냐며 탄식을 합시다"라고 했다.

그 서명운동은 여러 사람들이 참여하여 제각각 서명을 받으면서 진행되어 예상보다 빨리 끝날 기미가 보였다. 그런데 서명인이 백만 명이 다 되어가던 어느 날 당국에서 보낸 사람들이 새벽에 집집마다 뛰어들어 이미 서명받은 것을 모두 압수하여 흔적도 없게 만들었다.

법정은 이런 일에 회의를 느꼈던 것 같다. 정치와 관련된 일은 아예 하지 말자는 뜻이었을까. 그런 일이 있고 여러 해 동안 나는 법정을 보지 못했다. 그러다 그가 어느 큰 절 한구석에 방 하나를 마련하고 불경 번역에 전념하면서 산다는 소식을 들었다. 그 무렵에 그를 한번 찾아갔더니 깨끗하고 해양한 작은방에 거처하고 있었다. 그 방에는 책도 몇 권 있었지만 베토벤 음반도 있었다.

따르는 여자들도 많았지만 법정은 파계하지 않고 불자의 길을 끝까지 걸었다. 내가 군사정권 때 교수직을 박탈당하고 문경새재 금란정에서 누님을 모시고 칩거하던 때였다. 어느 날 나는 금란정 앞에서 서성거리다 지나가는 법정을 만났다. 그곳에서 나를 만난 그는 다정한 얼굴에 웃음을 가득 머금은 채 달려와 내 손을 잡았다. 그 아름다운 모습과 얼굴을 지금도 나는 생생히 기억한다. 그 모습은 문자 그대로 한 폭의 그림이었고 어떤 인간의 표정도 그렇게 아름다울 수 없었다.

그가 거처하던 불일암에 한번 와 달라는 부탁은 들었지만 그의 뜻을 이루어주지는 못했다. 1932년에 태어난 그는 2010년에 입적하여 순천 송광사에서 다비식을 치렀다. 전국의 많은 명사들이 모인 매우 성대한 장례식이었다지만 나는 그 자리에 가지 않았다. 불에 타는 법정을 보고 싶지 않았기 때문이다.

전해 듣기로 그는 젊었을 때 기독교 신자였다가 대학시절에 깨달은 바가 있어 삭발하고 스님이 되었다고 한다. 이것이 사실인지는 잘 모르겠지만, 거짓말 잘하고 욕심 많은 자칭 기독교 신자보다는 한평생 부처님을 닮아 보려고 험난한 수도의 길을 끝까지 걸었던 불교신자 법정을 나는 사랑한다.

나는 사후 세계를 제대로 알지 못하지만, 나의 하나님이 천국에서 법정을, 그때 그 미소를 지은 법정을, 다시 만나게 해주시리라고 믿는다.

— 2019. 9. 28.

김복동

金復東, 1933~2000

경북 청송 출생

육군사관학교 졸

육사교장, 육군중장, 국회의원

전두환, 노태우와 육사동기생의 중장 출신 …
언제나 당당했던 사나이

김복동은 육사 동기생들 중에 '삼총사'라고 불리던 각별히 친한 친구들이 있었다. 그중에 전두환과 노태우 두 사람은 이 나라의 대통령이 되어 영광의 한때를 누렸지만 곤욕의 계절도 뒤따랐다. 그런데 본디 김복동에게는 대통령이 되어 보려는 꿈이 없었다.

그와 내가 가깝게 된 것은 그가 하나회 회장으로서 그들의 모임에 나를 한 번 연사로 초대해 주었기 때문이다. 그때는 전두환과 노태우가 최규하의 뒤를 이어 이 나라의 대통령이 되리라고는 누구도 짐작하지 못하였다. 공교롭게도 학생시절부터 나를 따르던 강홍구가 김복동의 딸 미희(이름뿐 아니라 실물도 미희다)와 결혼하여 김복동의 사위가 된 사실도 관련이 있다고 나는 생각한다.

김영삼이 여당으로 들어가 대통령이 되던 바로 그해에 14대 국회의원 선거가 있었는데 그는 중장으로 퇴역한 뒤 대구 동구갑에서 출마하여 당당하게 당선되었고, 나는 강남갑에 출마하여 그럭저럭 당선이 되어 14대 국회에서 같은 당 출신의 국회의원으로 있었던 것이 사실이다. 김영삼이 집권하여 민정당 출신의 전직 대통령 두 사람을 못 살게 만드는 바람에 삼총사 중 한 사람이던 김복동도 매우 안 좋은 분위기에서 장성 출신 정치인으로서 색다른 삶을 시작하게 된 것이다.

나는 정주영이 새로 당을 창당하면서 나와 의형제를 맺고, 나를 그 당(통일국민당) 대통령 후보로 추대하겠다는 바람에 얼떨결에 정치판에 뛰어들었다. 학생들 앞에서 강의나 하던 백면서생이 정계에 들어간다는 것이 매우 위험천만한 일임을 깨달았지만, 이미 엎질러진 물을 어떻게 할 줄 몰라 서성거리면서 4년 임기를 채우고 그 자리를 물러나고 말았다.

당시는 험악한 분위기가 감돌던 때였다. 정주영이 김영삼 앞에서 "당신이 민자당의 대통령 후보공천을 받으면 지원하겠다"는 약속을 내동댕이치면서 스스로 만든 당의 대통령 후보가 된 사실에 분개한 김영삼은 정주영의 목을 졸라 현대의 목숨이 끊어질 것 같은 상황이었다. 정주영이 살길을 찾아 일본으로 망명하려다 잡히는 그런 상황에서 김복동과 나는 정치판에 남아 악전고투할 수밖에 없었다.

나는 내가 대표로 있는 동안 당 간부들 중에서 가장 유능하고 믿을 만한 동지 김복동에게 전당대회에서 당권을 물려주었다. 그러나 얼마 뒤에 그 당은 김종필이 이끌던 자유민주연합(자민련)과 협력하여 김복동은 정치판에서 할 수 있는 일이 별로 많지 않음을 뼈저리게 느꼈을 것이다.

김복동은 한 인간으로서 장점이 많은 인물이었다. 내가 보기에 그는 물질적 욕심은 없었고 한자리 해야겠다는 생각도 전혀 없이 언제나 말이 없는 조용한 사람이었다.

그에게 큰 결함이 하나 있었다면 술을 끔찍이 좋아했다는 것이다. 항간에 나도는 '폭탄주'라는 말도 김복동과 관련하여 생각하게 된다. 그는 아무리 마셔도 취하지 않는다는 소문도 있었다. 그가 술을 더 마실 수 없어 어쩔 수 없이 금주를 단행했을 때 그의 육신은 녹을 대로 녹아서 그의 투철했던 군인정신과 조상이 물려준 뜨거운 애국심을 가지고도 건강을 유지할 수 없었다.

그는 1933년 경상북도 청송의 매우 유복한 가정에서 태어났다. 경북고등학교에 입학하여 성적도 좋은 편이었지만 뜻한 바가 있어 일반대학에 입학하지 않고 육군사관학교로 진학하였다. 군인으로서의 진급은 매우 순조로워 전두환, 노태우와 같은 때 별을 달았지만, 신군부가 집권하는 일에 반대하여 결국은 육사 교장으로 예편되고 말았다.

만일 그가 매제인 노태우의 뒤를 이어 이 나라의 대통령이 되었다면 전두환과 그의 여동생 남편은 감옥에 가지 않을 수 있었겠지만 김복동 자신은 더 큰 수난에 직면하여 그만큼도 오래 살지 못했을지도 모른다. 물론 청렴결백한 그가 비리에 연루되어 감옥에 가진 않았을 것이고, 정계의 소용돌이 속에서 노년에 정치적 불명예가 겹쳐 신음 속에 나날을 보내는 그 두 사람처럼 되지는 않았을 것이다.

그러나 이 모두가 부질없는 상상인 것을 내가 안다. 그는 2000년에 세상을 떠났는데 그의 부인 임금주가 가까이 있었음에도 '금주'하지 못한 책임을 김복동 자신이 질 수밖에는 없다. 장군 김복동은 대전에 있는 현충원에 안장되었는데 그의 묘비는 가족들의 요청에 따라 내가 적었다.

나라를 지키고자 군인 되었네
나라 건지고자 정치에 뛰어들었네
돈 앞에 고개 숙이는 일은 없었고
권력 앞에 무릎 꿇는 일 없었네
그 당당하던 사나이

벚꽃과 함께 홀연히 떠났네
티 없던 그 맑은 웃음 그리워
가슴 조이며 새봄을 기다리네
벚꽃 필 무렵 다시 오소서
화창스러운 봄바람에 환생키를 바라면서

친구 김동길

한 인간에 대한 정당한 평가는 그의 관 뚜껑에 못을 박은 뒤에야 가능하다는 말이 있는데, 김복동은 세상을 떠나고 이미 20년의 세월이 흘렀지만 그를 좋지 않게 말하는 사람이 한 사람도 없다. 아마 앞으로도 없을 것이다.

—2019. 3. 9.

이용만

李龍萬, 1933~

강원도 평강 출생
고려대 행정학과 졸
재무관료, 신한은행장, 재무부 장관

6·25 때 소년병으로 참전 …
어깨에 박힌 총알은 빼냈지만 척추의 한 발은 아직도

1945년 8·15 해방을 맞이하기 전에 나는 평안남도 평원군 영유읍에 있던 한 국민학교에 교사로 부임했다. 그 후 대학을 졸업하고도 계속 학생들을 가르쳤기 때문에 지금도 내 호칭은 '선생'이다. 호칭이 선생이니 지난 70여 년간 얼마나 많은 사람을 만났겠는가. 부지기수라 해도 지나친 말은 아니다. 나는 좋은 사람들을 무척 많이 만났다. 그러므로 형도 많고 동생도 많은 사람이다.

그 가운데서 '저 사람이 내 동생으로 한집에 태어났으면 좋았겠다'고 생각한 사람이 한 사람이 있다. 그의 이름은 '이용만'이다. 아버지가 주신 그의 본디 이름은 '용만'이 아니라 '승만'이었다. 그러나 당시 북에서 이승만 대통령을 타도하자는 사회적 분위기가 팽배하였고, 대통령과 같은 이름인 것이 부담스러워서 '용만'으로 개명하였다고 한다. 아마 이승만 초대 대통령을 이용만만큼 존경하는 사람도 드물 것이라고 생각한다.

이용만은 1933년 강원도 평강에서 태어났다. 태평양전쟁이 끝나갈 무렵에 38선이 그어졌기 때문에 이용만과 그의 가족은 어쩔 수 없이 북한사람이 되었고, 그의 아버지는 입버릇처럼 한탄하였다.

"사람이 못 살 데야, 못 살 데."

그의 아버지는 가족을 거느리고 월남하고 싶었지만 기회는 쉽게 오지 않았다.

이용만은 평강에서 중·고등학교에 입학했는데 밤늦게까지 가사를 돕느라고 기말시험 준비할 시간이 전혀 없었는데 전교 최우등생이 되었다. 그러나 그는 우수한 성적에도 불구하고 우여곡절을 겪어야 했다. 당시 전국의 최우등생들이 평양에 모여 우등생 대회를 하는 관례가 있었는데, 그는 오로지 출신성분이 안 좋다는 이유로 그 대회에 참석하지 못한 것이다. 어린 마음에 얼마나 분통이 터졌겠는가! 그것이 부친의 결단 계기가 되어 평생 일궈 놓았던 모든 재산을 다 정리하고 "자식들 공부 제대로 시키려면 남쪽으로 가야겠다"고 결행하였다.

그리고 6·25가 일어났다. 고등학교 2학년생이던 이용만이 인민군에 입대해야 할 처지여서 신체검사까지 받았다는 소식을 들은 그의 가족들은 "승만이는 이젠 죽었구나!"하며 초상집이 되었다. 눈물바다가 된 어머니가 "승만이는 어떻게 하지요!"하는 탄식소리에, 어딘가 급히 다녀온 아버지가 "정치 보위부 면접 때 남한에 친인척 있다 해라"고 한 것이 적중하여 전교에서 유일하게 불합격되어 살아남았다.

얼마나 다행스러운 일인가. 장차 대한민국의 재무부 장관이 되어 이 나라의 경제를 다루게 했으니 웃음이 나온다. 이용만을 우리나라에 태어나게 하신 하나님께 나는 늘 감사하는 마음으로 살아가고 있다. 그런 일꾼을 인민군에 보내 총알받이가 되지 않게 한 하늘의 섭리가 고맙기만 하다.

서울을 탈환한 국군이 맹렬한 기세로 북진하던 때, 인민군에 끌려가지 않은 학생들 30여 명이 모여 학도의용대를 조직하였다. 이들은 군복을 입고 총을 메고 공비토벌을 위해 북진하기로 결심하였다. 그러나 인민군 패잔병들이 고향마을을 점령하였다는 소식을 듣고 더 이상 북진할 수가 없어 남쪽으로 향하였다. 그 일행은 포천을 거쳐 서울에 도착하여 남쪽으로 행렬을 지어 행군하는 제2국민병 대열에 합류하였다. 나도 그 대열에 끼어 소년병 이용만이 남하한 꼭 같은 길을 따라서 걸어 내려갔던 그 기억이 새롭다.

소년병 이용만은 제 나이 17세를 18세로 속여 가며 정식으로 국군에 편입되어 대구훈련소에 입대하였다. 군번은 0180826, 내가 소속됐던 방위군은 걸어서 밀양, 삼랑진까지 갔다. 그러나 그 뒤 방위군은 차차 흩어져 부산까지 간 제2국민병은 몇 되지 않는다고 들었다.

용맹스러운 국군의 일원이 된 이용만은 미 제2사단 38연대, 직속유격부대에 편입되었다. 때는 1951년 5월 11일, 강원도 춘천지구 가리산에서 첩보활동을 벌이던 중 인민군을 뒤쫓아 가다 쌍방에 총격전이 벌어졌다. 두 시간이나 이어진 이 전투에서 이용만은 어깨와 척추에 두 발의 탄환을 맞아 쓰러졌다. 다행히 그는 미군 위생병의 도움을 받아 구사일생으로 목숨을 건졌고, 어깨에 박힌 총알을 빼냈다. 하지만 척추에 박힌 한 발의 총알을 아직까지 제거하지 못한 채 그와 더불어 늘 함께 있다.

이용만은 죽을래야 죽을 수가 없어서 살아난 사나이라고 할 수 있다. 그는 전쟁 중에 방공호 속에서 사랑하는 어머니와 척추가 부러진 형과 네 살 어린 동생을 잃었다. 그 소식을 듣고 그는 통곡하였을 것이다. 자기를 기다리던 식구들이 그렇게 비참하게 전쟁의 희생제물이 되었으니 이용만의 척추에 박힌 그 총알은 그의 마음의 고통을 상징하는 것이 아닐까.

이용만은 시대의 아픔을 겪었지만 언제 어디서 만나도 반가운 사람이다. 그는 나를 비롯해 노년에 접어든 몇몇 인사들과 '장수클럽'을 만들기도 했다. 80세가 넘어야 회원자격이 있는 이 모임은 최연장자가 올해 104세다. 화가, 실업가, 대학총장, 의사, 언론인, 방송인, 교수, 대사, 시장, 오페라가수 등 다양한 직종의 회원들이 있지만 회장은 이용만이 맡고 있다.

많은 회원들이 그의 장기집권을 바라고 있는데, 이용만만큼 노인들을 섬기는 일에 적합한 인물을 찾기 힘들기 때문이다. 그는 고려대를 마치고 꾸준한 자세로 재무부 장관 자리에 올랐을 뿐만 아니라 교회 장로이기도 하다.

내가 '왜 이용만이 한 지붕 아래 내 동생으로 태어나지 않았나' 생각하는 까닭은 그의 뜨거운 애국심에 늘 감동하기 때문이다. 또 하나의 이유는 이용만이 결혼한 여성이 부산 피란시절 진명여고에서 내가 가르친 주경순이기 때문이다. 아내의 스승을 소홀이 여길 수 없는 것 아닌가. 이렇게 말하자니 웃음이 나온다.

이용만을 우리나라에 태어나게 하신 하나님께 나는 늘 감사하는 마음으로 살아가고 있다.

— 2019. 10. 12.

이어령

李御寧, 1934~

충남 아산 출생

서울대 국문학과 졸

평론가, 이화여대 교수, 문화부 장관

그가 원하든 원하지 않든 국민의 마음속에
그의 기념관은 이미 만들어져 있다

따뜻한 봄날에 동무들과 백제의 옛 서울 찾았더니
무심한 구름은 오락가락 바람은 예대로 부는구나

부소산 얼굴은 아름답고 우는 새소리도 즐겁도다
성지는 지금도 반월이란 이름과 한 가지 남아 있다

낙화암 맑은 물 흐르는 곳 낙화암 절벽이 솟았는데
꽃처럼 떨어진 궁녀들의 길고 긴 원한을 멈췄으리

부소산성 옛 성터에 이 시 〈부여〉가 적혀진 비가 있다. 나는 이 작자미상의 시를 읊으면 우리 시대가 낳은 평론가 이어령이 떠오른다.

그는 따뜻한 봄날을 연상케 하고 부여에서 학창시절을 보낸 뛰어난 수재다. 60년도 더 된 그 옛날 《우상의 파괴》라는 무시무시한 제목의 평론 한 편을 발표한 적이 있지만 한평생 어느 누구와도 싸우지 않고 그는 살아왔다. 아마도 랜더가 읊은 대로 이 시대의 그 누구도 그와 다툴 만한 자격이 없었는지도 모른다. 충청남도 아산의 정기를 타고난 그는 무심하게 오락가락하는 그 구름을 타고 왔으며, 그 구름이 그를 온양 땅에 태어나게 했을 것이다.

내가 아는 이 시대의 재사가 다섯 사람은 있는데 최남선, 이광수, 이은상, 양주동, 이어령이다. 나는 과학계의 천재들을 아는 사람이 없다. 가깝게 아는 사람들은 대부분 인문학계 인사들이기 때문에 이런 편협한 의견을 가지게 되었는지도 모른다.

이어령은 부여에서 중·고등학교를 마치고 1956년 서울대 국문과를 졸업했다. 곧이어 1959년에는 서울대 대학원에서 석사학위를 받았다. 수재이던 이어령은 으레 자기가 학교에 남게 되고 장차 그 대학의 교수가 되리라고 믿었을 것이다. 그러나 파벌이라는 편견이 도사리고 있어 세상 일이 그의 뜻대로 되지 않았다.

그는 이 땅에 태어나 한 시대를 같이 살았던 사람들 중에서 그 누구보다도 말을 잘하고 글을 잘 쓰는 사람이다. 그의 글은 논리가 정연하고 필치가 매끈하다. 이어령은 예외지만 평론가치고 성격이 부드러운 사람은 별로 없어서 대개 남의 작품을 헐뜯는 일에만 관심이 있는 듯하다. 영국 시인 윌리엄 워즈워스도 평론가들을 나무랐다. 창작할 능력은 없으면서 창작하는 사람들을 비난만 하는 것이 평론가라고 험담한 적도 있었다.

내가 이어령을 가까이 알게 된 것은 1960년대 보스턴에서 공부하던 시절이었다. 5·16 군사정변의 주체는 아니었지만 준주체는 되는 석정선이 보스턴에 살았다. 석정선은 군사혁명 주요인물이면서도 나와 매우 가깝던 평양사범 출신의 우수한 군인이었다. 석정선은 무슨 이유인지 이어령과는 매우 가까운 사이여서 함께 유럽여행을 하였다고 들은 것 같다. 그의 소개로 만난 이어령은 얼마나 재빠른 사람인지 이렇게 인사했다.

"보스턴에서 미국사를 전공하는 거물이 있다고 들었는데 그 사람이 바로 김 선생이시구만요."

본인은 잊어버렸을지 모르지만 나는 아직도 그가 건넨 말을 기억한다.

그는 교수 자리에 오르기까지 경기고등학교에서도 가르치고 단국대학에서도 교편을 잡았다. 그러나 교수 자리는 이화여대에서 굳힌 셈이다. 옛글에 "호주머니 속에 송곳"이라는 말이 있는데 이어령은 특정한 대학에서 가르치는 일만 하기에는 이미 너무나 큰 인물이었다.

그는 〈문학사상〉이라는 잡지를 창간하여 단시일 내에 그 잡지가 일류 평론지로 자리 잡게 했으니 얼마나 놀라운 일인가! 88 서울올림픽의 화려한 개막식이 성공리에 끝난 후에도 이어령이 아니었다면 이런 연출은 불가능했다고 말하는 사람들이 많았다. 그는 자기 입으로 "나에게는 남길 만한 것이 없고, 기념관 같은 것을 만들 의사는 전혀 없다"고 하였다. 하지만 그가 원하든 원하지 않든 국민의 마음속에 그의 기념관은 이미 만들어졌다.

일전에 김병기 화백의 생일기념 개인전에서 그와 우연히 만났는데 반갑게 말을 건네는 것이었다.

"선생님이 하시는 유튜브 방송을 보다가 나왔습니다."

그런 그의 한마디에서 그의 다정한 인간성을 느낀다. 몸도 고달픈데 나 같은 사람의 유튜브 방송을 찾아서 본다는 것은 결코 쉬운 일은 아닐 것이다.

김병기 화백을 위해 그 자리에서 읊은 랜더의 시 한 수를 오늘 이어령에게 바치고 싶다.

I strove with none,

for none was worth my strife:

Nature I loved, and, next to Nature, Art:

I warm'd both hands before the fire of Life;

It sinks; and I am ready to depart.

나 아무와도 다투지 않았소.

다툴 만한 상대를 만나지 못했기에

나 자연을 사랑했고, 자연 다음으로는 예술을 사랑했네.

인생의 불길에 내 두 손을 녹였건만,

그 불은 이제 꺼져가는구나. 떠날 준비는 다 되었도다.

—2019. 8. 3.

이영일

李英一, 1934~

평남 순천 출생
서울대 공대 졸
진해해군하사관학교 교관, 페어차일드 한국지사장

영어사전을 한 장씩 찢어 다 외울 만큼
영어도사가 돼 미국기업 사장 등으로 활약

'백년의 사람들'은 〈조선일보〉의 청탁을 받고 그 신문에 연재하던 칼럼이었다. 나는 거기에 우리나라 유명인사들 중에 내가 아는 사람들을 골라 일주일에 한 번씩 썼다. 대통령, 국무총리, 학자, 성직자, 장성, 그리고 시인, 화가, 소설가, 사회사업가등 저명한 인사들만 골라 썼다. 그러나 돌연 〈조선일보〉가 그 칼럼을 중단한다기에 하는 수 없이 나의 블로그에 그 칼럼을 속개하게 되었다.

오늘은 이승만이나 정주영같이 유명한 인물은 아니지만 내가 개인적으로 매우 좋아하는 이영일이라는 사람에 대해 몇 마디 하고자 한다. 일제 때 《장한몽》이라는 소설이 많이 읽혔는데 그 주인공이 이수일과 심순애였다. 그 당시에 우리들은 이수일하면 심순애를 생각하고 심순애를 생각하면 이수일을 떠올렸다.

솔직히 말하자면 나로서는 이영일이라는 이름은 그의 짝 장선용을 생각나게 한다. 나는 장선용을 더 잘 안다. 장선용은 이화여고와 이화여대 국문과를 훌륭한 성적으로 마치고 내 누님이 총장으로 있던 시절 이화여대 학무처에서 여러 해 근무하였다. 장선용의 단점이 하나 있다면 키가 작아도 너무 작은 것이었다. 이영일과 맞선을 봤을 때 '저렇게 키 큰 남자가 있나'라고 생각하였다니 짐작이 가지 않는가.

이영일은 1934년 1월 18일 평안남도 순천에서 태어났다. 그의 아버지는 일본 유학을 마치고 돌아온 그 시대의 엘리트였는데 아들이 없는 것이 한이었다. 그 아버지의 첫아이가 딸이었다. 큰 희망을 가지고 둘째를 기다렸다. 둘째도 딸이었다. 셋째도 넷째도, 다섯째, 여섯째도 딸이었다. 최후의 희망을 가슴에 안고 이영일의 아버지와 어머니는 또 한 번 노력을 했다. 그 부모에게는 마지막 노력이었다. 왜냐하면 아버지의 나이가 53세에 이르렀기 때문이다.

그렇게 태어난 갓난아기가 아들이었고 그의 이름이 이영일이었다. 그는 월반을 할 만큼 총명하여 수월하게 중학교에 들어갔다. 그런데 중학교 2학년 때 불온한 벽보를 붙이다 북조선 보안요원에게 발각되어 소년수용소에 끌려갔다. 그 어린 소년이 죽지 않을 만큼 맞았다. 그리고 매일 새벽 4시에 일어나 3인 1조가 되어 가마니 7장을 다 짜야 옥수수 한 컵을 받아먹을 수 있었다. 그런 배고픈 삶을 1년이나 살아야 했다.

그는 풀려난 후에 더욱 열심히 공부하였다. 수능시험에 만점을 받아 김일성 메달을 받기도 하였다. 그러나 공부를 아무리 잘하여 대학에 갈 실력이 충분해도 출신성분이 좋지 않으면 전문학교밖에 갈 수 없는 것이 이북의 실정이었다. 그가 입학할 수 있었던 학교는 김일성대학이 아니라 평양의학전문학교였던 것이다.

그런데 뜻밖에 사건이 발생하였다. 1950년 6월 23일 학생들을 모두 차에 태워 일선으로 간다는 것이었다. 그러나 차에 자리가 없어 그들은 먼저 떠나고 다음 차를 준비하면 오라면서 다음날 모이라고 했다. 하는 수 없이 집으로 돌아갔는데 누이들이 그 동생을 데리고 도망가서 큰 독 안에 감춰 두어서 그는 그 독 안에서 두 달을 숨어 지내야만 했다. 그런 아슬아슬한 경험을 하면서 1950년 말할 수 없이 추운 날 이영일이 선택할 수 있는 길은 오직 하나 남쪽으로 도망가는 것뿐이었다.

월남한 뒤 그는 해병대에 입대하여 홍천에서 근무하면서 중공군의 남침으로 모두 도망간 빈 집에서 가져온 영어사전 한 권으로 영어공부에 몰두하였다. 그 영어사전을 한 장씩 찢어서 다 외울 만큼 그는 '영어의 도사'가 되었다. 그리고 군의 도움으로 미국 샌디에이고에 있는 미 해군 특수학교에서 1년간 공부하고 돌아와 진해 해군하사관학교 교관으로 7년을 복무하였다.

제대 후 그는 3년을 공부하여 검정고시에 늦은 나이에 합격했고 서울대 공과대학에 입학, 제대로 졸업장을 받았다. 그 뒤에는 석유공사에 입사하여 오스트레일리아에 가서 1년 연수받을 기회를 얻었다. 1966년 그는 반도체회사 페어차일드에 입사하여 한국 반도체 제작 일선에 서기도 하였다. 이후 미국 본사로 전근하였고 인도네시아와 필리핀 지사장을 역임하다가 한국 지사장이 되어 돌아왔다. 60세에 회사를 그만두었지만 아직 일할 기력이 있어 면접을 통해 미국 회사에 취직하여 열심히 일하다 70세에 은퇴하였다.

요즘 이영일은 장미를 키우고, 정원을 가꾸고, 채소재배를 하는 일에 몰두하고 있다. 그사이에 그의 '영원한 동반자' 장선용은 멀리 한국에 사는 며느리에게 보내 주던 요리편지들을 모아 한 권의 책으로 엮어 《며느리에게 주는 요리책》이라는 이름으로 출간하였다. 뜻밖에도 그 책은 지난 25년간 한국 요리책으로는 유례없는 베스트셀러가 되어 지금도 그 자리를 지키고 있다. 장선용은 현재 미국에 살면서 한국요리 전도사로 활약하고 있다. 그가 펴낸 영문판 *A Korean Mother's Cooking Note*는 세계최대 인터넷서점 아마존에서 '한국요리 최고의 레시피'로 선정되어 장선용은 전 세계에 그 이름을 널리 알렸다. 대단한 여성이다.

DNA가 이토록 각별한 한 남자와 한 여자가 만나 아들 둘을 낳고 아직도 서로 싸우지 않고 살아가고 있다. 그 모습을 보면 나는 인생은 아름답다고 느낀다.

— 2019. 7. 6.

김장환

金章煥, 1934~

경기도 화성 출생
미국 밥존스신학대학 졸
목사, 침례교세계연맹(BWA) 총회장, 극동방송 사장

세계가 알아주는 교계의 거물 …
이 한심한 나라에 그를 보내 주신 하나님께 늘 감사

나를 형님이라고 부르는 우리나라의 저명인사가 세 사람은 된다. 그중 한 사람이 목사 김장환이다. 그는 세계적으로 널리 알려진 인물로 그의 출생과 성공은 미국의 대통령 링컨과 비슷한 점이 많다. 링컨은 1809년 켄터키 산골의 통나무 오두막집에 태어나 마침내 북미합중국의 16대 대통령까지 되었다. 김장환은 1934년 경기도 화성군의 한 시골마을에서 찢어지게 가난한 가정의 10남매 중 막내로 태어났다.

한국 농촌에서 힘들게 자란 김장환은 공부도 제대로 못 하고 학교도 제대로 못 다니고 미군부대 하우스보이로 일하였다. 그러다 한 미국 군목(軍牧)의 주선으로 유학하여 제대로 신학교를 마치고 목사가 되었다. 그리고 현숙하고 인물 좋은 미국 여성을 만나 사랑에 빠져 결혼하고 끌끌한 아들 둘을 낳아 잘 키웠다. 2000년에는 침례교세계연맹의 총회장이 되었으니 세계가 알아주는 교계의 거물이 된 것이 아닌가.

'빌리 킴'이라는 영어 이름을 가진 39세의 젊은 목사가 일약 전국적 인물로 도약한 계기가 있었다. 이미 세계적 전도자로 명성이 자자했던 빌리 그레이엄 목사가 여의도광장 — 지금은 자취를 감췄지만 — 에서 백만이 모였다는 역사에 없는 대전도 집회를 개최하였을 때였다. 그때 그 자리에 모인 사람들 대부분은 키가 후리후리하고 얼굴은 할리우드의 남자배우처럼 잘생긴 연단 위 설교자 옆에서 통역하는 비교적 작은 키에 소년같이 예쁜 얼굴의 젊은 목사가 누구인지 몰랐을 것이다. 그 미소년 통역자가 바로 빌리 킴, 김장환 목사였다.

빌리 그레이엄이 설교를 잘한다는 사실을 나는 부산 피란시절부터 알고 있었다. 그는 나이 30이 되기 전부터 미국 전역에 알려진 명설교자였다. 그가 1952년 전쟁 중이던 한국을 방문했을 때 통역은 영락교회 담임목사이던 한경직이 맡았던 것으로 기억한다. 빌리 그레이엄은 기독교 복음의 전도자로서 한국이라는 나라와 한국 국민에게 지대한 관심을 보였다. 그는 틀림없이 한국이라는 나라가 세계복음화의 큰 역할을 하리라고 믿고 있었다.

"한국에 가 보라! 한국에는 교회의 십자가가 너무 많이 하늘로 치솟아 천국이 보이지 않을 정도다."

이렇게 비난 아닌 비난을 하는 자들이 있을 만큼 한국에서는 정치가 엉망이고 경제가 가라앉아도 교회만은 날마다 왕성하게 발전한다고 말하는 사람들이 많다. 나도 예수가 그리스도이심을 믿는 1천만 신도 중 한 사람으로 그런 막연한 꿈을 가진 것이 사실이다.

김장환은 유머감각이 풍부한 특이한 목사이기도 하다. 여러 해 전 나는 몇 사람의 여성들과 번화한 서울 거리를 걷다가 어느 백화점에서 김장환을 우연히 만난 적이 있다. 그때는 인사만 나누고 헤어졌고 며칠 뒤 볼일이 있어 다시 만났는데 그가 나를 보고 새물새물 웃으면서 말하는 것이었다.

"형님은 예쁜 여자들하고만 다녀."

"나는 예쁜 여자들과 좀 다니면 안 되냐?"

나도 대뜸 받아쳤더니 이내 조용해지는 것이었다. 언젠가 그는 이런 말도 했다.

"형님이 정치판에 뛰어들기에 나는 대통령이 될 줄 알았는데, 이게 뭡니까?"

물론 농담이지만 동생이 은근히 형님을 꾸짖는 것이었다.

그래도 나는 김장환을 사랑한다. 김장환 목사가 없었다면 극동방송이 오늘처럼 크게 되지는 못하였을 것이다. 그는 일에는 욕심이 많지만 돈에는 욕심이 없다. 냉전시대에 공산국가에 복음을 전하기 위하여 세워진 국제복음방송국이 극동방송으로 개편되어 전 세계 방방곡곡에 그리스도의 복음을 전파하고 있으니 하나님께서 기뻐하실 것은 더 말할 나위도 없다. 극동방송의 전파는 오늘도 쉬임없이 고달픈 인생길을 가는 우리 모두에게 얼마나 큰 위로가 되는가!

어머니의 뱃속에서 세례를 받고 어쩔 수 없이 90이 넘도록 예수를 믿고 있는 나는 교계에 등장했던 유능한 인물들을 여러 사람 알고 있다. 그중에는 한경직 목사처럼 세상을 떠나고 수십 년이 지나도 많은 교인들의 존경을 받는 인물이 있다. 그러나 이 나라뿐 아니라 미국에서도 큰 교회를 맡거나 TV 방송에서 절정의 인기를 누린 전도자들 중에 비리와 비행으로 몰락하여 지탄받는 한심한 사람들도 적지 않다. 물론 미국에서 빌리 그레이엄은 예외이듯이 우리나라에서도 김장환은 예외라고 할 수 있다.

전두환 대통령이 예수를 믿게 하기 위해 그가 쏟은 정성은 헤아릴 수도 없다. 설악산 백담사에 유폐되었던 그를 전도하기 위하여 김장환은 그 절까지 찾아갔다. “지성이면 감천”이라는 옛말처럼 김장환의 기도와 정성으로 전두환이 언젠가는 그리스도에게로 다가가는 날이 오리라고 믿는다.

이 나라에 김장환을 보내 주신 하나님께 나는 늘 감사한다.

— 2019. 9. 14.

조용기

趙鏞基, 1936~

경남 울산 출생
순복음신학교 졸
목사, 여의도순복음교회 당회장

세계 최대의 개신교 교회 설립 …
왜 끝까지 존경받는 성직자가 되지 못했을까?

'철의 장막'이 그대로 존재하던 시절에는 유전론 대 환경론 논쟁이 매우 뜨거웠다. 쉬운 말로 풀이하면 "비범한 사람은 타고나는 것인가, 아니면 만들어지는 것인가?"에 관한 논쟁이라고 할 수 있다. 일반적 상식으로는 그 두 가지를 다 갖추어야 비범한 인간으로서 역사에 남는다는 것이 가장 공평한 판단일 것이다.

우리나라 현대사에서 보통사람들과 엄청나게 다른 손금을 타고난 사람은 천만에 하나로 지금까지 다섯 사람쯤 되리라 짐작한다. 물론 사람마다 그 다섯 인물의 명단은 다르겠지만 내 나름대로 거명한다면 이승만, 김일성, 박정희, 문선명, 그리고 조용기다.

이승만은 아직도 논란의 대상이지만, 그가 없었다면 대한민국이 탄생하지 못했을 것이다. 박정희에 대해 부정적인 한국인들이 많은 것이 현실이지만, 이 나라의 농촌을 저만큼 살기 좋게 만들어 우리가 사용하는 낱말 중에서 '보릿고개'라는 한마디가 사라지도록 한 데는 박정희의 공이 크다는 사실을 부인할 수 없다.

문선명과 조용기는 서양에서 온 전도자들로부터 전수받은 기독교라는 복음을 전하여 세계적 인물들이 된 것은 의심의 여지가 없다. 김일성에 대해서는 이야기하고 싶지 않지만 그가 없었으면 북의 인민공화국은 수립되지 못하였을 것이다.

조용기는 1936년 경상남도 울산에서 태어났다. 아버지 조두천과 어머니 김복선 사이에서 5남 4녀 중 맏아들로 성장한 그는 고등학교 2학년 때 폐결핵에 걸려 죽음의 문턱까지 가는 어려움을 겪는다. 가정형편이 넉넉지 않아 부산까지 가서 통원치료를 받으며 여러 해 고생하다가 상경하여 순복음신학교에 입학하였다.

1965년 그는 가정을 꾸리고 아들 셋을 두게 되는데, 결혼한 여성은 신학교에서 만난 최자실 목사의 딸 김성혜였다. 그 사실이 그의 삶에 커다란 영향을 미친 것은 세상이 다 아는 일이다. 그는 20세 때 대조동 천막촌에서 최자실과 공동으로 목회를 시작하여 마침내 78만 교인을 가진 세계 최대의 개신교 교회를 건설하는 일에 성공하였다.

조용기가 서울 여의도에 거창한 교회를 세우고 이끄는 순복음교회는 전국 방방곡곡에 널리 퍼져 있다. 그는 다른 전도자들이 따라올 수 없는 놀라운 능력을 가졌는데, 한때 병을 고치는 은사를 넘치게 받아 그의 안수로 질병을 치유한 사람들이 부지기수라고 들었다.

그의 설교는 내가 들었을 적에는 평범한 설교로밖에 들리지 않는데, 그를 따르는 교인들의 귀에는 베드로나 바울의 설교처럼 기적에 가까운 큰 영향을 미치는 듯하다. 그의 말투가 신들린 사람 같은 면이 있어서인지 같은 설교라도 조용기가 할 때만 은혜가 넘친다는 교인들이 많다.

그가 주장한 '삼박자 축복'은 기성교회 지도자들의 큰 반발을 샀고 이단(異端)이라는 비난 속에 한때는 고생도 많이 하였다. 그러나 순복음교회의 교인은 날마다 늘어났고, 헌금은 산더미처럼 모여 가장 경제력이 막강한 교회로 군림하게 되었다. 순복음교회 때문에 여의도에는 일요일에 문을 열어야 하는 은행이 있다고 들었다.

한때 기성교회의 증오의 대상이었던 순복음교회는 조용기의 설교나 행동거지에서 타협의 기세가 보임에 따라 차차 주변의 핍박이 완화되었다. 그런 추세와 더불어 조용기의 '신유'(神癒)의 능력도 점차 감소된 것으로 풀이된다.

이런 일화가 있다. 어느 날 한 교인 아버지가 조용기를 찾아와 자신의 어린 딸이 이상한 병에 걸려 갑자기 걷지 못하게 된 사정을 얘기하면서 안수기도를 요청했다. 그러자 그는 이렇게 말했다고 한다.

"제 기도보다는 그 딸을 가장 사랑하는 아버님의 기도가 더 큰 효과가 있을 겁니다."

그가 정중하게 사양하며 오히려 그 아이 아버지에게 기도를 권한 것을 볼 때 그의 영적 능력이 감소한 것은 아닐까 생각하게 된다.

조용기는 전도사업에 크게 성공했지만 점차 세속적 고민이 깊어졌다. 그의 아들들이 아버지 교훈을 받아들이지 않고 탕자와 같이 멋대로 행동하며 미녀들만 골라 사귀고 호화스러운 생활에 도취되어 그의 마음을 어지럽게 한 것이다. 조용기 자신도 책을 써서 큰돈을 벌고 막강한 교세를 얻게 되면서 차츰 세속적 유혹을 물리치기 어려워진 것 같다.

서양 중세의 시성(詩聖)이라 불리는 단테는 70 인생의 중도에서 잘못된 길로 들어섰다고 고백한 적 있다. 조용기도 70대 중반에 "나는 나이 70이 되어 마음에 원하는 대로 행동해도 법의 테두리를 벗어나는 일이 없다"는 공자의 가르침을 비웃듯이 여의도 순복음교회 장로 29명에 의해 특정경제범죄가중처벌법상 배임혐의로 서울중앙지검에 고발됐다.

조용기를 고발한 이들은 그가 당회장 시절 교회 돈을 가져다가 장남 조희준의 주식투자에 200억 원 이상을 사용했다고 주장했다. 조용기 본인은 이를 부정하니 그 말을 믿고 싶지만, 내연의 여자까지 있다는 소문도 파다하여 그의 '삼박자 축복'은 이제 허무한 꿈이 되고 말았다. 예수를 믿으면 모든 일이 잘되고 건강에 축복을 받으며 영원히 잘산다는 그의 약속을 누가 과연 믿을 수 있겠는가!

왜 그는 미국의 빌리 그레이엄처럼 끝까지 교인들과 온 국민의 존경을 받는 성직자가 되지 못하였을까. 제대로 학교에 다녀 본 적도 없으면서 영어로 설교하고 일본말로 복음을 전하는 그는 보통사람은 아닐 것이다. 나는 그의 손금을 본 적은 없다. 그러나 그 손금에 어울리는 한국인 전도자로서 생을 마감하기는 어렵게 된 듯하다.

— 2019. 2. 9.

김우중

金宇中, 1936~2019

대구 출생
연세대 경제학과 졸
대우실업 창업, 대우그룹 회장, 전경련 회장

대우그룹은 해체됐지만 …
끝까지 성공하는 사람만이 영웅은 아니다

한국 근대화에 크게 공헌한 기업가 세 사람 이름을 들라면 많은 이들이 삼성의 이병철, 현대의 정주영, 대우의 김우중을 꼽는 것이 당연하다고 생각할 것이다.

그런데 서울역에 김우중이 세운 대우빌딩을 지날 때마다 나는 언제나 처량한 느낌에 사로잡히게 된다. 예전에 해외여행을 떠나면 외국공항에 마련된 조그만 밀차에 DAEWOO라고 쓰인 글자를 읽었을 때 한국인으로서 느낀 감동은 지금도 생생하다. 서양의 대도시마다 번화한 거리 어디선가 대우의 광고판을 만날 수 있어 많은 한국인들은 흐뭇한 느낌을 가졌던 것도 사실이다.

나는 이 칼럼에 100명의 사람들을 쓰면서 그의 이름을 올리려고 몇 번 노력한 적이 있다. 하지만 어떤 이들은 '김우중의 대우'가 얼마나 많은 사람들에게 재정적 손실을 주었는지 아느냐고 따지면서 제발 쓰지 말아 달라고 당부하기도 했다.

그러나 나는 실패한 김우중만을 생각할 수는 없다. 그가 성공의 대도를 달리고 있었을 때 많은 한국인들이 그에게 박수를 보낸 것도 사실 아닌가. 나는 실패한 김우중만을 생각하고 싶지 않다. 우리들은 성공했던 김우중을 생각하고 그런 그를 더 기억해야 되는 것이 아닐까.

오래전 나는 대우 임원들로부터 강의를 한 시간 해달라는 부탁을 받고 대우빌딩의 임원실을 찾아간 적이 있었다. 김우중의 사업이 한창 잘 되던 때, 대우를 방문한 것이었다. 그때 강의가 끝나고 그가 나에게 이런 말을 했다.

"도봉산 기슭에 대우가 인수한 공장들이 있는데 오늘 제가 거기를 가봐야 합니다. 시간이 되시면 선생님도 함께 가셔서 많은 직원들에게 한 말씀 해주시면 고맙겠습니다."

기꺼이 함께 가서 강의를 하겠다고 하고 나는 그의 차에 올라타 도봉산 기슭까지 가면서 그로부터 여러 가지 이야기를 들었다. 지금도 기억나는 그의 말 몇 마디가 잊히지 않는다. 첫째는 돈을 얼마만큼 벌고 나니 이 돈이 내 돈이 아니라는 생각이 든다는 것이었고, 두 번째는 6·25 때 대구에 피란 가서 그가 겪은 일이었다.

그의 아버지는 북으로 납치되고 어머니 혼자서 피란생활을 꾸려갔는데 신문팔이로 몇 푼이라도 벌어 어머니에게 가져다 드릴 수 있는 사람은 식구 중에 자기밖에 없었다고 한다. 김우중이 혼자 벌이를 시작한 것은 겨우 중학생 때였는데, 튼튼한 다리로 종일 뛰어다니며 신문을 파니 다른 아이들보다 수입이 훨씬 많았다.

그가 늦게 집에 돌아오면 그의 어머니는 집안에서 가장 따뜻한 아랫목에 덮어두었던 밥 한 그릇을 고단하게 뛰어다니다가 돌아온 아들에게 먹였다. 상 위에 올려진 그 밥을 한 숟가락 떠먹고 살펴보면 다른 식구들은 저녁을 못 먹은 것이 분명하였다.

"엄마, 저는 다른 아이들과 무얼 사 먹고 와서 배가 안 고파요."

그렇게 한 숟가락만 먹고 어린 소년 김우중이 밥상을 물리면 그제서야 어머니와 남은 식구들이 그 밥을 나눠 먹었다. 그것을 보고 그는 밖에서 먹고 왔다고 식구들을 속인 것은 잘못한 일이 아니었다고 생각했다는 것이다.

"선생님 제가 가장 행복했던 때는 대구에 피란 가서 그렇게 생활한 가난한 시절이었습니다."

김우중과의 그런 대화 속에서 나는 그가 어려서부터 얼마나 큰 인물이 될 자질을 갖추었는지 짐작할 수 있었다.

언젠가 그와 함께 하노이를 방문한 적이 있었다. 그가 그곳에 세운 힐튼호텔은 베트남 전국에서 가장 훌륭한 호텔이어서 각종 국제대회가 그 하노이 힐튼에서 열린다고 했다. 대한민국의 대통령 이름을 모르는 사람은 많지만 김우중의 이름을 모르는 베트남사람은 없다는 말도 들었다.

어찌 보면 김우중은 한국 정치의 희생양이었다. 그가 실의에 가득 찬 나날을 보내다 급기야 세브란스병원에 입원해 특실도 아닌 병실에 누워 있었던 적이 있다. 그때 대학교수 선배가 몰락의 길을 더듬는 재벌 후배를 위해 금일봉을 들고 갔다. 그는 어색한 표정을 지으며 한두 번 사양하다 그 봉투를 받아 주었다. 그의 그런 너그러운 마음에 나는 거듭 감탄하였다.

그를 믿고 대우에 투자하였다가 크게 손해 보고 낙심한 사람들이 많았을 것이다. 물론 김우중 자신의 가슴은 더 쓰라렸을 것이다. 매우 똑똑했던 아들 선재는 미국 유학 중 교통사고로 목숨을 잃었다고 들었다. 김우중 내외는 아들이 다녔던 보스턴 MIT 공대에 장학금을 기부하여 큰 사진도 걸렸다. 그런 슬픈 일이 겪었던 그에게 대우의 몰락은 더욱 뼈저린 고통을 안겨 주었을 것이다.

서양 역사에서는 알렉산더 대왕, 줄리어스 시저, 나폴레옹 황제를 3대 영웅으로 꼽는다. 그러나 그들 일생도 한결같이 실패로, 비극으로 끝난 것이 사실이다. 끝까지 성공하는 사람만이 영웅은 아니다. 실패 때문에 나락에 빠질 수밖에 없는 인생을 살았다고 해도 큰 인물은 역시 큰 인물로 대접하는 것이 옳지 않을까?

나는 김우중이야말로 조국 근대화에 한몫을 한 기업인이자 영웅이라고 생각하지 아니할 수 없다.

—2019. 7. 27.

김동건

金東鍵, 1939~

황해도 사리원 출생
연세대 교육심리학과 졸
아나운서, 한국아나운서클럽 회장, KBS 〈가요무대〉 진행

당대의 가장 유명한 아나운서 …
예의 바르고, 인간관계가 철저한 사람

중국 명나라를 창건한 주원장(朱元章)의 손금이 임금 왕(王) 자였다는데, 혁명이 성공할 때까지 주원장은 그 비밀을 누구에게도 알려주지 않았다고 한다.

이 연재에서 내가 김동건에 관하여 쓴다는 것도 비밀이었다. 본인이 알면 가만있었겠는가. "선생님, 그건 안 됩니다"라며 말릴 것이 뻔한 일이다. 워낙 고집이 센 친구라 그 고집을 꺾을 사람은 없다. 그래서 이 글을 인터넷상에 올릴 때까지 비밀을 누설하지 않기로 마음먹고 그가 모르게 글을 쓰고 있는 것이다.

나의 제자인 김동건에 관하여 왜 짧은 글 한 편을 쓰고 싶었는가 하면, 내가 그를 보는 각도가 다른 사람들과 좀 다르기 때문이다. 나는 그가 경기고 학생이던 때를 전혀 모른다. 공부는 안 하고 싸움만 했을지도 모를 일이다.

내가 그를 처음 알게 된 것은 그가 연세대에 갓 입학했을 때였다. 당시 나는 신입생들의 인솔교수가 되어 김동건을 비롯한 여러 학생들을 거느리고 광릉에 소풍을 갔다. 60~70명이 같이 갔던 것으로 기억하는데, 그때도 그 모임의 사회자는 김동건이었다. 사회를 잘 보는 사람은 목소리가 좋고 말솜씨가 있고 눈치도 빨라야 하는데 그는 그런 재능을 모두 타고난 것이 확실하였다.

광릉에 소풍 갔던 그날 일은 잊을 수 없다. 〈동아일보〉에 한동안 짧은 글을 연재할 때 '폭력교수'란 주제로 그날 벌어진 일을 적은 적이 있다.

나는 점심을 먹으러 학생들이 흩어지기 전에 미리 한마디 하였다.

"우리 대학은 술 마시는 것을 용납하지 않는다. 학교에서는 담배도 못 피운다. 그런즉 한잔하고 추태를 부리는 일이 없어야 한다. 그런 일이 혹시라도 있으면 학교 당국에서 처벌할 것이다."

그렇게 일침을 가하고 점심식사 후 다시 학생들을 불러 모았는데 한잔한 학생들이 여럿 있었다. 그걸 보고 가만있을 수 없어 크게 호령했다.

"술 먹은 놈들 다 나와."

지금은 90이 넘어 노쇠했지만 그때는 나를 당할 사람이 없었다. 지도교수로서 학교의 입장을 설명하고 술을 마셨다고 자백하는 학생들을 일렬로 세웠다.

"음주한 학생들이 있다는 사실을 알면서 덮어 줄 수는 없다. 지도교수로서 나에게 재량권이 있다. 두 가지 중에 하나를 선택할 수 있다. 이 사실을 학교에 보고하여 그에 상응하는 처벌을 받겠는가, 아니면 이 자리에서 담당교수인 나의 처벌을 받겠는가? 즉결처분을 받으면 끝나는 일이다."

이 말에 불그레한 얼굴로 줄 선 학생들이 대답했다.

"즉결처분을 받겠습니다."

그리하여 20명에 가까운 '범법자'들의 빰을 한 대씩 갈겼는데 그 강도는 균형을 이루어 한결같이 했다. 그들이 얼굴이 빨개져서 어쩔 줄 몰라 하는데 '폭력교수'가 한마디 하였다.

"자, 이제는 처벌이 끝났으니 여흥시간을 갖도록 하자."

그때 사회를 맡았던 김동건이 한마디 하였다.

"선생님 어찌 이런 상황에서 여흥시간을 가질 수 있겠습니까? 선생님이 노래라도 해주셔야죠."

그래서 나는 〈I dream of Jeannie〉라는 팝송을 불렀고, 앙코르 요청이 있어 다른 노래를 또 하나 불렀다. 매 맞은 학생들도 얼굴은 빨갰지만 기분이 좋아졌고, 그 뒤엔 사회의 천재인 김동건이 맡아 잘 진행되었다.

그때부터 나는 김동건을 잊을 수가 없다. 황해도 출신인 그는 평양 서문여고를 졸업하고 어느 국민학교 교사였던 어머니에게 태어났다. 그러나 귀여운 아들 둘의 양육과 교육을 자기 언니에게 맡기고 어머니는 일찍 하늘나라로 갔다.

김동건은 자기를 키워 준 이모님이 자기를 낳아 준 친어머니인 줄 알고 자랐다. 이모님의 큰 사랑으로 어머니 없는 아이가 아니라 사랑이 넘치는 어머니의 아들로 잘 자랐으니 그의 모습에서는 어린 시절이 불행했다는 인상을 조금도 찾을 수 없다.

나는 김동건의 어머님이자 이모님을 우리 집에서 만난 적이 있는데 그때 이런 부탁을 들었다.

"동건이가 공부를 안 해서 걱정입니다. 그 애가 재주가 많아 막상 해야 할 공부는 안 하고 딴 짓을 많이 해요. 교수님께서 좀 타일러 주세요."

그 이모님은 진정 좋은 어머님이었다. 그런 일이 있은 뒤 김동건은 삭발을 한 적도 있다. 정말이지 그렇게 많은 재주를 타고난 사람은 처음 봤다. 하모니카 연주가 일류일 뿐 아니라 못하는 운동도 없다. 골프도 잘 치고, 볼링도 선수급이며, 스케이트 역시 그렇다.

조영남이 하루는 〈힛게임쇼〉라는 인기 프로그램의 사회를 맡던 김동건에게 "그사이 스케이트를 좀 배웠으니 스케이트장에서 프로그램을 함께 해보자"고 제안해왔다. 사회자도 게임에 참가하는 프로그램인데 김동건이 "나는 스케이트를 잘 못 탄다"고 했더니 조영남이 자기가 좀 도울 터이니 걱정 말라 했다. 프로그램의 PD도 한번 해보자고 했다.

초보를 면치 못하던 조영남이 김동건 앞에서 한 번 으스대려고 그렇게 얼음판에 같이 섰는데 정경은 가관이었다. 겨우 앞걸음이고 뒷걸음질은 제대로 못하던 조영남을 앞에 두고 김동건이 날렵하게 후진을 계속했다. 김동건은 아주 어렸을 때부터 빙상선수이던 형을 따라서 월남피란하기 전에 이미 스케이트에 입문한 경력을 가졌다는 것을 조영남이 알 리 없었으니 그 얼마나 낭패였나.

"형, 선수처럼 잘 타면서 왜 나에게 거짓말을 했어?"

이후 조영남은 어떤 경우에도 잘난 체하지 않으리라고 두고두고 다짐했단다.

그런 재주만이 김동건을 돋보이게 하는 것은 아니다. 내가 만난 사람들 중에 김동건은 가장 예의바른 사람이다. 그는 선배나 스승을 모시는데 아주 깍듯하다. 실례라는 말이 그의 사전에는 없다. 뿐만 아니라 후배들을 일일이 돌보아주는 정성, 그것 또한 아무도 못 따른다. 인간관계가 김동건만큼 철저한 사람은 없다. 나는 그를 제자로 사랑한다. 나에게 바치는 정성을 누가 따르겠는가. 하늘이 나를 사랑하셔서 나에게 김동건 같은 제자를 주셨다고 나는 믿고 오늘도 감사하게 생각한다. 그래서 인생은 아름다운 것이다.

— 2019. 11. 16.

최불암

崔佛岩, 1940~

경기도 인천 출생
한양대 연극영화학과 졸
연극배우, 탤런트, 국회의원

한국인이면 누구나 아는 탤런트 …
그의 투박한 얼굴에는 정다움과 의로움이 잘 조화돼

최불암의 본명은 최영한(崔英漢)이다. 최불암이라는 이름 석 자는 대한민국 국민이 다 알지만, 최영한이라고 하면 모르는 사람이 많을 것이다. 그는 1940년 6월 15일 인천에서 명문가라고 해도 손색없는 훌륭한 집안의 아들로 태어났다. 외아들이었던 그는 어려서부터 부모의 사랑을 듬뿍 받으며 자랐다.

그의 집안은 독립운동가를 여러 명 배출한 뼈대 있는 가문이었고, 그는 그 사실에 항상 긍지를 지니고 살았다. 그가 어머니 뱃속에 있었을 때, 그의 아버지는 독립운동을 하는 집안 형제들을 돕기 위해 중국 땅에 갔다고 한다. 중국에서 사업을 해 큰돈을 번 그의 아버지는 해방 후에야 인천 집에 나타났는데, 그가 타고 온 말 안장에는 현금과 보석이 잔뜩 들어 있었다는 말도 있다.

그러나 최불암이 아주 어렸을 적에 영화사를 시작했던 아버지는 제작한 영화가 시사회를 하기도 전에 세상을 떠나고 말았다. 홀로 된 어머니는 엄청난 경제적 부담을 안고 집안 살림을 꾸려가야만 했다. 그의 어머니는 생활을 하기 위해 명동에 '은성'이라는 식당을 하나 열었다. 서울 장안의 명사들이 그 집에 드나들었고, 그들의 모습이 어린 최불암에게는 조금도 낯설지 않았다.

최불암을 TV 탤런트로만 기억하는 사람들이 많지만, 그의 본업은 연극이었다. 그는 어린 나이에 셰익스피어의 〈햄릿〉을 공연하기도 하였다. 연극배우로 즐겁지 않은 젊은 날을 보내다가 27세가 돼서야 KBS 공채 탤런트로 데뷔하여 〈수양대군〉에서 김종서 장군 역할을 하였다. 그 뒤에 MBC로 옮겨 〈제1공화국〉과 〈제2공화국〉에 출연, 초대 대통령 이승만 역할을 멋들어지게 연기하여 화제가 되기도 하였다.

내가 처음 그를 만났을 때는 20년 이상 방영된 〈전원일기〉나 20년 가까이 방영된 〈수사반장〉으로 명성을 떨친 뒤였다. 나보다 12년 아래인 최불암은 묘한 인연으로 나와 매우 가까워졌는데, 그 계기는 현대의 신화적 창업자 정주영이 마련해 주었다고 할 수 있다.

나는 이미 60대에 접어들었고 그는 50대였다고 기억한다. 정주영이 어느 날 나를 보자고 청하여 서울 시내를 벗어난 으슥한 곳에 있던 그의 별장에서 만나 의형제가 되었다. 그 후 나는 그가 만든 정당인 통일국민당의 최고위원이 되어 강남갑에서 출마하게 되었다. 한편 최불암은 전국구 의원으로서 통일국민당을 빛내 주길 바라는 정주영의 뜻을 받아들여 정계에 입문했다.

그런 인연으로 최불암과 나는 전국적 유세활동에 함께 참여하여 동고동락하는 사이가 되었다. 그리고 그해 우리가 함께 전국 방방곡곡을 누비며 지지를 호소했던 통일국민당은 크게 성공하여 40명 가까운 국회의석을 차지하는 정당으로 두각을 나타내게 되었다.

나는 최불암의 얼굴과 표정을 좋아한다. 머리도 잘 빗지 않고 옷차림이 결코 깔끔하지도 않지만 나는 그의 그런 투박함이 좋다. 아마 대한민국 땅에서 최불암을 싫어하는 한국인은 한 사람도 없다고 해도 과언은 아닐 것이다. 그의 투박한 듯한 얼굴은 정다움과 의로움이 조화를 이루어 나이가 들어도 보기 좋다. 대표적인 한국인의 얼굴이고, 한국인이 가까워지고 싶은 얼굴이다. 한국인이라면 누구나 그를 집으로 초대해 점심식사라도 같이 하고 싶을 것이다. 정말 멋있는 얼굴이다.

부인 김민자는 자주 볼 기회는 없었지만 언제 어디서 만나도 항상 상냥하고 겸손하여 최불암의 배필로 매우 적합한 여성이다. 최불암은 부인과 늘 사이좋게 지내며 한평생 연예인으로 살면서 한 번도 스캔들에 휩싸인 적이 없다. 그는 영화계의 신영균과 더불어 정말 대단한 사나이다.

나는 최불암의 학력을 알아본 적이 없다. 그가 대학교육을 받았는지 안 받았는지도 모른다. 중요한 것은 오늘 80이 된 그의 모습은 더 멋있어졌다는 것이다. 투박한 한국인, 성실한 한국인, 정의감 넘치는 한국인, 나는 그를 볼 때마다 그런 느낌을 갖게 된다.

나는 요즘도 그가 출연하는 〈한국인의 밥상〉에 한번 채널을 맞추면 끝까지 본다. 그는 나이가 들어도 보기 좋다. 은근하다. 소박하다. 문자 그대로 멋있는 한국인이다. 나는 내 나이는 생각하지도 않고 그의 나이가 이미 80이 넘었다는 사실에 놀랐다. 한국의 농촌, 어촌을 두루 다니면서 시골사람들과 밥상을 함께하고 식사하는 그의 모습은 문재인이 조국을 감싸는 한심한 모습보다 백배, 천배 더 아름답다.

그런 멋진 '최불암'으로 한평생을 살고 가는 '최영한'의 모습을 생각하면 송시열의 시조 한 수를 읊조리게 된다.

청산도 절로절로 녹수도 절로절로
산 절로 수 절로 산수 간에 나도 절로
이 중에 절로 난 몸이 늙기조차 절로절로

나는 그와 한 시대를 같이 살아온 것을 매우 자랑스럽게 생각한다.

—2019. 10. 5.

이주일

李朱一, 1940~2002

강원도 고성 출생
춘천고등학교 졸
코미디언, 국회의원

외아들 장례 3일 만에 방송 출연…
5천만을 웃긴 희대의 코미디언

팔자라는 것은 누구나 태어날 때 꿰차고 나오는 것이어서 어쩔 수 없는 것일까? 손질하면 좀 나아질 수도 있는 것일까? 팔자를 고친다는 것은 불가능한 일인 것도 같다. 내가 한동안 가깝게 지낸 이주일이라는 사나이는 태어날 때부터 몸이 약해서 생존이 아슬아슬했다. 태어난 뒤에도 그가 겪은 인생고는 말로 다하기 어렵다. 뉘 집 6대 독자로 태어난다는 사실만으로도 얼마나 위태로운 일인가?

이주일은 7대 독자인 아들 하나를 잘 키워 미국까지 보내 공부를 시켰다. 그런데 그 아들이 어느 날 교통사고로 세상을 떠났다는 소식을 듣고 그 심정이 어떠했겠는가? 인간이 당하는 가장 고통스러운 일이 자기 아들이나 딸을 먼저 저세상으로 보내는 일이라는데 그런 참척(慘慽)을 겪은 이주일은 살고 싶지 않은 여생을 살다 갔다고 할 수 있다.

6대 독자의 하나뿐인 아들이 버지니아 웨슬리언대학 졸업반에 있었는데, 차가 뒤집혀 생긴 그 참사! 아마도 그 외아들을 잃은 슬픔을 달래기 위해 그는 정계에 진출한 것이 아니었을까? 그의 인생은 매우 괴로운 것이었지만 그의 천직은 남들을 웃기는 일이었으니 그의 심중 갈등을 이해할 수 있을 것도 같다.

강원도 고성에서 태어나 초등학교, 중학교를 마치고 춘천고등학교에 진학했다. 온갖 고생을 다하면서 입에 풀칠하다가 나이 40이 되어서야 본격적으로 코미디언 데뷔를 했고, MBC 〈웃으면 복이 와요〉에 출연해 인기를 얻기 시작했다.

비극작가보다 희극작가의 머리가 더 좋다는 말이 있다. 이주일은 무슨 묘한 말 한마디로 코미디언으로서 정상에 올랐던가? 매우 간단하지만 그 한마디가 내포한 뜻은 오묘망측하다고 하겠다. 그는 5천만 동포 앞에서 "못생겨서 미안합니다"라고 사과했다. 이 한마디가 많은 못생긴 사람들에게 엄청난 위로가 됐다. "내가 아무리 못생겼어도 저 사람보다는 잘생겼지"라는 건방진 자부심을 모두에게 심어 주었던 것이다.

못생긴 사람이 스스로 못생겼다고 자백하는 것을 들어본 적이 있는가? 그런 말을 하는 사람도 없지만 그런 사실을 미안하게 여긴다고 말하는 사람은 더욱 없다. 그는 남이 할 수 없는 말을 감히 하고 그 묘한 말로 많은 사람을 웃기는 뛰어난 머리를 가진 사람이었다.

아들 장례식이 끝나고 3일밖에 안 되던 날 그는 SBS 개국특집 프로그램에 출연했다. 사람들은 외아들을 잃은 희대의 코미디언이 과연 무슨 말을 할까 궁금해 했다. 그가 입을 떼더니 이렇게 말했다.

"여러분 죄송합니다. 여러분께 깊은 사과의 말씀을 하나 드리겠습니다. 그동안 김영삼 씨와 박철언 씨 관계개선을 위해 무척 노력했지만 뜻을 이루지 못해 정말 죄송합니다."

이주일이 정치에 입문하기도 전이었고, 아무런 상관도 없는 정치 이슈를 꺼내 자기 책임이라며 미안하다고 한 것이다. 청중은 폭소를 터뜨렸다. 어느 코미디언도 이주일의 이런 고급 유머감각과 냉철한 전문성을 따를 수 없을 것이다.

SBS 〈이주일의 투나잇쇼〉로 연예계에 복귀해 정계와 재계 그리고 사회·문화 전반에 걸쳐 이주일이 쏟아놓은 풍자와 해학은 그를 다시금 인기절정 코미디언으로 올려놨다. 그는 이 쇼의 100회 특집을 마지막으로 방송계를 영원히 은퇴했다.

그가 정치에 대해 큰 관심을 갖게 된 것이 언제부터인지 잘 모르지만 그가 경기도 구리에서 출마한 것은 1992년의 일이었다. 그 당시 새로 발족한 통일국민당 소속이었던 나는 이주일 후보의 지원연설을 하기 위해 그곳까지 가서 그를 처음 만났다. 이주일은 그 지역에 살면서 오래전부터 지역구 결혼식장, 장례식장을 두루 누비고 축의금과 조의금을 넉넉하게 뿌렸다. 이미 많은 가난한 학생들에게 장학금을 마련해 주었다고 들었다.

어느 해인가 이리역 폭발사고가 발생했을 때 그는 하춘화 등 동료 연예인들과 역 근처 극장에서 공연 중이었다. 그때 그는 피투성이가 된 하춘화를 업고 아수라장이 된 극장을 뛰쳐나와 병원까지 갔다고 들었다. 그런 사실을 제 입으로 자랑하지 않았지만 하춘화는 늘 이주일을 '생명의 은인'이라고 불렀다고 한다.

하루 담배를 두 갑, 세 갑 피우던 이 코미디언은 폐암 말기라는 진단을 받고 1년 가까운 투병생활을 했으나 건강을 되찾지 못하고 63세의 나이에 세상을 하직했다.

4년 임기를 마치고 국회를 물러나며 그는 정치판을 신랄하게 비판했다.

"코미디 공부 많이 하고 갑니다."

정치인들을 비웃으면서 그는 이렇게도 말했다.

"내가 정치단체들의 '발기대회'에 많이 참석했습니다. 많이들 떠들지만 전부 거짓말입니다. 나는 아무 효과를 보지 못했어요."

아이들이 알아들으면 안 될 한 토막 코미디!

문득 목은 이색(고려 후기 문신) 증손이고 사육신의 한 분인 이개(조선 전기 문신)의 시 한 수가 떠오른다.

방 안에 켰는 촛불 눌과 이별하였관대
겉으로 눈물 지고 속 타는 줄 모르는고
저 촛불 날과 같아여 속 타는 줄 몰라라

돌아앉아 혼자서 흐느끼며 울고 간 이주일을 생각하면 웃음이 나지 않고 저절로 눈물이 난다.

– 2017. 12. 30.

김지하

金芝河, 1941~

전남 목포 출생
서울대 미학과 졸
시인, 생명사상가
대표작《황토》,《오적》,《타는 목마름으로》

진보가 뭔지도 모르고 친북이니 종북이니 …
투사는 용납할 수 없었다

김지하는 1941년 전라남도 목포에서 태어났다. 그의 부모 얼굴이 오늘도 매우 선명하게 떠오른다.

그의 아버지는 귀태(貴態)가 엿보이는 점잖은 얼굴의 소유자였고 전기기술자로 생계를 이어갔다. 김지하와 나의 관계가 깊어짐에 따라 그의 어머니도 자주 만나게 됐는데 생활이 어려웠던 탓이겠지만 그의 어머니는 세파에 시달린 모습이었다. 그러나 그의 어머니는 뛰어난 남도 미인이었고, 김지하의 젊었을 때 모습은 그의 어머니를 닮았다고 나는 생각했다. 그의 어머니는 남도 미인답게 상냥하고 싹싹한 미소로 만나는 모든 사람들에게 호감을 줬다.

김지하가 원주로 이사 온 동기는 분명히 모르지만, 그는 원주에서 중학교를 마치고 서울에 있는 중동고등학교를 졸업했다. 공부를 썩 잘하던 김지하는 서울대 문리대 미학과에 입학해 1966년에 졸업했다. 그러나 그는 학생시절부터 나라가 돌아가는 꼴을 보고 크게 분개했고 한일국교 정상화가 군사정권에 의해 강행되던 때 학생시위의 일선을 담당하고 있었다. 그 시절 그의 멘토는 가톨릭 원주교구의 지학순 주교였고, 그가 문단에 이름을 날리기 시작한 것은 1969년 〈황톳길〉을 발표하면서부터였다.

그의 필명은 처음엔 땅 아래를 뜻하는 '지하'(地下)였지만 어느새 잔

디밭과 강을 뜻하는 '지하'(芝河)로 변해 굳어져 그의 본명이 김영일(金英一)이라는 사실을 아는 사람은 많지 않다. 그는 이미 한일국교 정상화 반대시위에 가담했기 때문에 4개월이나 감옥생활을 해야 했다. 1970년 정치인과 재벌을 싸잡아 비난, 매도하는 시 〈오적〉을 발표했는데 그것이 반공법 위반으로 체포되어 그 시를 게재한 〈사상계〉의 대표 부완혁과 같은 감방에 한동안 갇혀 있었다.

김지하의 이름은 이 나라 학생층과 지식인 사회에서 이미 거물로 떠올랐다. 그런 와중에 그는 박경리의 딸이자 연세대 사학과를 졸업한 천진난만한 규수 김영주와 결혼해 원보와 세희, 두 아들을 낳았다. 이미 반정부 운동으로 우뚝 선 김지하는 속칭 '민청학련 사건'의 배후조종자로 몰려 거처를 여러 번 바꾸면서 중앙정보부 요원들의 눈을 피해 다녔다.

그때 나와 김지하의 연락을 맡아 준 이화여대 사회학과 학생은 장하진이었다. 나중에 초대 여성가족부 장관을 지낸 장하진은 김지하를 존경했기 때문에 자기에게 닥쳐오는 시련을 마다치 않고 김지하를 위해 온갖 수고를 감수했다. 나도 남산 중앙정보부에 자주 잡혀가던 시절, 정보부의 지하실에서 조사를 받고 있었던 때였다. 나를 신문하던 오치억 계장이 내게 이런 말을 한 것이 기억난다.

"장하진이라는 학생 아시죠. 매우 무서운 젊은 여성입니다. 내 앞에서 새빨간 눈을 부릅뜨며 '이 정권은 곧 망해야 해'라고 소리를 버럭 지르는데 보통 여자가 아닙니다."

1970년대의 뜻있는 젊은 학생들 사이에서 김지하의 위치와 영향력이 그 정도였다.

김지하는 천재적 소질을 여러 방면에 타고난 사람이다. 군사정권의 간담을 서늘케 하던 그는 《비어》(蜚語) 또는 《구리 이순신》 등으로 한 시대를 휘어잡고 나갔다. 군사독재 시대가 끝나고 자유민주주의가 가능한 시대가 됐을 때 김지하는 그가 원했다면 장관 자리 하나는 차지할 수 있었을 것이다. 그러나 그는 오히려 생명이란 무엇인가라는 차원 높은 문제에 관심을 가지기 시작해 세상을 또 한 번 놀라게 했다.

언젠가 그는 자기가 살아온 길을 돌이켜보면서 한 인간으로서 절대 털어놓을 수 없는 이야기들을 〈동아일보〉 신문에 다 털어놓았다. 양심선언이나 참회록도 그렇게 철저한 것이 어디 있겠는가. 그런 고민을 다 들어주면서 그의 곁에서 그를 지켜 준 원보의 어머니는 참 훌륭한 여성이라고 생각한다.

그는 진보란 개념이 무엇인지도 모르면서 진보란 깃발을 들고 나와 친북이니 종북이니 어쭙잖은 가치를 내세우는 작자들을 멀리했다. 대한민국을 어지럽히는 인간들을 향한 그의 확고부동한 자세는 강남 일대에서 샴페인이나 마시면서 무산자 혁명을 꿈꾸는 한심한 인간들과 달랐다.

젊어서부터 김지하는 건강이 썩 좋지 못한 젊은이였다. 그가 중앙정보부 감시하에 마산요양병원에 수용돼 있다가 풀려나 서울에 올 때 중앙정보부는 나를 지도교수로 정해 내가 마산까지 가서 함께 기차를 타고 서울로 오게 했다. 그는 어떤 의미에서 탈속한 신선 같은 시인이었다. 그가 나에게 그려 준 난초는 대원군을 저리 가라 할 만큼 수준이 높았다.

나는 김지하와 같은 시대를 살아오며 같은 생각을 하고 같은 고민을 하며 함께 존재해온 사실에 보람과 긍지를 느낀다. 천관우가 남긴 말을 되새겨 본다. 김지하는 우리 역사에 틀림없이 남으리라는 그의 한마디를.

—2018. 2. 24.

이명박

李明博, 1941~

일본 오사카 출생
고려대 경영학과 졸
현대건설 회장, 서울시장, 대통령

좌도 아니고 우도 아니고
중도를 간 사람은 대개 우왕좌왕

전직 대통령이 네 사람이나 철창신세를 지는 그런 나라가 지구상에 또 있을까. 이승만이 감옥에 가지 않은 것은 하와이로 망명길에 올랐기 때문이다. 18년 집권했던 박정희는 그의 심복 김재규가 궁정동에서 권총을 들고 현직 대통령인 그를 살해했기 때문에 투옥되는 모욕을 당하지 않았다. 노무현이 만일 스스로 목숨을 끊지 않았다면 아주 먼 곳에서 만세 수를 누렸을까. 만일 김영삼이 김대중에게 대통령 될 길을 열어 주지 않았다면 퇴임 후에 본인도 아들도 철창신세를 질 수밖에 없었을 것이다.

대통령에게 비리가 있으면 재임 중에 사임하도록 해야지 임기가 끝날 때까지 기다렸다가 잡아가다니! 이 나라의 정치풍토는 선조 때 싹트기 시작한 사색당쟁 때문에 반대파의 씨를 말리려는 참혹한 살생이 벌어졌다고 생각한다. 왜 그 악습을 청산하지 못하는 것일까.

나는 오늘, 구속되어 당국의 조사를 받고 있는 이 나라 17대 대통령 이명박에게 어떤 개인적 감정이 있어서 하는 말은 아니다. 나 자신이 부끄러워서 하는 말이다. 나는 이명박을 대통령으로 만드는 일에 내 나름대로 최선을 다하였다고 자부한다. 그가 서울시장 재임 중에 청계천을 복원한 것과 서울 시내 교통문제를 시민이 편리하도록 개선한 사실들을 큰 업적이라고 나는 평가하였다. 이명박 자신이 "나는 생긴 것도 한심하고 목소리도 좋지 않아 대통령이 될 만한 인물이 못 된다"고 매우 겸손하게 말한 것이 매력적이기도 했다.

정치인도 아니면서 우리 몇 사람은 그를 대통령으로 만들기 위해 전국을 누비었다. 심지어 미국까지 가서 동포들을 모아 놓고 "이번 대선에서는 이명박이 반드시 당선돼야 한다"고 여러 번 핏대를 올렸다. 일본을 최초로 통일한 도요토미 히데요시와 이명박을 비교하기도 하였다. 두 사람의 관상이 비슷하다는 우스갯소리까지 섞어가면서 나는 그에 대한 지지를 호소하였다.

이명박 후보는 대통합민주신당의 후보 정동영을 531만 표차로 누르고 당당히 대통령에 당선되었다. 그러나 그 뒤에 나는 그를 단 한 번도 만난 적이 없다. 그가 비서실장 정정길을 시켜 우리를 시내 음식점으로 초대하여 저녁대접을 하고 청와대에서 만든 기념품을 전해 준 것은 사실이지만 청와대에 오라는 말은 한 번도 한 적이 없었다.

그래서 내가 정 실장에게 "우리가 무슨 전염병 환자인가. 청와대에 들르면 큰일 나는가"라고 하였을 때 실장은 매우 난처한 표정이었다. 그는 대통령이 되고 나서 선거공약의 하나였던 대운하 공사를 포기하였다. 그 동기는, 서울대 교수 100여 명이 연서로 탄원서를 만들었는데, 대운하 공사는 국토와 그 환경을 훼손할 우려가 있다는 것이었다. 대통령은 그들을 설득할 생각은 하지 않고 그 공약을 접어 버렸다.

그는 러시아 정부의 초대를 받아 떠날 때 말썽 많던 작가 황 모 씨를 대동하고 출국했다. 대통령이 누구와 어디를 가든 우리가 상관할 바는 아니지만, 자유민주주의의 큰 깃발 하나만을 들고 나가야 할 자신의 신분을 망각하고 "나는 좌도 아니고 우도 아니고 오로지 중도만 가는 실용주의자입니다"라고 하였다. 나는 곧 내 의견을 털어놓았다. "정치적 식견이 없으면 침묵을 지킬 것이지 좌도 아니고 우도 아니고 중도를 간다는 사람은 대개 우왕좌왕하는 사람이다"라고 듣기 싫은 소리를 퍼부었다. 그를 대통령으로 만드는 데 기여한 사실을 나는 지금도 부끄럽게 여긴다.

이명박이 대통령이 되기를 간절히 소망했던 내 마음 한구석에는 그가 미국 16대 대통령 링컨처럼 되기를 바라는 소망이 있었기 때문이다. 그는 1941년 오사카 근교 어느 목장에서 노동을 하던 아버지의 아들로 태어났다. 그 살림도 고달팠지만 해방되고 식구들이 고향으로 돌아와 찢어지는 가난 속에서 입에 풀칠하기도 어려운 삶을 살았다. 밥도 제대로 못 먹고 고생에 고생을 거듭하다가 마침내 대학에 진학하여 졸업은 했지만 취직이 안 돼 고생하던 터에 현대에 입사, 정주영을 회장으로 모시고 승승장구하여 마침내 그 회사 사장도 되고 회장도 되면서 그는 상당한 재산을 모을 수 있었다.

그 뒤 현대를 물러난 그는 전국구 국회의원이 되었다. 다음 선거에서는 지역구에서 당선됐지만, 공직선거법 위반 등 의원 생활은 순탄하지 않았다. 사면받으면서 그는 서울시장 선거에 한나라당 후보로 출마, 당선되었다. 특히 청계천 복원사업이 국민을 감동시켜 2007년 마침내 그는 이 나라 대통령에 당선되었다. 그러나 그는 링컨처럼 되지 못하고 영어(囹圄)의 몸이 되어 불행한 나날을 보내고 있다. 이 나라의 많은 가난한 젊은이에게 이명박은 마땅히 희망을 주어야 했는데 왜 그들에게 절망을 안겨 주는가. '링컨처럼 되라'는 말은 아직도 듣기 좋지만 '이명박처럼 되라'는 말은 듣기도 싫다.

나는 현직 대통령에게도 책임은 있다고 본다. 만일 그가 이명박 내외를 청와대에 초대하고 저녁을 대접한 뒤에 "부정 축재하신 액수가 어마어마하더군요. 1천억 원 정도를 희사하면서 장학재단을 하나 크게 만들라고 당부하시면 제가 이명박 대통령의 뜻대로 하고 이 대통령의 명예는 끝까지 지키겠습니다. 사법처리를 한다는 건 피차 민망한 일이 될 것입니다"라고 한마디 했으면 오늘 같은 불상사는 없었을 것 아닌가! 대통령이 군자가 돼야지 소인이 되면 나라가 어지럽다.

오늘의 대통령은 어제의 대통령 명예를 지켜 줘야 한다. 그를 감옥에 넣어서 대한민국이 더 자랑스러운 나라가 되지는 않는다. 19대 대통령도 임기를 끝내고 국민의 존경이 차고 넘치는 대통령이기를 바란다.

— 2018. 9. 22.

조영남

趙英男, 1945~

황해도 평산 출생
서울대 음대 중퇴
가수, 방송인

그를 짜다고 욕하는 사람들도 있지만 …
하늘이 내려주신 그 목소리는 따를 사람이 없다

내가 조영남을 처음 본 것은 그가 자기 친구들과 함께 돌아가며 재미있는 이야기를 하는 TV 프로그램에서였다. 그는 자기소개를 하면서 시청자들을 한껏 웃겼다. 나라고 조영남을 잘생긴 사나이로 잘못 봤겠는가. 얼굴도 그렇고 체구도 왜소하고, 어느 모로 보나 잘난 사나이는 아니었다.

그때 그가 이런 기막힌 소리를 한 것이 떠오른다.

"제가 왜 이렇게 못생겼냐 하면 제 어머니가 저를 낳아 깔고 앉았기 때문에 제 얼굴이 이 꼴이 되었습니다."

이 한마디가 사람들로 하여금 그를 미워할 수 없게 만든 것 같다. 못생겼으면서 잘생긴 것처럼 꾸미는 자는 누구의 사랑도 받기 어렵다. 그러나 그처럼 자신을 낮추면서 상대방에게 다가가면 누구에게나 동정어린 사랑을 받기 마련이다. 그의 친구들이 여럿 같이 나왔지만 그 한마디로 조영남은 두드러진 인물이 되었다.

그리고 그가 〈딜라일라〉(*Delilah*)라는 노래를 영어로 불렀는데, 그걸 듣고는 "저 사람 목소리를 당할 만한 가수는 없다"고 감탄했던 기억이 있다. '영남'이라는 이름은 일제 때 평범한 한국 부모들이 평범한 아이들에게 흔히 붙여 주던 이름이어서 어떤 감동도 주지 못했다. 하지만 그가 타고난 독특한 목소리는 군사정권에 시달리던 많은 한국인들에게 큰 위로가 된 것이 사실이다. 대한민국의 국민치고 조영남의 이름 석 자를 모르는 사람은 없을 것이다.

조영남은 조국이 해방된 해인 1945년 5월 황해도 평산에서 태어났지만, 월남하여 충청남도 예산에서 자랐다. 음악적 재능이 뛰어났던 그는 처음에 한양대 음대 성악과에 입학하였다. 당시 김연준 한양대 총장이 그의 노래를 듣고 "전액 장학금을 줄 테니 우리 학교로 오라"고 권유했기 때문이다. 그러나 그는 본디 서울대 음대에 가고 싶었다고 한다.

그러던 중에 한양대에서 조영남과 매우 친하다고 알려진 여학생이 이미 약혼자가 있다는 소문이 파다하게 퍼지면서 그의 입장이 매우 난처해졌다. 결국 그는 이 사실을 핑계로 한양대를 중퇴하고 서울대 음대에 다시 입학하였다.

하지만 서울대 졸업장을 받기 전에 미군부대에서 오디션을 보고 시작한 공연 아르바이트 수입이 너무 좋아 조영남은 대학을 다녀야 할 이유를 찾지 못하고 중퇴하고 만다. 이후 그가 서울대에서 명예졸업장을 받았다는 말도 있다. 어느 대학 음대를 나왔는지가 문제되지 않을 만큼 대단한 가수가 되었지만, 그는 서울대 음대 성악과 출신임을 자랑하기도 하였다.

그는 가난에 쪼들리며 하루 세끼 밥을 먹기도 어렵던 시절을 겪으면서 가난이 얼마나 무서운 것인지 깨달았다. 그래서 돈을 쓰는 것보다 돈을 모으는 것에 재미를 붙이며 살아왔다. 그는 "연예인 중에 내가 사는 아파트보다 더 좋은 아파트에 사는 사람은 없을 겁니다"라는 자랑을 할 만큼 순진하기 짝이 없는 사람이기도 하다.

조영남은 노래만 잘하는 게 아니라 그림도 잘 그리는 사람으로 그가 그린 화투 그림 한 장이 몇백만 원을 호가할 정도다. 그 사실 때문에 밑

그림을 그려 주는 어느 화가와 불화가 생기고 재판을 받아야 하는 신세가 되었지만, 용서받지 못할 흉측한 죄를 저지른 것은 아니므로 머지않아 연예계에 복귀할 수 있으리라고 믿는다.

조영남이 다시 재기하기를 간절히 바라는 사람이 또 있다. 그는 바로 당대의 가장 유명한 아나운서 김동건인데 보이지 않는 곳에서 조영남이 다시 활약할 때가 오기를 바라고 있다. 나와 김동건, 그리고 조영남 세 사람은 TV조선의 교양프로그램 〈낭만논객〉에 2년간 함께 출연하며 매주 한 번씩 꾸준히 만났었다.

그때 내가 김동건에게 이런 의견을 내놓은 적이 있다.

"우리가 조영남과 윤여정이 재혼할 수 있도록 한번 노력을 해보자. 그리고 그 재혼식을 이 프로그램에서 진행하여 자네가 사회를 보고, 내가 주례를 맡는 것이다. 조영남의 노후에 보탬이 되는 한 가지 봉사를 해보자."

김동건은 그러한 사명을 띠고 윤여정을 만났지만, 윤여정은 완강히 거절하면서 "내가 살아 있는 동안 그런 일은 절대로 생기지 않을 것"이라고 했다고 한다. 우리 시대의 명배우와 우리 시대의 명가수의 이혼을 원상으로 복귀하는 일에 매우 냉담하더라는 것이다.

그러나 누가 뭐래도 조영남은 충청도 시골에서 그를 키우던 교회 권사 어머님의 영향을 많이 받은 아들인 것만은 사실이다. 그는 매우 선량한 사람이고 다정다감한 사나이로 20살 가깝게 연상인 나를 '큰형님'이라고 부른다. 만사에 예의가 바르기로 소문난 김동건은 그런 조영남을 매번 꾸짖으면서, "너는 왜 이렇게 버릇이 없냐"고 야단치지만 들은 척 만

척이다. 김동건은 절대 용납하지 않지만 나는 계속 아들뻘 되는 사람의 형님으로 불리는 것이 아무렇지도 않다.

그가 부르는 찬송가를 듣고 크게 감동한 극동방송의 김장환 목사는 조영남을 한국에서 제일가는 복음가수로 만들 뜻을 지금도 굽히지 않고 있다. 그러나 그는 돈을 잘 벌 수 없는 일을 하고 싶어하지 않는다. 그를 짜다고 욕하는 사람들도 있지만, 금전에 대한 그의 철학은 따로 있는 것 같다.

조영남은 윤여정의 용서받기 힘든 첫 남편이고, 김장환 목사의 뜻을 받들지 않은 탕아라고 욕을 먹어도 할 말이 없을 것이다. 하지만 하늘이 특히 그를 사랑하여 내려주신 그 목소리는 누구도 따를 수 없고, 누구든 그의 노래를 들으면 그의 잘못이 무엇이든 다 용서할 수 있을 듯하다. 권사이던 그의 어머니의 기도가 지금도 그와 함께 있는 한 조영남은 결코 잘못된 인생을 살기 어려우리라고 나는 믿는다.

—2019. 11. 9.

최인호

崔仁浩, 1945~2013

서울 출생
연세대 영문학과 졸, 소설가
대표작《도시의 사냥꾼》,《별들의 고향》,《해신》

소설로 젊은이들 열광케 하고
그는 '별들의 고향'으로 갔다

일제 때 연희전문이 있었고 해방 직후에 연희대학이 생겼다. 그 뒤에 연세대학이 탄생하여 오늘에 이르렀다. 연희전문, 연희대학, 연세대를 졸업한 학생들이 몇이나 되는지 나는 잘 모른다. 하지만 그중에서 오늘의 한국인들에게 가장 많이 알려진 인물 세 사람을 고른다면 나는 시인 윤동주와 아나운서 김동건, 작가 최인호를 들겠다. 오늘은 나의 제자 최인호에 대하여 몇 마디 적어볼까 한다.

최인호는 1945년 10월 서울서 태어났다. 그는 자기 가족에 대하여 말하는 일이 거의 없었다. 그의 아버지는 일제 때 평양고보를 졸업하고 독학으로 변호사 자격을 얻어 변호사 일을 하다가 월남하였다. 그의 부친 성함은 최태원. 그는 사형수 조봉암의 변호인으로 그 당시로는 매우 힘겨운 일을 훌륭하게 해냈다. 그의 변론을 듣던 방청객들이 모두 눈물을 흘렸다는 말도 전해진다.

그러나 그는 워낙 술을 좋아해 최인호가 아직도 국민학교 학생이던 때 세상을 떠났다. 서울대병원에 입원하여 치료를 받았지만 병명조차 올바르게 파악되지 못했다. 세월이 흐른 뒤에야 그 병이 간경화로 판명되었다고 들었다. 최인호는 3남 3녀 중 둘째아들이었는데, 젊어서 세상을 떠난 아버지의 짐을 그의 어머니가 걸머지고 모진 고생을 다하였다.

그런 처지에서도 아이들을 다 대학에 보낼 수 있을 만큼 그의 어머니는 여장부였다.

최인호는 서울고등학교 2학년 재학중이던 1963년 단편 〈벽구멍〉으로 〈한국일보〉 신춘문예에 입선하여 문단에 고개를 내밀었다. 이후 단편 〈견습환자〉가 〈조선일보〉 신춘문예에 당선되어 본격적인 문단활동을 시작하게 되었다.

내가 최인호를 가까이 알게 된 것은 〈연세춘추〉의 주간으로 임명되어 학생들의 글을 받아 그 신문에 게재하게 되면서부터다. 몸집이 크지 않으나 깨끗한 표정의 최인호의 얼굴에는 그리스의 조각을 연상케 하는 아담한 모습이 있었다. 그는 별로 말이 없었다.

그가 작품을 쓰고 또 쓰던 그 시절 한국의 젊은이들을 열광케 한 그의 수많은 작품 가운데서도 〈바보들의 행진〉, 〈별들의 고향〉, 〈도시의 사냥꾼〉, 〈해신〉 등은 아직도 기억하는 독자들이 많다. 〈해신〉은 고대 그리스 신화의 포세이돈과 장보고를 대비시킨 작품으로 위대한 한국인 장보고를 부각시킨 것이었다. 그의 작품들은 드라마나 영화로 만들어진 것이 많은데 〈바보들의 행진〉, 〈해신〉, 〈별들의 고향〉 등이 대표적 작품이다.

최인호를 마지막 만났던 그날을 나는 지금도 생생하게 기억한다. 어떤 사람의 초대를 받아 조선호텔 나인스게이트에 갔을 때 우연히 거기서 그를 만났다. 그가 병상에 쓰러지기 전의 일이었다. 그의 얼굴은 많이 수척한 편이었으나 양복을 깔끔하게 입고 화사한 목도리를 목에 두르고 자기 친구와 함께 거기서 점심을 먹고 있었다. 그는 나를 보자마자 자리에서 벌떡 일어나 자기 친구에게 나를 소개하였다.

“내가 가장 존경하는 나의 스승이셔.”

물론 나로서는 그 말을 받아들이기 어려웠지만, 그 한마디에 교수생활의 보람을 처음 느낀 것이 사실이다.

최인호는 침샘 주변에 암이 생겨 더 이상 글을 쓸 수 없다고 판단하고 일단 붓을 꺾어야 했다. 그는 병고에 시달리면서도 글을 쓰고 싶다는 자신의 간절한 소원을 털어놓았다. 요절한 소설가 김유정이 죽음을 열흘 앞두고 쓴 편지를 인용하며 “참말로 다시 일어나고 싶다”는 말을 되풀이하면서 “김유정의 그 편지를 읽을 때마다 나는 펑펑 울었다”고 고백하였다. 자기의 가난하던 젊은 시절을 회고하면서 릴케의 시처럼 “위대한 장미꽃이 되어 가난뱅이 젊은 시절로 돌아가고 싶다”고 말한 적도 있다.

9월의 어느 날 최인호는 조용히 우리 곁을 떠났다. 그의 나이 68세였다. 그는 오랜 사색과 고뇌 끝에 천주교에 귀의하여 땅 위에서 그의 삶의 끝을 신앙으로 마감하였다. 더없이 착하고 아름답던 그를 생각하면서 나는 영국 시인 테니슨의 마지막 시 한 수를 읊조리고자 한다.

해는 지고 저녁별 반짝이는데
날 부르는 맑은 음성 들려오누나
나 바다 향해 머나먼 길 떠날 적에는
속세의 신음소리 없길 바라네

움직여도 잠자는 듯 고요한 바다
소리 거품 일기에는 너무 그득해
끝없는 깊음에서 솟아난 물결
다시금 본향 찾아 돌아갈 적에

황혼에 들려오는 저녁 종소리
그 뒤에 밀려오는 어두움이여
떠나가는 내 배의 닻을 올릴 때
이별의 슬픔일랑 없길 바라네

시간과 공간의 한계를 넘어
파도는 나를 멀리 싣고 갈지니
나 주님 뵈오리 직접 뵈오리
하늘나라 그 항구에 다다랐을 때

최인호는 글을 써서 우리 모두를 위로하기 위하여 살았다. 그러기 위해 힘겨운 삶을 꾸려나가야만 했다. 그의 얼굴에는 탈속한 수도자의 모습이 보였다. 그는 누구도 미워하지 않고 모든 사람을 사랑하고 싶어서 최선을 다하였다. 그의 최후가 슬픈 것만은 아니다. 그는 우리에게 이렇게 일러주고 떠났다. '인생은 괴로우나 아름다운 것'이라고.

—2018. 11. 3.

박근혜

朴槿惠, 1952~

대구 출생
서강대 전자공학과 졸
국회의원, 정당대표, 대통령

옥중 대통령,
불행한 민초들에게 보은하는 날 오기를

내가 박근혜와 처음 대면한 것은 수십 년 전 KBS의 어떤 방송인과 함께 아침 프로그램을 진행하던 때였다. 그가 박정희의 딸이라는 사실은 익히 알고 있었지만, 그 프로그램에서 만났을 때 그가 매우 교양 있는 여성이라고 느낀 것이 사실이다. 그 자리에서 우리가 무슨 말을 주고받았는지는 기억나지 않는다. 그 첫 만남에서 그는 나에게 매우 좋은 인상을 주었다.

그러나 내가 김종필과 함께 정치판에서 서성거리고 있던 때, 김종필은 솔직하게 나에게 이런 말을 했다.

"근혜는 정치 일선에 나서면 안 됩니다."

그 까닭을 나에게 다 털어놓았지만 그 말을 전하고 싶은 마음은 없다. 한마디로 하자면 김종필은 박근혜의 정치입문에 부정적인 자세를 취하고 있었다.

그러나 박근혜는 어느 날 혜성처럼 정치판에 나타나 돌풍을 일으켰다. '선거의 여왕'이라는 지엄한 자리를 차지하였고, 마침내 18대 대선에서 야당 후보를 누르고 대통령의 자리에 오르는 기적을 이루었다.

18대 대통령선거에 박근혜가 입후보했을 때 나는 그를 전적으로 지지하였다. 뿐만 아니라 시청 앞 광장에서 열린 군중집회에서 박근혜를 지지하는 열렬한 연설을 하였다. 그때 그 연설은 인터넷을 통해 190만 명이 시청하는 기록을 남겼고, 박근혜 당선에 한몫하였다고 주장하는 사람들도 있는 것이 사실이다.

대통령에 취임한 박근혜가 나를 청와대 점심에 한번 오라고 청했지만, 나는 가지 않았다. 하지만 그가 오바마 대통령의 초청을 받아 국빈으로 미국을 방문하게 되었을 때 나에게 직접 전화 한 통을 했을 때는 성심껏 응해 주었다.

"미국에 가서 강연을 해야 하는데 도움이 될 만한 말씀을 좀 해주시면 좋겠습니다."

나는 대통령에게 미국에 가면 반드시 한반도의 60년간이나 버려진 땅 '비무장지대'가 21세기 세계 평화를 위해 틀림없이 큰 역할을 하리라는 것을 말하라고 일러주었다.

그가 2013년 8월에 미국 상·하원 합동 회의석상에서 연설할 때 "비무장지대를 세계 평화를 위한 공원으로 조성하겠다"고 한마디 던졌을 때 의원 전원이 기립박수를 친 사실을 나는 지금도 기억한다. 그리고 그가 단아한 한복 차림으로 중국에 나타났을 때에도 시진핑이 보여 준 한국 대통령 대접은 융숭하였다. 박근혜를 마치 오누이 사이처럼 정성껏 대해 주었던 것이 사실 아닌가!

박근혜는 정계에 입문하여 대통령이 되기까지 국민에게 한 가지 밝히지 않은 사실이 있다. 우리는 박근혜가 천주교에서 세운 성심여고와 서강대에 다닌 사실 때문에 아마도 그가 천주교 신자일 것이라고 믿었다. 그러나 정치인으로 변신한 후 그는 단 한 번도 자신의 종교를 언급한 적이 없다. 대구 달성군 보궐선거에 출마하였을 때에도 자신의 종교를 밝히지 않았다. 그리고 '무교'라고도 하지 않았고 대통령이 된 뒤에도 자기 종교에 대해 한마디도 언급하지 않았다.

그러므로 우리는 최 모라는 여성이 가까이 있다는 사실을 전혀 모르고 그를 대통령으로 뽑았고 한동안 대통령으로 섬겼다. 그의 측근 중의 측근이라고 믿었던 최필립은 나와 그렇게 가까우면서도 그 여성에 대한 이야기는 한마디도 하지 않았다. 전혀 몰랐던 것 같다. 인천시장도 지냈고 한때 박근혜의 비서실장까지 역임한 유정복도 자기는 그 최 모 여인을 단 한 번도 만난 적이 없다고 하였다. 그 여성이야말로 우리 정계의 수수께끼 같은 인물인 것은 사실이다. 그가 박근혜의 정치적 생명을 무참하게 밟아 버린 것도 사실이다.

그의 사사로운 비밀을 전혀 모르던 나는 박근혜가 국가운영에 대한 관심과 열정을 왜 잃어버렸는지 그 까닭을 몰랐다. 촛불시위가 연일 계속되던 때 나는 글을 써서 곤경에 빠진 대통령에게 권면하였다.

"하야한다고 선언하고 곧 삼성동 사저를 수리하도록 하시오."

이렇게 당부하였지만 그는 내 말을 귀담아듣지도 않았다. 그것은 정치 현장을 외면한 대통령의 잘못된 처신이었다. 촛불시위는 왜 연일 계속되었는가? 자유민주주의를 지키기 위해 최선을 다했어야 할 대통령이 국민을 배신하였기 때문이다.

이제 박근혜가 국민을 위로할 수 있는 길은 하나밖에 없다. 몸이 고달프더라도 국민을 위해 재판 때마다 재판정을 지키고 구형을 기다려야 하고 반드시 최후진술을 해야 한다.

"사법부가 나에게 30년형, 40년형을 살라고 하면 나는 옥중에서 쪼그리고 앉아 앞으로 100년이라도 살겠습니다. 옥중에서 죽어도 할 말이 없습니다."

이렇게 한마디 하면 지칠 대로 지친 국민이 그 말에 큰 위로를 받고 삶에 대한 의욕을 되찾지 않을까.

최 모 여인과의 애틋한 사랑도 "뭇새들 높이 날아 다 사라지고, 외롭게 흘러가는 뜬구름 한 조각"에 지나지 않는 것을! '선거의 여왕'이라는 파격적 존칭도 오늘 돌이켜보면 사하라사막에 잠시 나타났던 '모래 위의 누각'!

급진전하는 남북관계가 국민으로 하여금 국가 안보의 위기를 실감하게 하는 이때 18대 대통령은 비록 옥중에 있지만 은인자중하며 건강에 유념하길 바란다. 그리고 그가 이 불행한 민초들에게 보은하는 날이 반드시 오기를 바란다.

— 2018. 12. 15.

문재인

文在寅, 1953~

경남 거제 출생
경희대 법대 졸
변호사, 국회의원, 대통령

문 대통령,
자유민주주의와 시장경제밖에 없지 않소

나는 문재인이 두 번째 대통령에 출마한다고 했을 때 잘못된 판단이라고 생각하였다. 물론 4수를 하여 대통령에 당선된 사람도 있지만, 한 번 출마했다 안 되면 다른 사람에게 기회를 주는 것이 순리라고 생각했기 때문이다.

5년 전에 있었던 일들을 회고하면서 문재인이 안철수에게 후보 자리를 양보하는 것이 마땅하다고 나는 믿었다. 그가 대통령이 되는 것을 내가 꺼린 가장 큰 이유는 그가 노무현의 비서실장을 지냈기 때문이 아니라, 노무현의 정치철학을 그대로 계승하겠다고 했기 때문이다. '조국의 앞날이 위태롭지 않겠나' 걱정했던 것이 사실이다.

김대중을 숭배하는 것은 이해할 수 있지만 "반미가 뭐가 나쁩니까?"라고 반문하던 노무현, 일본에 다녀온 직후에 "그 나라에서는 공산당이 합법화되어 있는데 그것이 무척 부러웠습니다"라는 말을 서슴지 않고 털어놓던 노무현, 그의 정치철학을 답습한다면 대한민국 안보에 위기가 오리라고 나는 내다보았다.

대통령에 당선된 문재인이 국립묘지를 참배하면서 이승만과 박정희 묘소에는 아예 들르지 않고, 김대중의 묘소에만 들렀다는 것도 나로서는 이해하기 어려운 당선자의 처신이었다.

박근혜의 탄핵을 앞두고 연일 벌어진 촛불시위가 일종의 혁명이었다고 주장하는 사람들도 있다. 하지만 이명박과 박근혜가 정치를 잘못해서 민심이 그런 방향으로 흘러간 것뿐이지 문재인을 대통령으로 만들기 위해 민중이 봉기한 것은 결코 아니었다. 최순실과의 깊은 관련 때문에 정치는 외면하고 여당에 관심도 없던 박근혜가 지난번 총선 때 당 지도부를 무시하고 엉뚱한 사람을 내세워 공천을 좌지우지한 것이 화근이었다.

총선 결과, 야당이 여당보다 의석 하나를 더 차지하게 되고 여당이 제2정당으로 밀려난 것이 나는 박근혜의 책임이라고 믿고 있다. 총선이 끝난 뒤에 그가 괄시하던 당내의 반대파들을 포섭할 아량만 있었어도 30여 명의 의원이 한꺼번에 당을 떠나서 새로운 정당을 만들지는 않았을 것이다. 당을 떠난 의원들이 대거 박근혜 탄핵안에 찬성표를 던짐으로써 더불어민주당은 정권쟁취의 탄탄한 기반을 마련한 것이다.

생각해 보면 김대중은 대단한 정치인이었다. 그는 북을 적극 지원하고 현대 정주영으로 하여금 두 번이나 소 500마리와 501마리를 몰고 북을 찾아가게 하여 세계를 놀라게 했다. 이는 그의 정치적 수완이 탁월했음을 입증하는 것이다. 김대중은 북을 경제적으로 도우면서도 미국의 미움을 사지 않았던 것이 사실 아닌가! 그에게 노벨평화상이 수여된 것은 그의 전법이 타의 추종을 허락하지 않을 만큼 완벽하였기 때문이다.

나는 19대 대통령선거를 앞두고 만일 문재인이 당선되면 대통령으로 부르고 국민으로서의 도리를 다하겠다고 스스로 다짐한 바 있었다. 사실 노무현의 5년 임기 중에 나는 단 한 번도 그를 대통령이라고 불러 본 적이 없다. 그러나 그는 한 번도 내게 싫은 소리를 하지 않았다. 그래서 그가 세상을 떠난 다음에 그를 소홀히 대한 것을 미안하게 여겼기 때문에 문재인이 당선되면 즉시 대통령으로 부를 뿐만 아니라 국민으로서의 도리를 다하겠다고 스스로 결심한 것이다.

그런데 뜻밖에도 남북관계가 급진전하였다. 김정은은 미국 대통령 트럼프에게 접근을 시도하였고, 그 배후에는 문재인의 노력이 적지 않았다고 들었다. 판문점의 UN군 관리구역에서 그 남북 두 사람이 처음 만나게 되었을 때에 전 세계가 감동하였다. 두 사람이 손을 잡고 잠시 경계선을 넘어 북으로 갔다가 다시 남으로 돌아온 사실도 매우 인상적이었다. 당시는 이러한 만남을 통해 우리 역사에 새로운 장이 마련되는 것 같았다.

김정일 때부터 착수한 핵무기 제작에 김정은이 박차를 가하면서 그의 말대로 하자면 "내가 버튼 하나만 누르면 워싱턴이 불바다가 될 수도 있다"라고 호언장담하는 마당에 한반도 평화와 세계 평화를 위해 문재인은 자기가 할 수 있는 일이 있다고 믿고 백방으로 노력하였을 것이다. 그 가운데 트럼프와 김정은이 싱가포르에서 정상회담을 하는 기적마저 성사되었으니, 문재인은 물론 김정은 그리고 트럼프가 모두 노벨평화상 감이라는 말도 나왔다. 70여 년의 분단 역사가 곧 끝날 것 같은 착각에 전 세계가 들떠 있었던 것도 사실이다.

평화를 갈망하는 문재인의 진심은 충분히 이해할 수 있다. 하지만 6·25 전쟁에서 죽지 못해 살아남은 우리들의 눈에 김정은은 믿지 못할 독재자라고 보일 뿐이다. 물론 대한민국 정권을 차지한 사람들은 북한도 많이 달라졌다는 주장을 한다. 하지만 자기 고모부를 반동으로 몰아 하루아침에 해치우고 이복형을 쿠알라룸푸르 공항에서 독살해 버리는 그런 지도자가 그토록 빨리 체질개선을 하고 과연 평화주의자가 될 수 있을 것인가? 우리는 오늘도 의심한다.

남북한의 정전 체제를 청산하고 종전 선언을 하는 것이 순서가 아니냐며 남북의 두 지도자는 분주히 뛰고 있지만, 그것은 이룰 수 없는 '꿈'이 아닐까. 게다가 만일 종전 선언이 당장에 실현된다면 6·25 때와 비슷한 불상사가 다시 일어나지 않을까 근심하는 사람들을 보수·반동으로만 몰 수는 없지 않은가!

종전이 선언되면 북의 김정은이 곧 '미군 철수'를 요구할 것은 뻔한 노릇인데 우리는 과연 어떻게 대처할 것인가. 북이 핵무기를 완전히 제거하기 어렵고, 제거한다 해도 시간이 오래 걸린다. 그리고 한반도 통일이 그리 쉽게 이뤄지긴 어렵지 않은가. 한반도기를 들고는 통일이 안 된다. 그러면 인공기를 들고 남북이 통일될 수 있을까? 불가능한 일이다. 그렇다면 태극기를 들고 남북이 통일될 수 있단 말인가? 그것도 불가능한 일이다.

꿈이 있는 것은 좋지만 '이룰 수 없는 꿈은 슬픈 것'이다. 핵무기도 없는 대한민국이 국제 문제에 강한 발언을 하기도 어렵다. 우리는 우리의 분수를 알고 자유민주주의에 충실하고, 나아가 시장경제를 더 발전시키는 그 길밖에는 선택의 여지가 없다. '남과 북이 공존·공영하는 것이 당분간 한반도가 나아갈 길이 아닐까' 나는 생각한다. 문재인이 대통령으로서 대한민국을 희망이 가득한 부강하고 당당한 나라로 만들어 주기를 진심으로 바랄 뿐이다.

– 2018. 12. 8.

편집노트

현대사 주역 이야기의 스펙터클

김형국(서울대 명예교수)

1.

여기 한 사람이 있다. "그 사람에 그 일"이란 옛 명구대로, 일로 이름 붙여진 그 사람의 명함은 좀 길다.

대학교수, 해직교수, 초대형 인기강좌 교수, 영문학자, 철학자, 역사가, 저술가, 대중강연자, 교회설교가, 시인, 수필가, 문학평론가, 정치학자, 정치평론가, 시사평론가, 정치가, 시민사회운동가. 인명록이 밝힌 그의 이력 내지 직책의 나열이다. 그리고 또 있다. '위법자'였다. 유신시대, 긴급조치를 어겼다. 이후 지탄받기는커녕 정반대로 그 시절은 물론 두고두고 유명세를 누려왔다.

그사이 어느새 세 자리 숫자 100을 바라보는 나이로 타이틀 또 하나를 더 보탰다. 하도 세상이 어지러운 양이 그냥 두고 볼 수 없어 시국에 대한 발언의 필요성을 절감하고 유튜브 마이크를 잡았다. 불연 이 노릇으로 '세계 최고령 유튜버'라는 뒷말도 들렸다.

알 만한 사람은 누군지 알 것이다. 긍재 김동길(肯齋 金東吉) 교수가 주인공이다.

2.

그가 펼쳤던 폭넓은 활동만큼이나 다양한 각계 사람을 만났다. 각계는 날줄이고 90 졸수(卒壽)를 넘어 오래 살아온 세월의 씨줄이 보태져 정말 많고 많은 사람을 직접 만났고, 보았고, 들었고, 배웠고, 읽었고, 느꼈다. 그리하여 그는 누구 말대로 '인물수집가'라 불릴 만하다.

돌이켜보면 사람 만남의 긴 세월이 국가·사회적으로 일찍이 없었던 급변의 시기와 겹쳤으니 바야흐로 한민족의 기개가 폭발했던 1919년 기미독립운동을 기점으로 따지면 100년을 헤아리는 시간대였다. 우리 현대사 100년은 식민 치하의 압제받던 망국민에서 민주국가 시민으로, 보릿고개의 절대가난에서 질을 따지는 삶의 수준으로 비약하는 세월이었던바, 그동안 주요 각계에 등장했던 '변화역군'(*change agent*)들 사이로 긍재의 '관계망'도 형성되었다.

관계망에 대한 특히 불교철학의 말은 옳다. "부분이 전체 속에 들어 있고, 역으로 또한 전체가 부분 속에 들어 있다"고 했다. 그만큼 개인사는 사회사와 서로 접합·관통하고 있다. 그리하여 태생에 더해 교육으로 벼려진 감수성이 충만한, 시·수필·산문에 두루 정통한 '문필가'(*man of letters*)의 붓끝으로 그려낸 사람 이야기는 흥미진진이 이미 예고된 바나 다름없었다. 긍재가 2017년 후반에 〈조선일보〉의 앙청으로 '백년의 인물' 연재를 시작하자 식자들의 관심은 이미 고조되고도 남았다.

3.

사람 이야기는 재미있다. 신문·잡지 지면이나 방송매체에서 문답형 인터뷰나 인간탐방이라는 이름의 기사로 사람 이야기를 즐겨 적는 것이

"사람이 역사도 만들고 지리도 만드는" 주인공이기 때문이다. 이 맥락에서 1980년대 중반에 소설가로도 이름이 높던 언론인 최일남(1932~)이 월간지 〈신동아〉에 매달 화제의 인물을 골라 시국담을 듣고 적었던 글이 '최일남의 인간기행'이란 이름으로 연재되었다.

나중에 선집 3권(《그 말 정말입니까》, 《우리시대의 말들》, 《오늘을 살며 내일을 바라며》)으로도 묶어졌다. 바로 그 첫 권에 김동길 교수에 대한 이야기가 먼저 등장하는, 해방 후 최대의 사람 이야기 모음이었다. 사람 이야기가 그렇게 40여 회나 장기 연재되었던 것은 1980년 언론인 대학살 때 억울하게 쫓겨난 최일남의 호구지책에다 그의 수더분하고 구수한 명문장 덕분이었다.

그렇게, 분야별 사람 이야기 모음집도 주로 언론계 출신 필자들이 꾸미곤 했다. 문화통 기자가 27명의 예술인과 종교인 인품을 그리는가 하면(이흥우, 《사람의 향기》, 1987), 진보계열 사람 14명을 그린 사람 이야기 모음집(남재희, 《진보 열전》, 2016)도 있었다.

인터뷰 기사나 교유기(交遊記)가 간헐적이라면, 예사로 사람 이야기가 종이 언론에 등장하는 경우는 부고기사다. 신문지면을 받아들면 독자들의 눈길이 제일 먼저 닿는 곳이 바로 부고란이란 조사통계도 있다. 그렇게 독자의 관심이 많다면 지면도 거기에 부응할 것이 당연한데, 〈뉴욕타임스〉(윌리엄 맥도란드 편저, 윤서연 외 6명 옮김, 《뉴욕타임스 부고 모음집》, 2019)나 영국의 세계적 유력 시사주간지 〈이코노미스트〉가 거기에 상대적 특장이 있다고 진작 정평 나 있다.

부고에 등장하는 인물로는 사회적 영향력의 파급이 괄목상대할 만한 이가 선별될 것임은 물어보나 마나다. 거기에 이른바 '착한 사람'이 많이 등장하는 것은 어디든 문명사회를 지향하기 때문일 것이다. 그 반대로 파급력이 부정적인 경우도 있는 것이 현실인데, 이를테면 〈뉴욕타임스〉 부고란에 알 카포네, 아이히만, 빈 라덴도 이름을 올렸다.

4.

긍재의 인물론은 부고형 인물론이기보다 비문(碑文)에 가깝다. 김일성을 빼고 거의 전부가 대한민국을 위해, 이 민족을 위해 공덕을 쌓으려 애썼던 타계 인물에 대한 일대기 또는 살아 있는 인물에 대한 반생기인 점에서, '나쁜 놈'도 기사화되는 부고와 다르다는 점에서 그렇다. 그리고 대단히 압축적인 산문에 이어 한 사람의 일대를 운문으로 끝내는, 말하자면 '명'(銘)도 덧붙이는 전통시대 서술방식으로도 글을 마무리한다는 점에서 비명(碑銘)을 닮았다 하겠다.

이를테면 한국의 향가연구로 큰 공적을 쌓았던 이의 일대를 말하다가 "양주동은 천재였다"는 끝말에 이어 긍재가 좋아하는 영국 시인 랜더의 자부심 어린 도도한 시구 "나 아무와도 다투지 않았소 / 다툴 만한 상대를 만나지 못했기에"로 붓을 놓는다. 혹은 6·25 전쟁의 영웅 백선엽에 대한 말문을 닫으면서 그의 존재는 큰 산을 닮았다며 "뭇새들 높이 날아 다 사라지고 / 외로운 구름 한 점 흘러가는데"로 시작하는 이태백의 〈홀로 경정산과 마주앉아〉를 읊조리는 식이다.

아니면 해당 인물의 일대기 끝에 실제로 비석 돌에 옮겨 새겨진 당신이 적었던 비문을 아예 덧붙인 경우도 있다. 묘사 인물만 알았던 것이 아니라 가족과도 왕래했던 경우 나중에, 이를테면 채명신, 김복동, 김응섭 등 그들 유족들의 비문 적기 앙청을 긍재가 사양하지 않았기 때문이었다.

5.

소설도 그렇지만 글은 적잖이 남을 말하면서 자신을 말하기 일쑤다. 이 세상의 상식대로 긍재의 글도 당신의 생활방식이 명시적으로 또는 묵시적으로 표출되어 왔다. 그런 스타일 하나를 가려내자면 무엇보다 말과 글에 담긴 사람의 유머감각을 높이 산다는 점이다.

각료회의를 가질 때마다 우스갯소리로 말문을 열었던 링컨 앞에서 한 각료가 "남북전쟁의 전시상황이 지금 엄중한데 어찌 우스개로 회의를 시작합니까?" 볼멘소리를 했단다. 이에 링컨의 응수는 "그럼 울면서 회의를 시작할까요?"였다. 이 일화를 두고두고 이 나라 최고 링컨학자가 자주 주위사람들에게 들려주곤 했다.

그런 유머의 말로, 이를테면 당신이 연희동산 캠퍼스에서 만났던 최현배, 백낙준을 되돌아보면서 그들에게 품었던 정겨운 마음을 우스개 일화로 슬쩍 담아내기도 한다. 해방 직후 '소리글자' 한글의 전면사용에 용맹 선봉장이었음에도 심한 경상도 사투리를 고치지 못했던 최현배가 강의실에서 해방을 '해뱅'이라고 발음했다든지, 백낙준의 미국 이름 '조지'를 가까운 친구가 의도적으로 잘못 발음해서 금기어 우리말로 들리게 했다던 뒷이야기도 적어냈다.

긍재의 사람 이야기는 글 적기의 가장 기초라는 기승전결 같은 구조감이 특별히 느껴지지 않는다. 황장엽을 말하면서 대뜸 "형님 같다"는 당신의 개인적 인상부터 말한다. 이야기 주인공에 대해 세상 사람들의 마음을 쉬이 그리고 넓게 열게 할 요량으로 "형님", "아우"라고 말하는 호칭의 친근감도 원용하는 필법이다.

딱히 짚이는 기승전결은 느껴지지 않아도 글을 읽고 나면 대상인물에 대한 상(像)이 잡혀짐은 긍재 글의 매력이다. 그건 당신이 묘사하려는 대상인물의 상일뿐만 아니라 긍재 당신의 인생관이나 세계관도 함께 묵시적으로 비쳐진 상이다.

그런 사람 이야기가 진정으로 읽힘은 대상인물에 다가가는 당신의 시각에 공감대가 넓은 덕분이기도 할 것이다. 구체적으로 해당 인물의 일대를 대국적 잣대로 살펴보려 함이다. 사람마다 허물이 대소 간에 어디 하나 둘이겠는가.

긍재가 "인생은 괴로우나 아름다운 것"이라 입버릇처럼 말하는 인생론도 따져 보면 괴로운 것을 넘어 또는 수많은 시행착오 끝에 이른바 출세한 사람이 일구어낸 빙산의 일각 같은 아름다움도 '괄목상대', 곧 "눈을 비비고 상대방을 바라보자"는 뜻이다. 덩샤오핑이 문화혁명의 죄업에도 불구하고 마오쩌둥 받들기를 "공이 일곱이고 허물이 삼"인 '공칠과삼'(功七過三)으로 긍정 평가했던 혜지(慧智)를 소중히 준거하는 식이다.

이는 박정희에 대한 평가에서 극명하게 드러났다. 4천 년 역사의 절대가난한 나라를 부자 나라로 만든 공적은 유신독재로 당신 긍재를 감옥에 보내면서 갖가지 반민주 행태를 자행했던 것을 능가한다고 보았다.

또한 글에서 다룬 인물 상당수가 일제강점기를 살아냈던 행적을 말할 때도 준용한 시각이었다. 고보를 졸업하고 국민학교 교사로 한 학기 지냈고, 징병에 끌려갔던 단 한 분 가형이 종전 직전에 전사했던 가화(家禍)를 겪으면서 온몸으로 그 시대를 아프게 경험했던 처지에서 말할 수 있는 "입장을 바꾸어 생각하는" 역지사지의 세계관이었다.

긍재는 이런 세계관을 분명 한민족 구성원과 두루 공감할 수 있다고 확신하고 여러 인물론에서 거듭 말하고 있다. 해방 직후 이른바 친일파를 단죄하려고 조직된 반민특위는 일제에 군용기를 헌납했던 조선인 제일 부자 박흥식을 조사대상 1호로 삼았다. 그 결과 뜻밖에도 일제의 종로경찰서가 그를 요시찰인으로 결정했다는 서류를 발견하였다. 그건 안창호가 1937년 대전 감옥에서 병보석으로 풀려날 때 그 보석금을 박흥식이 제공했기 때문이었다.

6.

공칠과삼의 평가기준에 더해 긍재는 "만절(晩節)을 보면 초지(初志)를 안다", 곧 "나중에 늙어 드러난 선행에서 젊은 날에 제대로 알려지지 않았던 내심의 실체가 뚜렷하게 밝혀진다"는 기조로도 사람을 바라봤다. 인촌 김성수의 경우, 〈동아일보〉와 보성전문이란 '유명' 조직체를 식민치하에서 꾸려갈 적에 나중에 '복배'(腹背)의 심산으로 권력의 실체인 조선총독부 앞에서, 시골에서 땅 파먹는 농투성이가 아니라면, '면종'(面從)해야 할 고심의 사안이 얼마나 많았겠는가. 그래야만 훗날을 위해 백성도 가르쳐 놓고 인재도 키워 놓아야 한다고 믿었던 복심의 정체는 6·25 전쟁 직전에 감행된 대한민국 토지개혁 찬동에서 잘 드러나지 않았던가.

인촌은 대한민국 헌법 기초위원 중 한 사람이었고 당신이 운영해온 바로 고려대의 유진오 교수가 들고 온 농지개혁법에 동의했음은 물론, 자진하여 3천 정보가 넘는 막대한 농토를 국가에 헌납했다. 그러면서도 단 한 번도 공치사를 한 일이 없었단다. 북한은 6·25 개전 결정에서 남침을 감행하면 농지가 없는 소작농민이 대거 호응해 줄 거라고 믿었다고 한다. 그 이전에 이미 경자유전(耕者有田)의 토지개혁이 남한에서 이뤄진 것을 간과한 꼴이었으니, 대한민국 생존 역사의 물꼬가 인촌 같은 혜안 인사의 적덕에 크게 힘입은 바라 하겠다.

그간 친일파 논란은 민족문제연구소에서 펴낸《친일인명사전》(2009), 그리고 참여정부가 발족시킨 국가기구가 4년간 활동해서 펴낸 '친일반민족행위자 명단'(2009)이 근간이다. 그 외에 후자의 기구에서 활동했던 인사가 개인 차원에서 펴낸 책도 있다(정운현,《친일파의 한국 현대사》, 2016).

부제가 "나라를 팔아먹고 독립운동가를 때려잡던 악질 매국노 44인 이야기"인 이 책은, 제일 먼저 명성황후 시해 가담 뒤 일본으로 도망갔다가 조선에서 건너간 자객(고영근)에게 피살된 우범선을 "아버지의 범죄, 아들의 속죄: 을미사변 가담한 우범선과 아들 우장춘"이란 제하에 다루었다. 한말 사람 우범선을 포함시켰다면 을사오적은 왜 다루지 않았는가. 그리고 사회정의의 입장에서 연좌제가 가장 타기할 만한 정치사회적 관행임을 모르지 않을 터인데 아들 우장춘 육종학자도 거명한 것이 정의를 앞세운 공준(公準)에 합당한지 정말 묻지 않을 수 없는 일이다.

진보를 표방한 정권들이 친일 단죄를 멈추지 않는 것은 정파적 이득을 구하려 했지 싶은데 이로써 우리 사회가 골병이 들고 있음이 정말 개탄스럽다. 호족이나 왜족이 조선을 침략했을 때 힘을 합쳐 되물리쳐야만 나라의 정체성을 제대로 유지했을 터이지만, 그게 역부족인 지경에서 위정자들이 내부에서 속죄양을 찾았다. 그 결과 우리끼리 싸우게 된 것이 이어져 특히 요즘의 우리 정치·사회 지평으로 나타난 것이 아닌가 싶다.

2003년, 제16대 국회 임기 중 민족정기를 세우는 국회의원 모임 회장을 맡아 친일반민족행위자 708인 명단의 발표를 주도한 시민단체장 출신 국회의원이 있었다. 그런데 나중에 그녀의 아버지가 바로 만주국 공안국 특무경찰로 독립운동가들을 탄압하다가 일제 패망 후 소련에서 수감되었다는 사실이 밝혀지면서 희대의 자승자박극이 벌어진 적도 있었다.

이 대목에서 새삼 우리 사회 식자들이 경청하는 100살의 철학자 말을 길게 인용해야겠다("김형석의 100세 일기", 〈조선일보〉, 2019. 12. 7).

> 많은 국민은 무엇 때문에 친일파 명단을 만들어 발표했는지 이해하기 어렵다. 그들이 애국적인 업적은 묻어두고 국가적 반역자로 심판할 특권은 누가 주었는지 모르겠다. 이번에 대법원에서 이승만과 박정희를 친일파로 판결한 일도 그렇다. 후일에 사법부의 후배들과 역사학자들이 어떤 비판을 내릴지 걱정이다. 그런 판결을 대법원이 할 수 있는지도 묻지 않을 수 없다. 국론을 분열시키려는 의도가 있었다면 국민의 심판을 받아야 한다.

7.

'백년의 사람들'을 적는 과업이라면 최소한 100명은 다뤄야 하지 않겠나, 그런 말을 집필 시작 즈음 긍재가 주위 사람들에게 흘리곤 했다. 그러자면 2년쯤 시일이 소요될 것이라는 계산인데 스트레스가 많을 그 대업을 9순 노인이 맡고 나선 의욕수에 새삼 박수를 보내면서 한편으론 지금까지 그랬듯 건강이 받쳐주어야 할 것이라고, 나부터도 그랬지만, 기구(祈求)하던 이도 적잖았다.

그래저래 재미있게 읽어온 것이 한 해를 기록할 즈음이던 2018년 말에 그만 12월 22일자 54회 김일성 이야기로 〈조선일보〉 연재는 끝나고 말았다. 신문사 사정으로 갑자기 연재가 중단되자 듣자하니 긍재 당신도 신문사가 진득하지 못함을 아쉬워하는 기색이라는 소문이 나돌았다.

섭섭함도 잠시, 긍재는 스스로에게 약속한 대로 당신의 블로그에 연재를 속개했다. 그 처음이 바로 당신의 고향친구 방우영 〈조선일보〉 중흥조를 다루었다. 그리고 마침내 2017년 11월 11일에 시작한 연재가 2년 만인 2019년 11월 16일에 당신의 애제자인 '국민 아나운서' 김동건으로 끝났다.

대단한 집념과 지성의 성취라 할 것이다. 일주일에 한 꼭지씩 짧은 글에서 사람의 전모를 파악하는 일은 정말 아무나 할 수 있는 일이 아니다. 손가락 근력이 떨어져 직접 글을 적지 못하는 상황에서 받아 적어 주는 실무적 조력자가 거들긴 했지만, 긍재의 비상한 기억력으로 인물의 삶 줄거리를 잡지 않고는 완성할 수 없었던 인물기의 대장정이었다.

8.

사람 이야기의 굽이굽이는 "대하소설을 쓰고도 남는다"고 함이 세간의 유행어다. 그럼에도 200자 원고지 14 매를 통해 한 인간의 역사를 말해줄 수 있음은 초점의 뚜렷함과 동시에 여운의 넉넉함 덕분이었다고 나는 보았다.

세상 이미지, 그 가운데 특히 사람 이미지의 묘사에 대한 탐구는 우리 전통에선 초상화가 시도하던 바였고, 서양 예술계에선 일단의 사진작가가 추구하던 바였다. 조선시대에 주로 선비를 그렸던 초상화의 아름다움으로 말하자면 '전신사조'(傳神寫照), 곧 대상인물의 정체성을 대표할 만한 정신성의 도출에 진력했고, 그것이 성공적이었다는 평가를 받았다(이성낙, 《초상화, 그려진 선비정신》, 2018).

한편, 비슷한 발상법으로 서양의 현대 사진작가 행적 가운데 당대의 규범으로 우뚝 선 것이 '결정적 순간'(*decisive moment*)의 포착이었다. 이를 말하고 실행했던 프랑스의 카르티에 브레송에 따르면 그건 "렌즈가 맺는 상(像)은 끊임없이 움직이지만, 그것이 시간을 초월한 형태와 표정과 내용의 조화에 도달한 절정의 순간"이라 했다.*

분명한 초점은 주변으로 파급의 여운이나 잔향이 진하기 마련이다. 그 초점의 방사(放射)가 사랑이기 때문이다. 큰 서화가들이 가졌다던 흉중구학(胸中丘壑), 곧 "마음속에 언덕과 골짜기의 심상이 있다"는 말에서 그 언덕과 골짜기는 산이요 물이니 그 자연에 반사 내지 투영된 것이 사랑의 마음 그것 아니겠는가. 긍재도 바로 흉중구학의 경우에 들었음을 말해 주는 언술이 사람 이야기의 큰 줄기가 되었다.

얼마 전 타계한 김우중은 한국 압축 경제성장의 랜드마크 같은 상징탑이었다. 그를 전경련 회장 자리까지 올렸던 산하 많은 업체들이 국내외 정세의 악조건으로 그만 허물어지고 말았다. 그런 그를 긍재가 한마디로 껴안았다. "끝까지 성공하는 사람만이 영웅은 아니다."

* 카르티에 브레송(Henri Cartier-Bresson)은 "그걸 위해 무엇보다 내면의 침묵을 추구한다. 나는 표정이 아니라 개성을 번역하려고 노력한다"고 말했다(Clément Chéroux, *Henri Cartier-Bresson*, Aperture, 2015; Tobia Bezzola, ed., *Henri Cartier-Bresson and Alberto Giacometti: The Decision of the Eye*, Kunsthaus, Zürich, 2005).

9.

긍재 글이 사람의 정체성을 '콕콕' 집어내는데도 '술술' 읽힘은 어디서 연유할까. 역시 글은 사람이라 했는데, 긍재의 경지가 바야흐로 종심소욕불유구(從心所慾不踰矩), 곧 "하고 싶은 대로 하여도 법도를 어기지 않았다"는 그런 무르익음 덕분이 아닐까, 생각한다.

사람 이야기처럼 논란의 여지를 남기는 글도 없을 것이다. 전직 대통령 같은 경우, 좀더 신랄하게 꼬집어야 할 대목이 있었다고 여기는 독자들도 적지 않았을 터이고 나도 그런 기분을 느낀 적도 있었다. 그럼에도, "뒷맛에 뒤끝이 없음"은 노경의 필자가 유호덕(攸好德), 곧 결국은 사람을 감싸려는 인덕이 넉넉하게 스며났기 때문일 것이다.

연장으로, 이를테면 긍재가 정신적 영향을 많이 받았던 함석헌의 글에서도 글 읽는 재미가 듬뿍 느껴지는 감칠맛 나는 대목이 있었다. 1960년대 초에 대학을 다니던 시절, 당대의 스승으로 함석헌의 이름이 자자했다. 뜻있는 선후배들이 열심히 함석헌이 이끄는 씨알모임에 나간다는 소문이 났다.

그러던 어느 날 그 모임에 회의를 느끼고 더 이상 나가지 않았다는 친구들을 만났다. 까닭을 물었다. "그 어른이 말과 글과는 달리 알고 보니 호색이라 크게 실망했기 때문"이라는 것이다. 그런 줄로만 알았다. 하지만 나는 훗날 《뜻으로 본 한국역사》를 유심히 읽었다. 사고의 자유로움과 깊이가 진하게 느껴졌다. 민족은 곧 정신력이란 명제도 마음을 울렸다. 반해서 뒤늦게 생각해 보니, 그 시절 젊은이들의 사람 보는 눈은 무척 단조(單調·短調)적 결벽증에 얽매였었다.

이래저래 나도 긍재의 〈조선일보〉 연재 글에서 함석헌을 새로 만났다. 일흔이 넘어서도 10대 후반 처녀를 사랑했던 괴테를 인용한 뒤 함석헌도 그런 경우가 아니었을까, 하고 글이 이어졌다. 그래도 과거 소문을 기억하는 독자들은 고개를 갸우뚱할 것이다. 그런데 그다음 구절은 더 이상 논란을 입막음하는 절구(絶句)였다. "둘 다 천재였다!" 세상 사람은 천재에 대해선 더 왈가왈부하지 않는다. 천재는 절대 개념이기 때문이다. 그 점을 지적해 함석헌에 대한 논란을 종결시킨 것이 바로 긍재의 고단수 글쓰기였다.

김형국(金炯國)

1942년에 경남 마산에서 태어났다. 서울대 사회학과와 행정대학원을 졸업했고, 미국 캘리포니아대학(버클리)에서 도시계획학 박사학위를 받았다. 서울대 환경대학원 원장을 역임했고, 〈조선일보〉 비상임 논설위원과 한국미래학회 회장도 지냈다. 전공서적인 《한국공간구조론》 외에도 화가평전인 《장욱진》, 《김종학 그림 읽기》, 미학서적인 《우리 미학의 거리를 걷다》도 냈다. 현재 서울대 명예교수이자 가나문화재단 이사장이다.

김동길 교수의 인물론을 읽고

이종각(전 동양대 교수)

1.

본디 천학비재에 김동길 교수와는 일면식도 없는 내가, 왜 김 교수의 인물론에 대한 독후감을 쓰는지부터 이야기하는 게 순서일 것 같다.

'백년의 사람들'이 〈조선일보〉에 연재되는 동안 김 교수와 잘 아는 사이인 강신옥 변호사, 김형국 전 서울대 환경대학원장 등과 만났을 때 김 교수의 인물론이 화제가 된 적이 몇 번 있었다. 그런저런 인연으로 김형국 교수가 이번에 그 인물론이 책으로 나오게 됐으니, 순수한 독자 입장에서 독후감을 써 보는 것이 어떻겠는가 해서 사양하다가 필을 들게 되었다.

어느 날, 신문연재가 갑자기 중단되고 그 후 김동길 교수 블로그로 이사 가서 연재되는 곡절이 있었지만, 나는 매주 토요일마다 이 글을 읽는 것이 작은 즐거움 중의 하나였다. 가끔 공감이 가는 글은 지인들에게 카톡으로 배달하기도 했다. 그러다가 100회에서 종을 치니, 토요일 아침이 허전해졌다.

2.

이 인물론은 당대의 달변가이자, 걸출한 문사인 김동길 교수의 글답게, 무엇보다 재미있었다.

이 글에는, 내가 〈동아일보〉 기자로 20여 년간 근무하는 동안 취재하였던 인사들도 다수 등장하는데, 기자생활 동안 오프더레코드나 언론계 뒷이야기로도 전혀 듣지 못했던 비화가 만재해 있다. 그 가운데는 1면 톱기사 거리도, 훈훈한 인정가화(人情佳話)도, 같은 마을사람에게 총살당하는 참극도, 정말 그런 일이 있었을까 놀라게 하는 등장인물의 개인사도 있다. 파란곡절로 점철된 우리 현대사의 단면을 적나라하게 보여주는, 김 교수만이 아는 비하인드스토리가 거의 매 편마다 등장한다.

예를 들면, 정주영과의 의형제 각서 교환 및 결혼 시 200억 원 제공 제의, 김대중 미국 망명 시 거액 환전, 황장엽과의 극비면담, 천상병 시인의 천진무구함, 장기려의 거액수표 걸인 기부, 미얀마에 가기 싫어하던 이범석의 아웅산 테러에 의한 순국, 김종필의 "근혜는 정치 일선에 나서면 안 됩니다"라는 언급, 박근혜 미국의회 연설 시 비무장지대 평화공원 제의 아이디어 제공, 백낙준 총장의 영어이름 '조지 백'에 얽힌 에피소드, 이은상의 친구 부인과의 만주 도피, 함석헌의 여성 관련 언급, 노천명 시인이 김동길 교수에게 보낸 알쏭달쏭한 편지 등 놀랍고 흥미진진한 이야기가 가득하다.

역대 대통령에서 인기 코미디언, 가수에 이르기까지 이 인물론에 등장하는 100명은 이승만, 이상재, 이광수, 박정희, 김일성 등 연령상 또는 다른 이유로 직접 교류가 불가능했던 경우를 제외하면, 대부분 김동길 교수와 직접 교류가 있었던 사람들이다. 등장인물 100명의 면면을 대충 살펴보아도, 김동길 교수의 각계각층 인사와의 교류의 폭과 깊이에 실로 경탄을 금치 못하게 된다. 그야말로 '국보급 마당발'이다.

그 자신이 몸담았던 학계나 정계뿐만 아니라 관계, 재계, 문화계, 종교계, 연예계에다 심지어 90 평생을 독신으로 살았으면서도 여성계까지, 그야말로 다방면에 걸쳐 돈독한 인간관계로 맺은 지인들이 있었고, 그들은 대부분 한국 현대사에서 중요한 역할을 한 인물이었다.

주지하다시피, 김동길 교수는 일제강점기인 1928년, 평남 맹산에서 태어나 평양고보를 졸업한 뒤 평양 근처에서 국민학교 교사로 한 학기 재직 중 해방을 맞았고, 김일성이 북한을 장악하자 자유를 찾아 38선을 넘어 월남했다. 그는 1970년대 연세대 교수로 재직 중에는 유신체제를 비판하다 구속돼 징역 15년을 선고받고 복역 중 특별사면으로 석방된 민주투사다. 1990년대에는 정주영이 주도하는 정당소속으로 서울 강남갑에서 당선된 국회의원이기도 했다. 올해 92세다.

따라서 그는 일제강점기, 해방, 남북분단, 6·25, 군사정권, 민주화 시대 등 한국사의 격동기인 현대 100년을 살고 있는 현대사의 산증인으로서 그 시대를 헤쳐나간 인물들과 교류하고, 그 체험을 특유의 비상한 기억력으로 되살려 이같이 귀중한 기록으로 남겼다.

3.

그동안 우리 학계에서는 《63인의 역사학자가 쓴 한국사 인물열전》(2003), 《이 나라에 이런 사람들이》(2017) 등 한국사 전체, 또는 어떤 시대를 풍미한 인물들을 여러 사람의 필자(또는 한 사람이) 가 소개하고 평가한 인물론은 더러 있었다. 그런가 하면 어떤 개인의 회고록에서 당사자가 평생 교류한 사람들을 간단히 소개하는 경우는 종종 볼 수 있었다.

그러나 한 사람의 필자가 한국 현대사 100년의 주역이라 할 100명을, 그것도 대부분 그 인물들과의 개인적 교류를 바탕으로 한 인물론을 쓴 경우는 과문이지만 김동길 교수의 이 글이 사상 처음일 것이다. 그런 의미에서 이 책은 김 교수가 한국 인물론의 새 지평을 열어간 기념비적 작품이라고 해도 과언이 아니다. 인물 한 사람당 200자 원고지 14매 정도로, 총 1,400매에 달한다니 분량으로도 상당하다.

앞으로, 김동길 교수처럼 격동의 시대를 살아남아, 수많은 한국사회 각계각층의 주요 인사와 교류하고, 그것을 기록으로 남길 수 있는 인물이 과연 나올 수 있을까 하는 의문이 든다. 그런 점에서 이 인물론은 전무후무한 기록이 될지도 모른다.

김동길 교수는 1950년대 중반 연세대 교수 재직 중 미국으로 유학가 보스턴대학에서 에이브러햄 링컨 대통령에 관한 연구로 박사학위를 받은 만큼, 인물론이 그의 학문적 출발점이라 해도 무리가 아니다. 그런 맥락에서 이 책은, 역사학자인 김동길 교수가 한평생 체험한 사실과 교류한 인물을 바탕으로 쓴 한 편의 '인물로 본 한국 현대사'라고 보아도 좋을 것이다.

4.

그런데, 이 인물론의 애독자로서 몇 가지 아쉬운 점이 있었다. 등장인물의 다양성 문제다. 김동길 교수는 이 연재를 시작하면서 "나의 인물평은 민주적 시대정신에 입각하고 있다"고 천명하였다. 또한 자유민주주의 수호를 필생의 과업으로 삼아온 김 교수가, 100명의 인물을 자신과 비슷한 생각을 가진 사람 중심으로 선정한 것은 어쩔 수 없는 일이라고 할 수 있다.

하지만 자신과 생각을 달리하는 사람들 중에도 한국 현대사에서 의미 있는 인물은 좀더 많이 포함시켰으면 어땠을까 하는 아쉬움이 남는다. 그런 범주에 속한 경우로는 김일성, 문재인 정도이고, 노무현은 아예 등장하지 않는다. 이 인물론을 매주 읽어가는 중 김동길 교수와 지역(북한), 학교(연세대), 종교(기독교), 직업(교수·정치인)을 같이하는 인물이 너무 많지 않은가 하는 느낌을 받은 것도 사실이다. 이 역시 자신과 교류한 인물들을 중심으로 선정하다 보니 어쩔 수 없는 일이겠지만 말이다.

그리고 등장인물 대부분이 김 교수보다 연장자여서, 자신보다 연하의 인물들은 상대적으로 너무 적고, 이공계통에서 활약한 인물들은 의학자 몇몇을 제외하곤 거의 없는 것도 아쉬운 점이다.

최근 김 교수는 90 고령임에도 유튜브에서 시국 문제에 대해 열변을 토하고, 시조와 영시를 줄줄 외우며 강의하는 모습으로 노익장(老益壯)을 과시하고 있다. 앞으로 건강이 허락한다면 자신보다 연하의 사람들을 중심으로 한, 인물론 속편을 기대해 본다.

한편 등장인물 가운데 상당수를 차지하는 일제강점기 지도층 인사들을 둘러싼 친일파 논란, 전두환 등 역대 대통령에 관한 평가는 김 교수의 견해에 의견을 달리하는 독자들도 많을 것으로 예상되지만, 여기서 갑론을박하기는 부적절한 것 같다. 다만, 연재 100회 동안 곳곳에서 김 교수는 일제강점기를 살아 보지 않은 사람들이 당시 사정을 잘 몰라 그들을 친일파로 몰아간다고 비판한다든지, 역대 대통령을 포함해 어떤 인물에 대해 단점만 보아서는 안 된다고 일관되게 주장하는 그의 견해도, 인물론의 하나의 논리라고 할 수밖에 없다.

5.

마지막으로 일본인이 쓴, 세계적으로 유명한 인물론을 첨언한다. 일본이 메이지 유신(1868) 후 서양식 근대화 추진에 일로매진하던 시기 일본인의 정신성을 외국인에게 알리려는 '일본인론'이 등장했다.

청일전쟁이 한창이던 1894년, 당시 일본의 대표적 기독교사상가이자 문필가인 우치무라 간조〔內村鑑三, 1861~1930〕가 쓴《일본과 일본인》(*Japan and Japanese*)이라는 책이 간행되었다. 이 책은 1908년 주요 부분을 발췌하여《대표적 일본인》(*Representative Men of Japan*)이라는 이름의 소책자로 출간됐다. 지금으로부터 120여 년 전이다.

《대표적 일본인》은 일본인에 의해 영어로 쓰인 최초의 '일본인론'으로, 역시 일본인이 영어로 쓴《무사도》(武士道, *The Soul of Japan*, 1900), 《차의 책》(茶の本, *The Book of Tea*, 1906)과 함께 일본의 문화, 사상을 외국에 알리는 데 크게 기여했다는 평가를 받는, 일본의 명저이다.

이 책은 발간 후 곧 독일어, 덴마크어로도 번역되어 유럽에서도 읽혔는데, 최근에는 한국어판(2011)도 나왔다. 우치무라는 서문에서 "일본인의 선한 여러 성질—'맹목적 충성심'과 '피비린내 나는 애국심'을 제외한—을 바깥 세상에 알리는 데 일조하기 위해 이 책을 쓴다"고 적었다.

메이지유신 후 일본 전체가 서양을 배우는 데 몰두하고 있을 때, 일본인의 서양인 못지않은 장점을 발견하고, 그것을 영어로 알리겠다는 발상은 놀랍다. 이 책은 사이고 다카모리〔西鄕隆盛〕, 우에스기 요잔〔上杉鷹山〕, 니노마야 손토쿠〔二宮尊德〕, 나카에 도쥬〔中江藤樹〕, 니치렌〔日蓮〕 등 5명의 역사상 인물의 휴먼 스토리를 통해 일본 역사와 일본인을 쉽고 흥미롭게 소개하여 일본과 일본인을 알고 싶어하는 서양인들에게 널리 읽혔고, 그 후 일본어로도 번역돼 현재까지 꾸준히 읽히고 있다.

물론 우치무라의 《대표적 일본인》과 김동길 교수의 현국 현대사 인물론은 시기, 다루는 인물의 수, 언어, 집필의도 등이 달라 단순 비교하기 곤란한 점도 있지만 각각 자국에서 처음 시도한 획기적 인물론이라는 공통점이 있다.

김동길 교수가 유려한 필치로 알기 쉽게, 그리고 재미있게 묘사한 이 인물론이 한국 현대사를 이해하는 데 크게 기여하고, 나아가 이 책이 각국어로 번역되어 한국 현대사와 '현대(20세기)의 대표적 한국인'을 이해하려는 외국인들에게도 도움이 되는, 명저로 길이 남기를 기대해 본다.

이종각(李鍾珏)

1952년 대구에서 태어났다. 고려대 사학과를 졸업하고 〈동아일보〉에 입사해 기자, 차장, 부장 등으로 20여 년간 근무했다. 2000년 일본으로 가 도쿄대학 대학원 석사과정을 마친 뒤 주오[中央]대학 등에 출강하면서 근현대 한일관계사 저작활동을 시작했다. 2013~2017년 동양대 교양학부(한일관계사) 교수를 지냈다. 주요저서는 《추락하는 일본》, 《자객 고영근의 명성황후 복수기》, 《이토 히로부미》, 《일본 난학의 개척자 스기타 겐파쿠》, 《미야모토 소위, 명성황후를 찌르다》, 《일본인과 이순신》 등이 있다.

찾아보기(인명)

ㄱ

ㄴ~ㄹ

ㅁ

ㅂ

ㅅ

ㅇ

ㅈ

ㅊ

ㅋ~ㅎ